A voce a mensagem de amor da casa de Dom Inácio desejando que os benfeitores espirituais o ilumine e ampare.

João Teixeira de Faria

PRESIDENTE DA CASA DE DOM INÁCIO

João de Deus

João de Deus

Millionen Menschen
haben durch ihn Heilung erfahren

HEATHER CUMMING UND KAREN LEFFLER

Vorwort von
AMIT GOSWAMI, PH.D.

Aus dem Englischen von
Barbara Köpfer / Ulrich Volz gemeinnützige GmbH

Original:

ATRIA BOOKS
Atria Books, copyright logo
1230 Avenue of the Americas
New York, N.Y. 10020

BEYOND WORDS PUBLISHING
Beyond Words Publishing, Inc.
20827 N.W. Cornell Road, Suite 500
Hillsboro, Oregon 97124-9808

Deutsche Fassung:

Ulrich Volz gemeinnützige GmbH
Uferpromenade 4
88709 Meersburg

info@ulrich-volz-stiftung.org
www.ulrich-volz-stiftung.org

ULRICH VOLZ
GEMEINNÜTZIGE GMBH

Original English language edition © Copyright 2007 by Heather Cumming and Karen Leffler.

Übersetzung: Barbara Köpfer
Editor: Dr. Ulrich Volz
Umschlaggestaltung: Carol Sibley / Dr. Ulrich Volz
Satz: AALEXX Buchproduktion GmbH / D-30938 Großburgwedel

Erste Deutsche Auflage: Dr. Ulrich Volz / Eigenverlag / Dezember 2009

ISBN-13: 978-3-00-029409-9

Hergestellt in Deutschland

Ulrich Volz gGmbH
Uferpromenade 4
88709 Meersburg
Germany

Ich hielt inne und lauschte. Ich betrachtete die Welt
mit offenen Augen. Suchend nach dem Unbekannten innerhalb
des Bekannten gab ich meine Seele hin,
– ich bin freudig überrascht. *

– Rabindranath Tagore, Indischer Mystiker und Poet (1861 – 1941)

* Frei übersetzt ins Englische von Amit Goswami
aus „The Self Aware Universe"
* Frei übersetzt ins Deutsche von Barbara Köpfer / Ulrich Volz gGmbH

Dieses Buch ist João Teixeira de Faria, liebevoll bekannt als „João de Deus“, und den „guten Seelen“ der Casa de Dom Inácio de Loyola in Abadiânia (Brasilien) und deren unermesslicher Hingabe, dem Wohle der Menschen zu dienen, gewidmet.

Die Tatsache, dass ein Mensch sein Leben gänzlich selbstlos der Heilung unserer Lebensgemeinschaft widmet, spricht Bände über dessen Bescheidenheit. Unsere Gebete, unser Buch, unsere Lieder sind die Antwort auf dieses kostbare Geschenk, das uns auf Erden zuteilwurde. Zu guter Letzt ist dieses Buch der Seele eines jeden einzelnen Menschen gewidmet.

Möge dieses Buch, wenn auch nur ansatzweise, unsere große Zuneigung und unsere unendliche Dankbarkeit für die unschätzbaren Heilungen durch João und die Wesenheiten zum Ausdruck bringen.

Vielen Dank!

Heather Cumming　　　　Karen Leffler

Inhalt

VORWORT DES HERAUSGEBERS

Dr. Ulrich Volz

In zunehmendem Maße wird in den letzten Jahren das Ersatzteildenken und die Reparaturmedizin des letzten Jahrtausends durch den Wunsch nach echter und tiefgreifender Heilung abgelöst.

Dabei muss die körperlich-stoffliche Heilung um die mentale und besonders um die seelische Heilung ergänzt werden, da diese Bereiche in unterschiedlichem Ausmaß Anteil an allen Erkrankungen haben.

Die Arbeit des weltweit bekanntesten und erfolgreichsten Heilers, *João de Deus*, der seit über 50 Jahren in der *Casa de Dom Inácio* Millionen von Menschen behandelt und geheilt hat, greift ganz besonders auf dieser Ebene an.

Als konsequent ganzheitlich arbeitender Zahnarzt (www.zahnklinik.de) habe ich für meine oft schwerkranken Patienten immer nach Behandlungsoptionen auf diesem Gebiet gesucht und in Abadiânia gefunden.

Die Casa habe ich erstmals im Februar 2008 besucht, um mir einen Eindruck über Art, Durchführung und Erfolg der dort praktizierten spirituellen Heilungen zu verschaffen.

Die Arbeit *João de Deus‘* hat mich so tiefgreifend berührt und überzeugt, dass ich seitdem regelmäßig Patienten unserer Klinik über Fernheilung in der Casa de Dom Inácio behandeln lasse oder aber direkt in einer begleiteten Reise zur Casa nach Abadiânia schicke.

Wir unterstützen Patienten und Kranke dabei über eine stiftungsähnliche Gesellschaft (www.ulrich-volz-stiftung.org), welche auch das vorliegende Buch im Eigenverlag übersetzt und herausgegeben hat.

Es ist der besondere Verdienst Heather Cummings und Karen Lefflers, die seit Jahren zu den engsten Vertrauten von *João de Deus* gehören, in dem vorliegenden Buch eine wunderbare Symbiose aus Informationen des Tagesablaufes in der Casa, Verständnis der spirituellen Welt und Heilungsberichten geschaffen zu haben.

Diese Dreidimensionalität macht es uns fast unmöglich, das Buch aus der Hand zu legen, und wird den tiefen Wunsch in jedem Leser wecken, selbst in diese Welt einzutauchen.

Meersburg, Dezember 2009

Ulrich Volz

VORWORT DER AUTORINNEN

Keine von uns beiden hatte je erwogen, ein Buch über João de Deus zu schreiben. Im Winter 2003 sagte uns die Wesenheit nicht etwa, dass wir ein Buch schreiben sollten. Sie sagte: „Ihr sollt nicht ein Buch schreiben – ihr müsst!“ So begannen wir damit, die außergewöhnlichen Heilungen, die in der Casa vorkamen, zu dokumentieren. Während Heather Erzählungen und Berichte sammelte, machte sich Karen an die Fotoaufnahmen. Es war eine perfekte Symbiose aus Energien und Fähigkeiten. Als Sebastian, der Sekretär der Casa, von unserem Projekt erfuhr, ließ er uns an seinem Wissen und dem Reichtum an Geschichten teilhaben. Kurz darauf war das Buch auf den Weg gebracht.

Unsere Arbeit hat uns gezeigt, dass den meisten Besuchern der Casa – wenn nicht sogar allen – bei ihrer ersten Begegnung mit den Wesenheiten[1] bedingungslose Liebe zuteilwurde. Die

[1] In der englischen Fassung des Buches wird die Wesenheit als Entity = Entität bezeichnet. In der deutschen Fassung als Wesenheit. Entität (neulat. entitas von lat. ens, seiend) ist in der Philosophie ein ontologischer Sammelbegriff für alles Existierende bzw. Seiende. So gehören Gegenstände, Eigenschaften, Prozesse usw. zur Klasse der Entitäten. Traditionell bezeichnet der Ausdruck Entität das unspezifizierte Dasein von etwas, im Gegensatz zu Quidditas, dem allgemeinen, und Haecceitas, dem individuellen Sosein von etwas.

erste Begegnung ist so tiefgreifend, dass sie kaum adäquat aus zweiter Hand festgehalten oder mit Worten wiedergegeben werden kann. Dennoch sind Worte alles, was wir haben, um die Gefühle derer weiterzugeben, die die Casa besucht haben. Sie werden also in diesem Buch unzensierte, wundersame Geschichten in den Worten der Betroffenen zu lesen bekommen. Berichte von Menschen, die durch die Barmherzigkeit und die Liebe der Wesenheiten berührt und geheilt worden sind. Sollten deren Worte nicht ausreichend sein, werfen Sie einen Blick auf die Fotografien von Karen Leffler. Die Fotos wurden in der Casa aufgenommen und mit deren Einverständnis veröffentlicht.

Die meisten Menschen sagen, dass sich ihr Leben nach einem Besuch der Casa verändert habe. ihr Ziel ist es weniger, von der erfahrenen Liebe zu sprechen, als von dieser Liebe zu zehren. Die persönlichen Erfahrungen dieser Menschen rufen uns in Erinnerung, dass das Streben nach Göttlichkeit ein fortlaufender Prozess ist. Die Casa bietet unterschiedliche spirituelle Hilfsmittel auf dem Weg dorthin. Kritik und Urteil unterwerfen sich Vergebung, Toleranz, Respekt, Nächstenliebe und dem authentischen Lebensstil des eigenen Ichs. Uns wurde unendlich viel durch die Wesenheiten, unsere göttlichen Begleiter, unsere Familien und Freunde gegeben, ihre Unterstützung und Ermutigung war unermesslich. Wir sind unglaublich dankbar für die Segenswünsche.

Wir wünschen uns sehr, dass Ihnen dieses Buch das Werk von João de Deus und der Casa näherbringt. Schon durch das Lesen des Buches öffnen Sie die Tür zu dieser Welt – ob Sie die Casa besuchen oder nicht. Möge der Segen, der uns zuteilwurde, ein Teil ihrer eigenen Erfahrung werden.

Ein brasilianisches Sprichwort sagt: „Gott war motiviert, als er Brasilien erschuf!“ Wir sagen: „Gott war motiviert, als er Brasilien erschuf, aber er war besonders motiviert, als er das Medium João Teixeira de Faria in diese Welt brachte.

EINLEITUNG

Die Wesenheit (Dr. Jose Valdivino) rief erneut nach ihren Instrumenten. Vorsichtig öffnete ich die spezielle Schublade, nahm das Tablett mit den Instrumenten heraus und brachte es zu ihr. Sie wählte ein Messer, ein normales Küchenmesser mit Wellenschliff. Sie legte die Hand über das Auge des Mannes und bat ihn, sich zu entspannen. Die Wesenheit öffnete das Auge weit, drückte stark zu und schnitt. „Schau, da haben wir es", sagte sie, während sie das Messer am Hemd des Mannes abwischte. Ich konnte einen winzigen dunklen Splitter sehen. Nachdem ich vielen Operationen dieser Art beigewohnt habe, weiß ich ohne jeden Zweifel, dass es sich nicht um die lokale Entfernung eines Objektes handelt. Viel mehr um etwas aus dem tiefsten Inneren, was nur Wesenheiten sehen können. Die Wesenheit betrachtet das Auge des Patienten als den Repräsentanten des gesamten Organismus, nicht nur als das physische Auge. Für mich ist der Eingriff eine symbolische Entfernung auf physischer Ebene. Einer Ebene, die aus vielen Ebenen erwächst und die viele verschiedene Organe mit einbezieht. „O filho esta curado pode levar", (Der Mann ist geheilt. Bringt ihn auf die Krankenstation) sagte die Wesenheit, während sie das Rezept ausstellte.....,

– aus Heathers Journal

Im Zustand der Trance vertraut João, das Medium seinen Körper vollständig den Wesenheiten, welche zu ihren Lebzeiten Ärzte, Theologen, Therapeuten sowie angesehene Persönlichkeiten waren, an. Diese Art vorübergehender Inkarnation einer lebendigen Person durch eine Wesenheit wird als Inkorporation bezeichnet. Die Geistwesen sind in der Lage, mittels des Körpers von João de Deus durch sichtbare oder nicht sichtbare spirituelle Operationen zu heilen. Das Medium João kann etwa sechsunddreißig Wesenheiten – nicht zeitgleich, aber eine nach der anderen – inkorporieren. Die jeweilige Wesenheit kann, je nach Bedürfnis des einzelnen Patienten, wechseln. Während die inkorporierte Wesenheit die Heilung begleitet, arbeitet eine „Schar" von Hilfsgeistwesen am Patienten. Dieses Helferteam bezeichnet man als Phalanx. Eine Wesenheit nimmt sich z. B. Krankheitsbildern wie Diabetes oder Herzkrankheiten an, die andere behandelt emotionale Beschwerden. Als Teil ihrer eigenen Entwicklung dienen die Wesenheiten der Menschheit in der Hoffnung, Schmerzen und Leid zu lindern. João de Deus geht seiner Mission als Medium seit achtundvierzig Jahren nach (ca. seit 1958) und war an mehr als acht Millionen Heilungen beteiligt.

Menschen, die von einer Wesenheit empfangen wurden, stehen fortan unter deren Schutz und Leitung. Sie werden Teil des Stromes himmlischer Liebe, der von den Wesenheiten ausgeht. Dieser Strom reinigt die Menschen, wie man einen Spiegel reinigt, um sich perfekt darin betrachten zu können. Besucher der Casa müssen lediglich um Hilfe bitten und sie bekommen Hilfe. Es gibt im wahrsten Sinne des Wortes tausende von Wesenheiten, die mit unermesslicher Hingabe gemeinsam mit João de Deus versuchen, den Schmerz der Menschheit zu lindern. So viel Geborgenheit für Menschen und ihre Heilung, einfach nur, weil sie aufrichtig darum gebeten haben, ist kaum begreiflich. Hier beginnt wirklicher Glauben – der im Gegenzug nicht selten das Bedürfnis auslöst, anderen Menschen helfen zu wollen.

DIE BEDEUTUNG EINZELNER NAMEN

Dieses Buch ist in vielen verschiedenen Zeiten geschrieben, was daran liegt, dass es sich aus zahlreichen Interviews von Personen zusammensetzt, die alle etwas mit João de Deus und seiner Arbeit in der Casa zu tun haben. Freunde, Geschäftspartner aus der Heimatstadt Joãos, Casa Volontäre und denjenigen, die aus der ganzen Welt anreisen, um Heilung zu finden.

Die durch João de Deus inkorporierten Wesenheiten werden manchmal durch die befragte Person namentlich genannt. In diesem Fall steht der Name der Wesenheit in Klammern z. B. „ die Wesenheit (Dr. Augusto)". Ist das betreffende inkorporierte Geistwesen nicht bekannt, wird nur „die Wesenheit" benutzt. Ist der Sinn eindeutig, wird der Name der Wesenheit ausgeschrieben.

Wenngleich es für den Mann João nicht von Bedeutung ist, wird er von tausenden Menschen weltweit „João de Deus" genannt. Ihm selbst ist es lieber, „João, das Medium“ genannt zu werden. Im Buch wird er im Allgemeinen als „João de Deus“ bezeichnet. In Phasen der Inkorporation wird von ihm als „Wesenheit" oder „Pai Vater" gesprochen. Karen, Heather und andere, die ihm nahe stehen, nennen ihn „Medium João“.

Die Wesenheiten und das Medium João gebrauchen oft das männliche Wort für Sohn (*filho*) und die weibliche Form für Tochter (*filha*). Die Begriffe „Kinder" und „Kinder der Casa“ sind ebenso gebräuchlich. Diese liebevollen Bezeichnungen sind im Sinne einer Seelenverwandtschaft auf der gemeinsamen Suche nach spirituellem Wachstum, Entfaltung und Weiterentwicklung zu verstehen.

João de Deus hat bei diesem Buch über sein Leben, seine Mission, die Wesenheiten und die Casa uneingeschränkt mitgewirkt und dessen Veröffentlichung genehmigt. Er hat zahlreiche Interna und Details beigetragen. So beschreibt beispielsweise Kapitel 1 seine Jugend, die Armut und die Entdeckung seiner transmedialen Fähigkeiten.

Kapitel 2 handelt von einem Besuch in Itapaçi, der Heimatstadt von João de Deus. Er lässt uns an einem Tag seines Lebens teilhaben und gibt ein auf Video aufgezeichnetes Interview, während dessen er inkorporiert und die Wesenheit durch ihn spricht.

Kapitel 3 gibt ein ergreifendes Interview mit Ana Keyla Teixeira Lorenço, der Frau Joãos, wieder. Sie erzählt offenherzig von ihrem Mann und dessen Leben als Medium. Sie gewährt uns flüchtige und dennoch beeindruckende Einblicke in das Leben des Menschen João, seine Mission und die Casa.

In Kapitel 4 wird der Leser mit Brasilien vertraut gemacht und erhält eine Kurzübersicht über eine Reise nach Abadiânia, dem in der Plateauebene Zentralbrasiliens gelegenen Ort, in dem sich das Heilungszentrum von João de Deus befindet. Ferner enthält dieses Kapitel Beiträge von Ehrenamtlichen und Medien der Casa.

Der Leser kann die „Welt der Casa“ durch umfassende Beschreibungen und Einblicke in die Casa in Kapitel 5, 6 und 7 für sich erleben und erfahren. Kapitel 8 berichtet über eine erstaunliche Reise mit João de Deus nach Peru.

Kapitel 9 behandelt das Thema der Spiritualität, die Wesenheiten und Hintergrundinformationen über deren früheres Leben. Spiritualisten sind Menschen, die wissen, dass jene der geistigen Welt nicht nur mit uns kommunizieren können, sondern es auch durch ein Medium tun, wenn sie es wollen und wenn die Umstände passend sind. Der Religion des Spiritualismus liegen Grundsätze und spirituelle Regeln zu Grunde, die auf der Lehre Jesu basieren. Brasilien ist weltweit das Land mit den meisten Möglichkeiten, die Religion oder Philosophie des Spiritualismus zu erforschen und zu studieren.

In Kapitel 10 berichten Besucher der Casa von übernatürlichen Heilungen. Im Anschluss daran folgen das Schlusswort, die Danksagung, die Bibliographie sowie Literaturempfehlungen. Im Fotoabschnitt des Buches finden sich eine Vielzahl seltener Fotografien von João de Deus, unter anderem unglaubliche Aufnahmen von Inkorporationen während Geistheilungen (Aufnahmen von Karen Leffler).

Dr. Amit Goswami sagte: „Aller Anfang liegt im Bewusstsein dafür." Für uns ist die Casa ein funktionierendes, lebendiges Beispiel für die fundamentale Bedeutung des Bewusstseins für das Universum. In der Absicht, diesem Bewusstsein für Heilung und geistiges Wachstum zu dienen und es anderen Menschen näherzubringen, beschäftigen wir uns aus freien Stücken mit unserer eigenen Heilung. Auf diese Weise betrachtet ist Heilung nichts Übernatürliches, sondern Teil eines wissenschaftlichen Paradigmas.

PROLOG

João de Deus ist mehr als nur eine Person; er ist ein wissenschaftliches Phänomen von größter Bedeutung. Aus diesem Grund möchte ich der liebevollen und wunderbaren Darstellung der Autorinnen über dieses Phänomen eine wissenschaftliche Erklärung zu eben diesem hinzufügen.

Auf unserer Suche nach Sinn und Bedeutung laufen manchmal die Wege zweier Personen zusammen. Diese beiden Personen stehen dadurch in einer Korrelation zueinander. Die Quantenphysik würde eine solche Korrelation, wenn man sie vorrangig auf der Bewusstseinsebene interpretierte, durch die Theorie der „Quanten-Nichtlokalität" erklären. „Quanten-Nichtlokalität" bedeutet signallose Kommunikation außerhalb von Zeit und Raum durch das Bewusstsein, kurz: Fernwirkung. Man kann Menschen mittels dieses Mediums erreichen, aber Vorsicht! Möglicherweise verfügen alle Menschen über diese Fähigkeit. Das Phänomen, das sich hinter João de Deus verbirgt, ist ein besonderes, eher seltenes. Der eine Signalgeber (Medium João) ist in Form eines leibhaftigen Körpers inkarniert, der andere Signalgeber ist körperlos.

Die wissenschaftliche Erklärung des Phänomens João de Deus befasst sich somit mit Fragen wie: Gibt es körperlose Wesenheiten? Kann eine lebendige Person mit körperlosen

Wesenheiten kommunizieren? Wie ist das Phänomen wissenschaftlich zu belegen?

Sie dürfen gespannt sein! All diese Fragen werden wissenschaftlich gestellt und beantwortet. Sie werden in diesem Buch viel über ein wissenschaftlich glaubwürdiges, wenn auch kontroverses Phänomen erfahren. Sie werden von Heilung durch bedingungslose Liebe lesen – auch diese lässt sich wissenschaftlich erklären.

Wenn Sie mit Wissenschaftlern des alten Paradigmas sprechen – jene bekennen sich zur Philosophie des wissenschaftlichen Materialismus und betrachten Phänomene als Manifestationen des Gegenstandes – werden diese behaupten, dass die Geschichte einen leichten Beigeschmack von Dualismus hat. Jede Interaktion bedarf eines Energieaustausches zwischen zwei Materien. Physische Energie ist nachweisbar, sie geht nicht einfach im Nichts verloren. Der Wissenschaftler wird Sie vermutlich süffisant fragen, wie dann ihrer Meinung nach ein körperloses, nicht materielles Wesen mit einem körperhaften Wesen wie z. B. einem Medium interagieren kann?

Gibt es eine Antwort auf Dualismus? In der Quantenphysik ist jedes Objekt, jeder Körper gleich einer bestimmten Menge von Möglichkeiten. Durch unser Wissen um das Materielle bekommen diese Objekte materielle Qualitäten, die wir mit unseren Sinnesorganen wahrnehmen. Das wiederum wirft die Frage auf, ob es andere Möglichkeiten der Wahrnehmung gibt, außer der durch die Sinne.

Der Paradigmenwechsel der Metaphysik setzt den Glauben voraus, dass das Bewusstsein die Grundlage allen Seins ist – sonst würden wir uns in unlösbaren Paradoxa der Logik verlieren. Es stehen verschiedene Theorien über Möglichkeitsformen des Bewusstseins zur Wahl, was es uns ermöglicht, Bewusstsein auf verschiedene Weisen zu erleben, nicht nur durch die Sinneswahrnehmung. Wir alle haben Erfahrungen im Umgang mit Lebensenergien, Gedanken über Bedeutung von Geist und Seele, intuitiven Urbildern und Werten wie Liebe, Schönheit, Wahrheit und Gerechtigkeit gemacht. Das Bewusstsein kennt keinen Dualismus, der auf die physischen, geistigen, lebenswichtigen und archetypischen Welten einwirkt, weil diese Welten Formen des Bewusstseins selbst sind. Das Bewusstsein formt aus diesen Eindrücken manifestierte Erfahrungen. Unsere Lebensenergien, geistige Bedeutung und intuitive Archetypen sind definitiv nicht physisch, aber ihr Zusammenwirken mit dem Physischen wird vom Bewusstsein gesteuert. Deshalb noch einmal: Es handelt sich hier nicht um Dualismus!

Wir besitzen also nicht nur einen physischen Körper, sondern auch eine filigrane Seele, zusammengesetzt aus lebenswichtigen, geistigen und archetypischen Segmenten, die alle durch das Bewusstsein verkörpert werden. Können wir den Tod des physischen Körpers überleben? Ja, die feinen Segmente der Seele überleben zusammen mit der Grundlage – dem Bewusstsein selbst. Leben außerhalb des Körpers ist also möglich!

Eine detaillierte, theoretische Untersuchung gibt Folgendes wieder: [2]

1. Auch wenn die vitale und die geistige Welt anders strukturiert ist als die physische Welt, passen wir durch unsere Lebenserfahrung die mentalen und vitalen Funktionen, die wir am meisten einsetzen, so an, dass wir einen funktionellen und lebendigen Körper in Korrelation mit dem physischen haben. Auf diese Weise gibt es nicht nur ein Weiterleben nach dem Tod des physischen Körpers, sondern auch Individualität darin, was davon weiterlebt. Im Gegensatz zum physischen Gedächtnis, das mit dem

[2] Wie auch in meinem Buch „Physics of the Soul" beschrieben

Körper stirbt, gibt es feine Quanten-Erinnerungen innerhalb unseres vitalen und geistigen Körpers. Diese Erinnerungen überleben und können in zukünftigen Verkörperungen zurückgerufen werden. Wenn das geschieht, sprechen wir von Reinkarnation. Ich nenne die überlebende, reinkarnierte Wesenheit *Quanten-Monade*.

2. Was also weiterlebt, ist nicht das Gedächtnis, sondern das, was wir Charakter nennen. Charakter, Tendenzen und Gewohnheitsmuster.
3. Wie dem auch sei, der Prozess vom Bewusstwerden um die Möglichkeit bis zum tatsächlichen Ereignis braucht einen physischen Körper. Anders als in einem Hollywood-Streifen – Materialisten können also entpannen – gibt es im Weiterleben nach dem Tod keine andauernden Erlebnisse.
4. Was aber, wenn ein materieller Körper zur Verfügung steht? Nehmen wir an, eine inkarnierte Person, ein Medium, erlaubt einer Wesenheit, sich regelmäßig seines physischen Körpers (nach vorheriger Absprache im Hinblick auf den Zusammenhang) zu bemächtigen, um durch seinen Körper Ereignisse oder Handlungen zu produzieren oder zu reproduzieren? Auf diese Weise findet mediale Kommunikation oder Channeling (in diesem Buch als Inkorporation bezeichnet) statt.
5. Wenn diese Theorie stimmt, dann würden während des Channelings sowohl geistige als auch vitale Charaktere des Mediums durch andere mentale und vitale Charaktere ersetzt. Anzeichen für eine andere Persönlichkeit wären nicht nur ganz andere Vitalfunktionen, sondern auch die Fähigkeit, innerhalb einer ganz neuen Reichweite verschiedenster physiologischer Rahmenbedingungen zu funktionieren.

Wenn diese Theorie stimmt, dann würden während des Channelings sowohl geistige als auch vitale Charaktere des Mediums durch andere mentale und vitale Charaktere ersetzt. Anzeichen für eine andere Persönlichkeit wären nicht nur ganz andere Vitalfunktionen, sondern auch die Fähigkeit, innerhalb einer ganz neuen Reichweite verschiedenster physiologischer Rahmenbedingungn zu funktonieren.

Medium João transformiert die Erinnerungen von jemandem, der früher einmal gelebt hat. Währenddessen ändert João de Deus sein Wesen, um bedingungslose Liebe auszustrahlen, die diejenigen heilt, die Heilung brauchen.

Beweist dies, dass sich der Charakter von Medium João tatsächlich so drastisch verändert, dass er sich gegenüber der Wissenschaft behaupten kann? Heather Cumming und Karen Leffler haben durch ihre gute Dokumentationsarbeit und Berichterstattung zweifellos bewiesen und durch Fotografien untermauert, dass das Medium João außergewöhnliche Fähigkeiten entwickelt, während er inkorporiert oder einer Wesenheit vorsteht.

- ▲ Medium João hat kein Medizinstudium absolviert, ganz zu schweigen von einer chirurgischen Ausbildung. Steht João in Verbindung mit der entsprechenden Wesenheit, operiert er Patienten mit den verschiedensten Krankheiten.
- ▲ Medium Joãos Verhaltensweise, seine Haltung und seine Sprache ändern sich, wenn er inkorporiert wird. Erstrahlt Liebe aus, die die Menschen in seiner Umgebung spüren.
- ▲ Der eindrucksvollste Beweis ist wohl die Geschichte mit dem Schlaganfall, der João de Deus halbseitig lähmte. Erstens: João de Deus benahm sich in dieser Phase, wann immer er inkorporiert wurde, seltsamerweise völlig normal und hatte keinerlei Anzeichen einer Lähmung. Zwei-

> tens: Es war João möglich, sich selbst durch eine Wesenheit zu operieren. Er erholte sich von der Lähmung und erfreut sich bis heute bester Gesundheit. Drittens: Weder wurde João übel, noch fiel er in Ohnmacht, als er sich selbst operierte und das, obwohl er normalerweise kein Blut sehen kann. Das gilt auch für andere Fälle von Operationen durch Medium João unter Inkorporation.

Laut der Autorinnen gibt es mittlerweile ein ausgefeiltes Heilungskonzept rund um das Medium João, welches es jedem ermöglicht, nach Abadiânia zu reisen, um geheilt zu werden. Das Konzept, in dem andere Medien João de Deus assistieren, umfasst Gebets- und Energieheilung, es sei denn, es handelt sich um Channeling oder Medialität. Gebetsheilung wird inzwischen übereinstimmend als Quantenheilung/Selbstheilung durch Quantensprünge von unserem separat leidenden Ego zu ganzheitlichen Stadien unseres Bewusstseins angesehen. Ein Quantensprung ist ein sprunghafter Übergang eines Systems aus einem Quantenzustand in einen anderen, wobei es keine Zwischenzustände gibt. Es gibt tatsächlich viele Fälle, in denen die Heilung augenblicklich einsetzt, sie unterstützen demnach diese These. [3]

Auch wenn Quantenheilung einen Quantensprung voraussetzt, ist es häufig notwendig, dass der Patient einen ausgiebigen kreativen Prozess durchlebt, der aus vier Phasen besteht: Vorbereitung oder „Arbeit“, Entspannung oder „Hingabe zum Sein“, Erkenntnis und Manifestation (Offenbarung). Bei Heilungen in der Casa de Dom Inácio müssen die Patienten einen Prozess der Vorbereitung und der Hingabe durchlaufen, bevor die Heilung stattfindet.

Die primäre Aussage dieses Prologs ist, dass das Phänomen „João de Deus“ aus der neuen Sicht der „Wissenschaft im Be-

[3] Mehr dazu in: „The Quantum Doctor“.

wusstsein“ absolut glaubwürdig ist. Ich möchte aber nicht den Eindruck hinterlassen, dass dieses Buch nur für die Wissenschaft wichtig ist. Tatsächlich wird dieses Buch über João de Deus viele Menschen dazu inspirieren, mit den Energien der Liebe und der Heilkräfte, die allen von uns zugänglich sind, zu experimentieren. Ich habe dieses Thema selbst sowohl intellektuell als auch durch eigene Erfahrung erforscht und behaupte, dass die Wesenheiten, die durch João de Deus kommunizieren, für jeden von uns zugänglich sind. Allgemein wird solch eine Wesenheit *spiritueller Begleiter* genannt. Die kreative Kraft der Heilung ist ebenso für jeden von uns zugänglich, vorausgesetzt wir sind bereit, den kreativen Prozess zu durchlaufen.

Zum Abschluss möchte ich anmerken, dass die Autorinnen eine derart wundervolle und herzliche Darstellung über João de Deus geschaffen haben, dass ich nach dem Lesen ihres Buches – obwohl ich Medium João nicht persönlich kennen gelernt habe – das Gefühl habe, ihn zu kennen und die bedingungslose Liebe der Wesenheiten, die durch ihn kommunizieren, zu spüren. Ich bin davon überzeugt, dass es Ihnen genauso gehen wird, wenn Sie dieses Buch lesen. Sie werden auf dieselbe Weise inspiriert sein, wie ich es bin.

Was kann ich sonst noch sagen? Das Werk von Heather und Karen gibt den Energien der Liebe, die vor Ort in Brasilien stattfinden, eine Form und ermöglicht es uns, diese Energien von welchem Ort auch immer überall auf der Welt miteinander zu teilen! Ich bin dankbar dafür, und ich hoffe, Sie werden es auch sein.

Amit Goswami, Ph.D.

1

DER JUNGE, DER MANN, DAS MEDIUM

Ich bin der glücklichste Mann der Welt, weil Gott mir diese Mission anvertraute.

– João Teixeira de Faria

João Teixeira de Faria wurde im Dorf von Cachoeira da Fumaça in Goiás (Zentralbrasilien) in bescheidenen Verhältnissen geboren. Seine Mutter, Francisca Teixeira Damas, war allen als *Dona Iuca* bekannt. Sie galt als fleißige Hausfrau, die ihr Leben der Erziehung ihrer Kinder widmete. Jeder der sie kennen lernte, mochte, respektierte und schätzte sie sehr. João ist sehr stolz auf seine Mutter und spricht von ihr mit großer Liebe und Bewunderung. In den Vierziger- und Fünfzigerjahren gab es weder geteerte Straßen noch Infrastruktur in diesem Teil Brasiliens. Die Straßen, die sich ihren Weg durch Farmen und Dörfer bahnten, waren durch Gitterroste verbundene Sandpisten. Als Ende der Fünfzigerjahre der Bau von geteerten Straßen begann, betrieb Joãos Mutter ein kleines Hotel und kochte für die Straßenarbeiter, um das spärliche Einkommen ihrer Familie aufzubessern. João sagt oft, dass seine Mutter durch ihr leckeres Essen berühmt geworden sei. Sein Vater, Jose Nunes de Faria, bekannt als *Juca Faria*, war von Beruf

Schneider und besaß eine Wäscherei. Er versuchte, seine Familie zu unterstützen, hatte jedoch wenig Erfolg. João hatte vier Brüder und eine Schwester: Americano, José, Francisco, Abilio und Amerika. Er selbst war der Jüngste. Seine Brüder sind inzwischen alle verstorben, seine Schwester lebt in Anápolis und ist dreiundachtzig Jahre alt.

João wuchs im Staat Goiás, in den Städten Goiâna, Anápolis und Itapaçi auf. Den Großteil seiner Kindheit verbrachte er in Itapaçi, einer Stadt nahe der Schnellstraße von Belém nach Brasília, etwa 170 Kilometer (105 Meilen) von Abadiânia entfernt, dem Ort, an dem sich heute die Casa de Dom Inácio de Loyola befindet. João oder John, wie er als kleiner Junge genannt wurde, begann im Alter von sechs Jahren als Schneider im Geschäft seines Vaters mitzuarbeiten, um dessen spärliches Einkommen aufzubessern. Hier eignete er sich bereits in frühen Jahren Geschäftskenntnisse an, die später seiner spirituellen Mission zugutekommen sollten. Vor den sozialen Reformen in den Sechzigerjahren war es für Kinder im Landesinnern von Brasilien üblich, die Schule nach wenigen Jahren der Ausbildung zu verlassen. Sie mussten ihren Lebensunterhalt in der Viehzucht als Rinderhirten, Arbeiter in der Ziegelfabrik oder zu Pferd als Essenskuriere für die Feldarbeiter verdienen. Kinder begannen gewöhnlich mit acht oder neun Jahren einen Beruf zu erlernen und zu arbeiten.

João besuchte die Grundschule Grupo Escolar Santa Teresinha in Itapaçi, musste diese aber aufgrund der familiären Armut schon nach zwei Jahren wieder verlassen, um arbeiten zu gehen. Als Gehilfe im Steinbruch, als Goldgräber, Zisternenbauer, Färber und Schneider verrichtete er körperliche Schwerstarbeit. Er hatte nie wieder die Möglichkeit, eine Schule zu besuchen, und kann bis zum heutigen Tag weder lesen noch schreiben. Dieser brillante Junge mit der Gabe eines Hellsehers verdiente sich sein Taschengeld im Billardsalon durch das Vorhersagen von Spielverläufen. Wenn sich João heute an diese Vorhersagen zurückerinnert, sagt er, es sei gewesen, als ob er für wenige Momente geflogen und dann wieder in die Wirklichkeit zurückgekehrt wäre. João ist bis heute ein ausgezeichneter Pool-Billard-Spieler. Er erinnert sich auch daran, mit den Dorfbewohnern spazieren gegangen zu sein und sie auf Wurzeln und Pflanzen aufmerksam gemacht zu haben, die ihre Beschwerden heilen würden.

Die erste paranormale Begebenheit fand statt, als João neun Jahre alt war. Er besuchte mit seiner Mutter Verwandte in der Stadt Nova Ponte. Es war ein schöner, wolkenloser Tag, als João die Vorahnung hatte, dass ein gewaltiges Unwetter aufziehen würde. Er deutete auf verschiedene Häuser, einschließlich der Häuser seines Bruders, und sagte, dass der Sturm sie umwehen oder die Dächer abdecken werde. Er bat seine Mutter eindringlich, vor dem Sturm abzureisen. Obwohl sie nicht wirklich überzeugt war, gab sie nach und die beiden suchten Unterschlupf im Haus eines Freundes, der in der Nähe wohnte. Genau wie er es vorausgesagt hatte, erschien das Gewitter wie aus dem Nichts und zerstörte oder beschädigte ungefähr vierzig von hundertfünfzig Häusern der kleinen Stadt.

Die schlechte Arbeitsmarktsituation in Itapaçi zwang João dazu, die Stadt zu verlassen, um sich anderswo nach Arbeit umzusehen. Sein Leben war mühsam. Er zog als Tagelöhner von Stadt zu Stadt und verrichtete Gelegenheitsarbeiten. Eines Tages fern von zu Hause, am Campo Grande in Mato Grosso, überkamen ihn Hunger und Müdigkeit. Er war einsam und – wie so oft – ohne Arbeit. Betrübt und schwach vor Hunger, suchte er Unterschlupf unter einer Brücke am Stadtrand. Er wollte ein Bad im Fluss nehmen, bevor er die Arbeitssuche wieder aufnahm. Als er sich dem Ufer näherte, rief eine schöne Frau nach ihm. Sie lud ihn ein, näher zu kommen, und sie verbrachten einen unvergesslichen Nachmittag, vertieft in

Gespräche. Am nächsten Morgen, sich an die Schönheit und Sanftheit der jungen Frau erinnernd, zog es ihn zurück zum Fluss, um wieder mit ihr sprechen zu können. Sie war tatsächlich da. Sie saß da, in eine Art wunderschönes Licht getaucht, winkte und rief seinen Namen.

Sie riet João, zum „Spiritist Center of Christ the Redeemer" zu gehen. Er folgte genau ihren Anweisungen. Als er ankam, kam der Direktor des Centers auf ihn zu und fragte ihn, ob sein Name „João Teixeira de Faria" sei. Der Direktor sagte, sie hätten gewusst, dass er kommen würde und hätten auf ihn gewartet. Genau in diesem Moment verlor João das Bewusstsein. Als er einige Stunden später wieder zu sich kam, war ihm der Vorfall äußerst peinlich. Er entschuldigte sich wiederholt und schrieb seinen Schwächeanfall dem Hunger zu. Viele Menschen hatten sich um João versammelt. Einer von ihnen erzählte ihm, dass er von der Wesenheit „König Salomon" inkorporiert worden sei und dass danach mehr als fünfzig Menschen geheilt worden seien. Unter den Anwesenden herrschte Begeisterung über die Medialität Joãos und die daraus resultierenden Heilungen.

João sah sich selbst lediglich als einen von vielen verarmten Teenagern. Die ganze Aufmerksamkeit um seine Person verwirrte ihn. Er bestand darauf, nichts getan zu haben, und wiederholte, lediglich in Ohnmacht gefallen zu sein, und nicht zu wissen, wovon diese Menschen sprachen. Der Direktor, der die Verwirrung des Jungen bemerkte, nahm ihn liebevoll zur Seite. Er erklärte ihm, dass die Wesenheit, die als König Salomon des Lichtes bekannt war, João gebeten habe, am nächsten Nachmittag um zwei Uhr zurückzukehren, um seine Arbeit fortzusetzen. Außerdem sagte er, es sei ihm eine Ehre, wenn João die Nacht bei ihm verbringen würde, so könnten sie über die Geschehnisse des Tages und andere spirituelle Themen sprechen.

Der Direktor nahm João mit nach Hause und ließ ein üppiges, aber einfaches Essen zubereiten. Für João, der viele Tage nichts gegessen hatte, glich es einem Festmahl. Nach dem Essen zeigte man ihm sein (eigenes!) Zimmer mit Ventilator und Moskitonetz. Nie zuvor hatte er so viel Luxus erfahren. Am nächsten Morgen, im Anschluss an eine andere wunderbare Mahlzeit, dachte er: *Ich esse besser, so viel ich kann, solange ich noch kann. Ich bin sicher, dass sie mich bald wegschicken werden.*

João kehrte mit seinem Gastgeber zum Spiritist Center zurück und erklärte nervös, dass er weder ein praktizierendes Medium sei, noch jegliche Ahnung von Medizin oder der spirituellen Welt habe. Er fand keine Erklärung dafür, was am Tag zuvor passiert war. Er hatte schreckliche Angst, weil er nicht wusste, was ihn nachmittags um zwei Uhr erwarten würde. Nachdem sich die Gruppe versammelt hatte und das Eröffnungsgebet beendet war, inkorporierte João erneut mit König Solomon und begann Kranke zu heilen.

Die folgenden Monate waren geprägt durch eine intensive Phase der spirituellen Ausbildung durch die Wesenheiten. Medium João, wie man ihn jetzt zu nennen begann, wurde angewiesen, sein Leben der Heilung anderer zu widmen. Zum Zeitpunkt des ersten medialen Ereignisses war João sechzehn Jahre alt. Zwar hatte ihn die Armut dazu gezwungen, die Stadt zu verlassen, brachte ihn aber dadurch auf den Weg zu seiner Mission. In Mato Grosso fand er den wahren Sinn seines Lebens: Gott und der Menschheit zu dienen.

Später begriff er, dass die schöne Frau am Ufer des Flusses der Geist der heiligen St. Rita von Cascia war.

Als Heather Medium João fragte, was St. Rita ihm an diesem Tag gesagt habe, antwortete er: „Lebe die Liebe und glaube an ein höheres Wesen, welches Gott ist. Ich bin immer ein frommer Anhänger der St. Rita von Cascia gewesen. Sie sprach an diesem Tag lange und ausführlich durch eine Art wundervollen Lichtes zu mir und begleitete mich bei vielen spirituellen Geschehnissen."

Im Laufe der nächsten fünf oder sechs Jahre reiste Medium João durch ganz Brasilien, spendete Leidenden Trost, heilte und therapierte Kranke und gab allen Rat, die zu ihm kamen. Während jener frühen Tage war er als *João Curador* (João der Heiler) bekannt, weigerte sich aber nach wie vor, *curandeiro* (Heiler) oder *milagreiro* (Wunderheiler) genannt zu werden.

In den ersten Jahren, in denen João seiner Berufung, Kranke zu heilen, nachging, wurde er unentwegt von Mitgliedern medizinischer und religiöser Einrichtungen verfolgt, die sich durch seine Anwesenheit in ihren Städten bedroht fühlten. Er suchte pausenlos Schutz vor den Behörden. Mittlerweile hat João den Überblick darüber verloren, wie viele unzählige Male er der Scharlatanerie, betrügerischer Machenschaften etc. beschuldigt und verhaftet worden ist.

Mit der Revolution 1962 übernahm eine Militärregierung die Macht in Brasilien, 1964 wurde Brasília zur neuen Hauptstadt ernannt. João ging dorthin, um den Militärs seine Dienste als Schneider anzubieten. Da er zu jung war, bekam er den Auftrag für die Uniformen nicht. Man gab ihm aber die Gelegenheit, einen Satz Arbeitshosen zu schneidern. Seine Fähigkeiten und Kenntnisse beeindruckten seine neuen Arbeitgeber und kurze Zeit später wurde er zum Vollzeitschneider ernannt und damit beauftragt, Uniformen für die Armee zu nähen.

Medium João setzte die Heilarbeit nebenher still und leise fort, aber schon bald wusste jeder in der Kaserne von seiner Gabe. Eines Tages inkorporierte ihn eine Wesenheit, die das verwundete Bein eines Arztes operierte, welches sofort heilte. Der Arzt war so begeistert von der Gabe Joãos, dass er ihn zum spirituellen Heiler der Armee und der Behörden machte und dieser für die folgenden neun Jahre unter deren Schutz stand. Er wurde zum Schneidermeister befördert und reiste, geschützt gegen die Anfeindungen durch Behörden, mit der Armee durch ganz Brasilien.

Diese Jahre waren außerordentlich prägend für João und entfachten die brennende Leidenschaft in ihm, ein erfolgreicher Unternehmer zu werden. Er musste unbedingt Erfahrung im Geldverdienen sammeln, um sein Ziel verfolgen zu können. Seine angehende Berühmtheit brachte genügend Gelegenheiten für Geschäfte mit sich und er verstand es, diese zu seinem Vorteil zu nutzen. Er wurde zum Viehzüchter und Bergmann. João hat einen angeborenen Geschäftssinn und hat sehr weise investiert. Dadurch kann er sich auf seine Mission konzentrieren, das Leiden zu lindern und den Armen zu helfen. Auch wenn Medium João den Wesenheiten gegenüber das Versprechen abgegeben hat, niemals Geld für seine Behandlungen zu verlangen, ist die Casa sehr dankbar für Spenden.

Obwohl viele Unternehmer, Rechtsanwälte und Politiker bestätigen, dass João de Deus ein äußerst intelligenter und scharfsinniger Unternehmer ist, macht es ihn sehr traurig, nie eine richtige Ausbildung erhalten zu haben. Nicht selten ist er zu Tränen gerührt, wenn er zugeben muss, dass er noch nicht einmal einen Scheck ausstellen kann. Er hätte so gerne studiert und Rechtsanwalt werden wollen. Fragt man ihn aber nach seinem Leben, in dem er viel erdulden musste, bestreitet er jegliches Leid vehement und versichert, dass er von Geburt an gesegnet gewesen sei.

2

DER MANN JOÃO

Für diejenigen, die glauben, braucht es keine Worte;
für diejenigen, die nicht glauben, gibt es keine.
– Dom Inácio de Loyola

Im Februar 2005 kniete Karen in tiefer Dankbarkeit für die Liebe und den Segen durch die Wesenheit vor eben dieser nieder. Die Wesenheit hielt liebevoll Karens Hand, welcher dicke Tränen über die Wangen liefen. In zwei Tagen würde sie nach Amerika zurückkehren. Er sagte: „*Vai com a bença de Deus, filha! Gehe mit dem Segen Gottes, meine Tochter!*" Dann wandte er sich Heather zu und sagte: „Heather, mein Kind, was machst du morgen? Würdest du gerne 150 Menschen zum Wasserfall führen?"

„Karen und ich haben vor, nach Itapaçi, in die Heimatstadt des Mediums João zu gehen, um Fotos für das Buch zu machen", antwortete Heather.

Er kaute auf seinem Kugelschreiber, mit dem er die Rezepte ausstellte, herum und grübelte. Da wir diesen Charakterzug zuvor bei der Wesenheit von Dr. Valdivinos bemerkt hatten, nahmen wir an, es könne sich um ihn handeln. „Gut,", sagte er, „Medium João wird morgen dort sein, ich werde jemand anderen bitten, die *filhos*[4] zum Wasserfall zu bringen."

Später sagte uns Maninho, ein Taxifahrer, dass das Medium João ihn gebeten habe, uns am nächsten Morgen um sechs Uhr zu seinem Haus zu fahren, da er uns nach Itapaçi begleiten würde. Wir waren begeistert von der Idee, einen Tag mit Maninho, Medium João und seiner Frau Ana zu verbringen. Wir erhofften uns einen kleinen Einblick ins Familienleben dieses außergewöhnlichen Mannes.

Am Samstag standen wir mit dem ersten Hahnenschrei auf und gingen direkt nach Anápolis, dem Wohnort Joãos. Da wir eine Stunde zu früh waren, machten wir am Haus von Joaquim halt. Er wollte seine Mutter in Itapaçi besuchen und wir hatten ihm versprochen, ihn mitzunehmen. Während seiner Jugend hatten Joaquim und seine Mutter für Joaos Schneiderei die Wäsche gewaschen und ausgeliefert. Heute arbeitet Joaquim in der Casa und verkauft köstliche Kokosnuss-Desserts. Joaquim bestand auf die Tradition der brasilianischen Gastfreundschaft, sich kurz zu setzten und einen heißen, süßen schwarzen Kaffee *cafézinho*, zu trinken, bevor wir weiterfuhren.

Es war uns unangenehm, Medium João so früh zu stören, als das Telefon klingelte. Es war João, der mit tadelnder Stimme sagte: „Es ist 6 Uhr, wo bleibt ihr denn?" Wir verabredeten uns mit ihm an der Straße nach Itapaçi. Wie versprochen donnerte gegen 7 Uhr ein großer Pickup Truck an uns vorbei und hupte. An Joãos Seite saß Ana. Wir folgten ihm bis zu einem Kokosnussstand am Straßenrand. Ein herrlicher Tag hatte begonnen. João kannte die alte Frau, der der Stand gehörte. Sie erzählte uns von ihrem Mann, der viele Jahre von den Wesenheiten behandelt worden und jetzt gestorben war. Sie sagte, João fahre nie an ihrem Stand vorbei, ohne anzuhalten, um sie zu besuchen, und einen Sack Kokosnüsse zu

[4] Filho(s) = Sohn, Kind(er) / Filha = Tochter.

kaufen. Er öffnete eine unreife, grüne Kokosnuss für jeden von uns. Wir saßen am Tisch neben der Bretterbude am Straßenrand und schlürften leckere Kokosmilch. Die weißliche, dünne Flüssigkeit ist weder süß noch sauer, aber reich an Mineralstoffen. Medium João klärte uns über die Heilkraft der Kokosmilch auf, welche Ärzte in Brasilien sogar gegen Dehydrierung verschreiben.

Das nächste Mal hielten wir eine halbe Stunde später an einem Wassermelonenstand. Er suchte uns die perfekte Melone aus. Er rieb mit den Knöcheln über verschiedene Melonen, bis eine den richtigen hohlen Klang hatte. Er reichte jedem von uns ein großes Stück. Wir beugten uns vornüber, weil der süße Saft uns überall von den Händen und den Kleidern in den Sand heruntertropfte. Er fütterte uns ein Stück Melone nach dem andern. Seine Frau Ana sagte: „Es ist absolut unmöglich, in der Nähe von Medium João eine Diät zu halten. Nicht nur, weil er Essen liebt, sondern weil er auch ein sehr großzügiger Gastgeber ist. Ein wesentlicher Bestandteil guter Gastfreundschaft ist für João Essen – und zwar viel davon. Außerdem ist er ein hervorragender Koch!"

Er ließ den Wassermelonenstand in einer Staubwolke hinter sich und wir folgten ihm. Wir fuhren noch etwa drei Stunden bis ans Ziel und es war nicht ganz einfach, ihm auf den Versen zu bleiben! Wir hielten am Stadtrand von Itapaçi. Medium João führte uns zu einer einfachen Lehmhütte mit freilaufenden Hühnern. Ein älterer Mann begrüßte uns und führte uns zu seinem Gemüsegarten. Er sagte zu Medium João, er solle sich bedienen. João erntete begeistert Gemüse mit seinem Taschenmesser. Die Casa und die enorme Verantwortung dafür schienen weit weg zu sein. Er packte einen Arm voll Gemüse in einen Korb und fragte nach dem Preis.

Der Mann rief freudig: „Ich kenne Sie! Sie sind João de Deus. Ich brachte meine Frau zu Ihnen. Es muss zwanzig Jahre her sein. Sie sehen gut aus, genau wie früher".

João legte seinen Arm um den Mann. „Wie geht es ihr?" fragte er. „Wurde sie geheilt?"

Der Mann rief nach seiner Frau. „Gott segne Sie. Ich wurde völlig geheilt", berichtete sie.

Medium João ging auf eine Holzkiste mit einem Hahn und zwei Hühnern zu und fragte, ob er sie kaufen könne. Die Hühner sollten auf seine Farm gebracht und freigelassen werden.

Karen hatte fotografiert, seit wir Abadiânia verlassen hatten. Auf einem Foto, auf dem João einen frisch geernteten Bund Schalotten hochhält, ist neben ihm deutlich spirituelles Licht zu erkennen. Auf einem Bild, das ihn zeigt, wie er gerade die Kiste öffnet, und einem anderen, auf dem Maninho die Hühner hält, sind drei weiße, runde Punkte, die über der Kiste schweben, zu erkennen.

Heathers Gedanken kreisten währenddessen um die Frage, ob die drei Lichtpunkte, schamanisch betrachtet, die drei verlorenen Seelen der Hühner bzw. das Trauma der Käfighaltung, das über ihnen schwebt, verkörpern. Ähnlich einer Person, die einen Autounfall nacherzählt. Unfallopfer berichten häufig, dass sie sich zum Zeitpunkt des Unfalls selbst aus der Entfernung gesehen. Ein Teil ihres Bewusstseins könnte zu diesem Zeitpunkt ihren Körper verlassen haben und es ihnen so ermöglichen, die traumatische Szene zu beobachten. Im Schamanismus spricht man bei einem solchen Ereignis von einem Schutzmechanismus, der *Seelenverlust* genannt wird. Diese Erfahrung können sowohl Menschen, als auch Tiere machen.

Wir fuhren durch Itapaçi, eine hübsche kleine Stadt mit prächtigen Alleen und alten Kirchen. Medium João bog in Richtung seines Elternhauses ab und zeigte auf drei einfache Häuser in einer friedlichen, familiären Nachbarschaft. Als wir vor dem kleinsten der drei Gebäude standen, legte er seine Hand an die Wand und sagte stolz: „Hier bin ich groß geworden. Karen, mach‘ bitte ein Foto. Natürlich hat es damals nicht so ausgesehen wie heute. Im Laufe der Jahre gelang es mir, das Haus zu kaufen und die anderen beiden für meine Mutter und meinen Bruder zu bauen.“

Pacu und Oswaldo Moura Machado begrüßten Medium João. Sie waren Freunde aus Kindertagen. Medium João umarmte jeden einzelnen herzlich und sagte dann: „Dieser Mann stammte aus wesentlich besseren Verhältnissen als ich. Als wir uns kennen lernten, war mein Vater sehr arm und wir hatten kaum ein Dach über dem Kopf. Ich fing an, in der Schneiderei meines Vaters zu arbeiten, als ich sechs Jahre alt war. Pacu und ich fuhren Wäsche für ihn aus. Gott sei Dank bin ich heute in ganz Brasilien bekannt und konnte viele Länder der Welt bereisen. Ohne die Gnade Gottes wäre nichts von all dem möglich gewesen. Ich hätte dieses Grundstück nicht kaufen können. Und doch sage ich: Bei allem, was ich besitze, gehört mir gar nichts. Der rechtmäßige Besitzer all dessen ist Gott. Ich erfülle hier meine Mission. Gott hat mir mehr gegeben, als ich mir jemals hätte erträumen können.“

Medium Joãos Bruder, Francisco, war im vergangenen Monat gestorben und Medium João hatte vor, das Wochenende mit seiner Schwägerin Neusa zu verbringen und uns sein Zuhause zu zeigen. Er führte uns zu ihrer überdachten Veranda und stellte uns vor. Sie stand neben einem Holzofen und kochte. Ihr Heim war eine einfache Behausung: kleine Räume – weiß gekalkte Wände. An den Wänden des ansonsten eher kargen Wohnzimmers hingen Bilder von Medium João, der Familie und seiner geliebten Mutter. Die drei Häuser waren durch einen gemeinsamen Vorgarten und eine gekachelte Veranda verbunden. Über die Jahre war das Haus etwas baufällig geworden. In der Ecke befanden sich zwei fundamentale Bestandteile eines jeden brasilianischen Haushalts: eine Kaltwasser-Badewanne und ein Waschbrett.

Ana machte sich sogleich daran, das frische Gemüse zu putzen und Snacks zuzubereiten. Sie lehnte jede Hilfe ab und unterhielt uns mit einer lebhaften Konversation. Medium João lehnte sich zurück und genoss die Umgebung, die er so liebte. Er stellte uns seine Freunde vor: „Dieser junge Mann ist Pacus Sohn. Er hat schon auf meinen Farmen in den verschiedensten Projekten für mich gearbeitet. Er ist Bauarbeiter und Maurer. Er arbeitet hart, um seinen Lebensunterhalt zu verdienen. Er wird das Haus meines Bruders renovieren, in dem meine Schwägerin weiterhin leben wird. Die Menschen haben falsche Vorstellungen von meiner Herkunft. Wir waren sehr arm. Von hier stamme ich und ich bin stolz auf meine Wurzeln und ich halte den Kontakt zu meinen Freunden von früher.“

Medium João steckte Maninho etwas Geld zu und sagte ihm, er solle im Laden Zwiebeln, Knoblauch, grüne Paprika und 2,5 kg Tomaten kaufen. „Aber achte darauf, dass die Tomaten auch wirklich reif sind. Beeil dich, wir wollen nicht verhungern! Ich werde für uns alle kochen.” Wir gingen mit Medium João nach draußen zum Herd, der mit großen Holzscheiten angeheizt war. João würde das Essen auf dem Rost über dem Feuer zubereiten, wie es in Brasilien üblich ist. Er goss ziemlich viel Öl in eine große Pfanne und fügte Knoblauch und weißen Reis, die Grundbestandteile eines jeden brasilianischen Essens, hinzu. Um uns herum qualmte es, während er den Reis rührte. „Kochst du gerne?“, fragte er. „Ich koche für mein Leben gern. Besonders auf diesen alten Holzöfen. Du wirst sehen, dass ich ein guter Koch bin. He, Chef, bring‘ das Wasser.“ Medium João ging ans Waschbecken und wusch die Schweinerippchen, während er nebenher weiter mit uns plauderte. „Ich bin immer ein guter Koch gewesen, oder etwa nicht, Joaquim? Ich habe für dich gekocht, als du klein warst. Die beste Art, dieses Gericht zuzubereiten, ist nicht das Fleisch anzubraten, sondern es mit Salz und Gewürzen zu pökeln und es an der Sonne ziehen zu lassen. Nach ein paar Tagen gibt man das gepökelte Fleisch zum Hähnchen. Es bekommt ein wunderbares Aroma. Heather, sage allen, sie sollen zum Abendessen kommen. Es gibt Chili und Schwein für alle. Und übrigens: Das Wasser, welches aus diesen Leitungen kommt, entspricht energetisch dem der Casa. Du kannst hier alles essen und trinken, es wird dir bekommen."

Wir verbrachten einen wunderbaren Nachmittag damit, das Essen, das Medium João für uns zubereitet hatte, zu uns zu nehmen. Es hatte sich herumgesprochen, dass er in Itapaçi war und ein steter Strom von Besuchern kam, um ihre Aufwartung zu machen oder Hilfe zu erbitten. Ein Geistlicher machte Medium Joãos Schwägerin auf unpassende Weise Avancen und versuchte Medium João unter Druck zu setzen, um Geld für seine Pfarrei zu bekommen. Medium João verteidigte seine Schwägerin mit diplomatischem Geschick und der Mann suchte das Weite.

Wir zogen uns auf die Veranda zurück. Ein Junge kam vorbei und verkaufte aus einer kleinen Kühlbox Eis am Stiel. Für heute war er ein gemachter Mann. Medium João kaufte den gesamten Bestand und schickte ihn los, um mehr zu holen. Eigentlich haben Ärzte und Wesenheiten João eine strikte Diät verordnet, aber er hält sich so gut wie nie daran – für Ana eine kaum lösbare Herausforderung.

Wir taten es Medium João gleich und legten uns alle auf die kühlen Kacheln und hielten eine kurze Siesta, bis wir von einem entlaufenen Hahn, der die Zäune und Dächer unsicher machte, geweckt wurden. Medium João sprang auf und jagte dem Hahn zusammen mit Maninho hinterher. Ein sportlicher Einsatz, von dem sie siegreich zurückkehrten. Den Rest des Nachmittags unterhielten wir uns, auf den Fliesen liegend, mit Medium João. Er foppte uns und erzählte wunderbare Geschichten – manche waren erfunden. Es war unmöglich, nicht zu lachen, und je mehr wir lachten, desto kreativer wurde er. Heather, die einige Zeit ihres Lebens in Zentralbrasilien verbracht hatte, erinnerte sich an solche Nachmittage aus ihrer Jugend auf der Farm. Sie waren alle gemütlich und faul auf der Veranda gesessen und hatten sich über dies und jenes mit den Cowboys und ihren Familien unterhalten.

Als wir aufbrachen, um Medium João und Ana Zeit für sich zu lassen, sagte João: „Interviewt diese beiden Freunde von mir für euer Buch. Die beiden kennen mich so gut wie kaum jemand. Danach sprechen wir uns."

Luiz Orlando erzählt von Medium João:
Ich heiße Luiz, aber João sagt *Dos Ocolus* (der mit der Brille) zu mir. Ich wurde in Rio de Janeiro geboren. Vor zehn Jahren tat mir Medium João einen großen Gefallen, ohne es zu wissen. Meine Tochter Deborah traf ihn in Rio und ging dann in die Casa für eine Konsultation mit den Wesenheiten. Als João erfuhr, dass ich in Itapaçi lebe, brachte er meine Tochter dazu, mich zu besuchen. Sie lebt jetzt in Amerika, aber aus irgendeinem Grund sind wir uns fremd geworden. Es ist ihre Entscheidung. Ich vermisse sie.

Medium João wirft ein:
Ich weiß, sie wird diese Nachricht erhalten und sich bei dir melden.

Luizs schaut betrübt, als er weiter spricht:
Das wäre die Erhörung meiner Gebete. Es ist nicht verwunderlich, dass Medium João einen solch außergewöhnlich guten Ruf in dieser Region und in ganz Brasilien hat. Er kümmert sich immer um andere. Allein in dieser Stadt hilft er Tausenden mit Care-Paketen, Güte und Großzügigkeit. Jahrelang habe ich von diesem außergewöhnlichen Mann gehört, der für seine Nächstenliebe und Barmherzigkeit geliebt wird. Es macht mich sehr stolz, dass ich ihn nicht nur kenne, sondern dass wir auch

geschäftlich im Goldminen-Projekt enge Vertraute sind. João, du kannst immer auf mich zählen. Ich werde dir immer ein loyaler und treuer Freund sein.

Medium João stellt Vilmar vor:
Ich möchte euch Vilmar vorstellen. Er ist mein guter Freund und Partner in unserem Minen-Projekt. Er kennt mich schon seit Jahren und er kannte meine Eltern. Er kannte mich schon, als ich noch Schneider war, und er begleitete mich auf meiner Mission. Nicht nur in Goiás, sondern in vielen anderen Staaten unseres Landes.

Vilmar erzählt von Medium João:
Ich bin etwas jünger als João. Ich wurde 1953 geboren, kenne aber João schon mein ganzes Leben lang. Seine Kindheitserinnerungen vergisst man nicht. Ich habe die Nöte miterlebt, die er als Junge durchmachen musste. Er musste die Schule abbrechen, weil er zu arm war und sich das Schulgeld nicht leisten konnte. Manchmal verrichteten wir zusammen Schwerstarbeit. Medium João drückte sich nie vor schwerer Arbeit, die ersten Jahre waren extrem hart für ihn. Diese Stadt ist klein und es gab kaum Arbeit, er musste sich anderswo nach Arbeit umsehen. In Mato Grosso fand er mit sechzehn Jahren seine wahre Berufung, der er seitdem treu ist: Gott und der Menschheit zu dienen. Irgendwann eröffnete er seinen eigenen Schneiderei- und Wäscheservice, um seinen Lebensunterhalt zu verdienen, während er sein Leben anderen widmete.

Ich zog in die Welt hinaus und handelte mit Teppichen und Bettwäsche. Es war keine einfache Zeit, aber das Gute war, dass ich Medium João auf meinen Reisen treffen würde. Ich würde ihn ausfindig machen. Auch ich bin Spiritist und habe größtes Vertrauen in seine Arbeit. Unsere Freundschaft ist uns nie verloren gegangen. Heute sind wir Partner im Bergbau und unterstützen viele Familien in der Region durch Arbeitsplätze. Unser Bergbaugeschäft ist ein Träger für Medium João, um anderen Menschen helfen zu können. Wir beschäftigen Arbeiter in der Gegend und unterstützen andere Industrien, aber das grundlegende Ziel ist immer, die Casa und andere gemeinnützige Projekte zu unterstützen und zu erhalten.

Wir sind weit mehr als nur Freunde, wir sind Brüder. In diesem brüderlichen Sinne ist diese Bindung tiefer als die zu unseren tatsächlichen Brüdern. Ich kann ihnen aus tiefster Überzeugung sagen, dass meine Bestimmung in diesem Leben ist, Joãos Mission zu unterstützen. Ich war für die Mine geschäftlich in Europa, Amerika und Südkorea immer mit dem Ziel, die Mine auszubauen, um Joãos Mission für die Menschheit unterstützen zu können. Es ist schwierig, meine Beziehung zu João und meinen enormen Respekt für seine Arbeit zu erklären, es wäre umfangreich genug, um ein extra Buch darüber zu schreiben. Manchmal sagt João, er würde sich wünschen, nur für einen Tag ausruhen zu können, aber er bestimmt nicht selbst über sein Leben. Er hat sich komplett Gottes Arbeit hingegeben. Die Wesenheiten beanspruchen ihn zu jeder Tages- und Nachtzeit. Er muss jederzeit bereit sein, spirituelle Handlungen zu vollbringen, und trotzdem seinem eigenen Leben und seinen Geschäften nachgehen.

Ana hatte den ganzen Mittag versucht, ihren Mann davon zu überzeugen, sich das nach dem Mittagschlaf völlig zerzauste Haar kämmen zu lassen. Er ignorierte ihre „Kämmbitten“, lag weiterhin auf dem Fliesenboden und lauschte den Interviews. Plötzlich setzte er sich auf, grinste sie schelmisch an und begann sich schwungvoll die Haare zu kämmen. Karen fotografierte ihn, wie er in schallendes Gelächter ausbrach.

Dann gab er uns ein Interview. Es schien, als würde er einige Male inkorporiert, während er sprach. Verschiedene Male setzte er seine Brille ab. Karen, die Videoaufnahmen von den Interviews machte, konnte die Anwesenheit der Wesenheiten spüren. Sie musste die Aufnahmen unterbrechen, um sich neu auf dem Boden zu positionieren, während sie die Kamera stabil hielt. Sie hatte diese starke energetische Präsenz der Wesenheiten fast über den ganzen Tag verteilt gespürt, aber jetzt wurde diese noch viel intensiver.

Heather: Medium João, warst du in Itapaçi oder Mato Grosso, als die Wesenheiten des Lichts begannen, dich gänzlich zu inkorporieren?

Medium João: Ich war mein Leben lang ein treuer Anhänger der heiligen Rita von Cascia. Ich wurde von Geburt an katholisch erzogen. Eigentlich muss ein Spiritist viel lesen, lernen und analysieren. Das konnte ich nicht, da meine Mission früh begann. Das erste Mal, als ich vollständig inkorporiert wurde, war mit sechzehn Jahren in Campo Grande im „Spiritist Center of Christ the Redeemer“. Ich gehe dieser Mission nun seit mehr als achtundvierzig Jahren nach. Wie du weißt, habe ich in fast jedem Staat Brasiliens gearbeitet, einschließlich der Hauptstadt und vielen anderen Ländern weltweit.

Weder predige ich Religion, noch lehre ich sie. Mein Glaube ist universal. Ich glaube an den Schöpfer, ich glaube an Maria. Ich glaube an die Apostel und die Loge der Freimaurer. Wie kann ich von mir selbst sagen, ich sei Spiritist, nachdem ich Chico Xavier den *Papst des Spiritismus*[5] nenne? Wie kann ich mich mit ihm vergleichen? Mir wurde die große Ehre zuteil, den Körper von Chico Xavier zu Grabe zu tragen. Ich weiß, dass Gott mir bei meiner Mission zur Seite steht und ich am Ende in Itapaçi, der Stadt, in der wir heute alle zusammen sind,

---

[5] Chico Xavier und Spiritismus werden in späteren Kapiteln erörtert.

die letzte Ruhe finden werde. Das wird dann in euren Händen liegen, denn ich weiß, dass ich diesen Planeten irgendwann verlassen werde. Wie alle guten praktizierenden Spiritisten möchte ich mich einer spirituellen Gemeinschaft anschließen, um Nächstenliebe zu praktizieren und das Leiden der Menschheit zu lindern. Mein Körper wird in Itapaçi neben dem meiner Mutter, den Körpern meiner Brüder und dem meines Vaters beerdigt sein.

Heather: Wie war es für dich, nach Griechenland zu reisen und in die Fußstapfen des Apostels Paulus zu treten? Was für eine Art Erlebnis war das für dich. Würdest du es als nachhaltig bezeichnen?

Medium João: Ich bin froh, dass du das fragst. Ich glaube, dass viele Religionen in Griechenland ihren Ursprung haben. Spiritisten und Gläubige anderer Religionen – Evangelisten, Kardecisten (Allan Kardec) und Katholiken – sind der gleichen Meinung. Ich wurde von den Menschen in Griechenland sehr wohlwollend empfangen. Sie zeigten mir die Stelle, an der eine Gedenktafel für Apostel Paulus aufgestellt ist. Ana wird dir das Foto davon zeigen. Ich saß an eben dieser Stelle und sandte eine Botschaft an die, welche sich um mich versammelt hatten. Die Nachricht kam nicht von mir selbst, sondern von den „Hütern der Gesetze“, den Geistern des Glaubens [die Wesenheiten]. Ich selbst weiß nichts, ich habe keine Ahnung, ich kann nicht einmal einen Scheck ausstellen. Ich verirrte mich und Ana fand mich in einer Kirche neben einem Priester, der mir die Beichte abnahm.

Ana: Ja, das stimmt. Der orthodoxe Priester, der die Arbeit begleitet hatte, stand täglich an deiner Seite und weinte in Dankbarkeit für all das Heil, das ihm zuteilwurde.

Medium João: Eines Tages werde ich nach Griechenland zurückkehren. Es ist gut, dass mein guter Freund Vilmar gerade hier ist. Ich habe ihm nie von der Ehre erzählt, die Gott mir dort zuteilwerden ließ. Ana war dabei. Als ich an dem Ort stand, an dem die Olympischen Spiele stattfinden sollten und mit der Eröffnungszeremonie für spirituelle Arbeit begann, wurde ich von Dr. Augusto de Almeida inkorporiert. Er segnete speziell die Olympischen Spiele, die hier wenige Wochen später eröffnet werden sollten.

Heather: Wir waren sehr dankbar für deine Anwesenheit in Washington, als der Irakkrieg ausbrach. Obwohl dein Bruder zwei Tag zuvor gestorben war, legtest du alles beiseite und botest geistige Hilfe an.[6]

Medium João: Du warst mit mir in Washington D.C. an diesem Tag im März 2003, aber für Vilmar ist diese Geschichte neu. Ana war auch anwesend. Ein Paar kam. Der Mann war ein pensionierter Marinesoldat, und ihre Tochter war beim Militär im Irak. Sie brachten ein Foto ihrer Tochter und baten um Schutz für sie. Die Wesenheit versicherte dem Vater, dass sie völlig beschützt würde.

Heather: Ich erinnere mich gut, Medium João. Ich übersetzte für das Paar. Die Wesenheit bat die Eltern, am nächsten Tag mit einem Kleidungsstück der Tochter zurückzukehren. Sie brachten eines ihrer Shirts. Die Wesenheit trug mir auf, es mit nach Brasilien zu nehmen. Als ich nach Brasilien zurückkehrte, trat ich mit dem Karton, allen Namen und Fotos vor die Wesenheit. Der erste Gegenstand, den die Wesenheit von mir wollte, war

[6] Medium João reiste am 20. März 2003 nach Washington D.C. Es war nur eine kleine Gruppe von ca. 120 Personen, aber er nannte es eine „Friedensmission".

das Shirt der jungen Frau. Sie hielt es für einen Augenblick in ihren Händen und legte es dann sorgfältig in einen Korb. Dann wollte sie wissen, wann die Eltern mit der Tochter nach Abadiânia kämen. Ein Mitglied der Gruppe berichtete mir später, dass sie wohlbehalten aus dem Irak zurückgekehrt sei.

Medium João: Ich weiß, dass Gott immer bei mir ist und mit ihm die Geister des Glaubens. Keiner geht diesen Weg alleine. Christus ging ihn nicht alleine. Er wurde nicht nur von den zwölf Aposteln begleitet, es waren mehr als 100 Apostel, die ihn begleiteten. [Medium João setzt seine Brille ab, er scheint zu inkorporieren.] Christus hat bewiesen, dass ihn viele Tausend begleitet haben, als er Brot und Fische verteilte, sie alle waren seine Apostel. Gute Geister wandeln nie alleine. Es ist eine Schar, eine Gruppe von Geistern, die in der Sache zusammenarbeitet. Ich glaube an Jesus und ich glaube an Gott, er ist mein Vater. Er gibt mir alles, was ich brauche, deshalb bin ich glücklich. Sein Herz wacht über mich.

Heather: Viele Menschen fragen mich, was sie tun können, um bei tragischen Ereignissen wie Tsunamis, Fluten und Kriegen zu helfen. Die Welt scheint sich in einer Krise zu befinden. Würdest du uns sagen, was wir aus spiritueller Sicht tun könnten, um zu helfen?

Medium João: Gut, dass du mir diese Frage stellst. In erster Linie müsst ihr euch gegenseitig respektieren und Gott mehr lieben als alles andere. Liebe ist die Lösung für alles. Wartet und empfangt die Liebe und das Wort Gottes mit mir.

Heather: Medium João, wir danken dir für das Interview, dafür, dass du so viel Zeit mit uns verbracht hast, für das wundervolle Essen und eure Gastfreundschaft. Wir sind unendlich dankbar für deine Mitmenschlichkeit und alles, was du für uns tust.

Medium João: Du bist immer herzlich willkommen. Komm' wieder und besuche die Goldmine. Vilmar und Luiz haben meine Erlaubnis, dir das Grundstück zu zeigen. Es ähnelt einem Zirkel, einem Ring. Der Erfolg jedes einzelnen Projekts ist ein Erfolg für die Casa. Auch wenn du hier warst, um Medium João zu interviewen und zu filmen, konntest du sehen, dass ich gleichzeitig ein ganz normaler Familienmensch, Farmer und Bergmann bin.[7]

Heather: Medium João, ich weiß, dass du sehr viel durchgemacht und gelitten hast. Dein guter Freund und Anwalt Edemar, der dich seit über 35 Jahren kennt, hat uns bestätigt, dass du inhaftiert wurdest und großer Gefahr ausgesetzt warst. Wie bewahrst du dir, bei all dem, was du durchgemacht hast, so viel Engagement, Großzügigkeit und deinen großartigen Humor?

Medium João: Ich weiß, worauf du anspielst. Ich wurde mehrfach verhaftet, aber niemals wegen Mordes, Diebstahls oder anderer ernsthafter Verbrechen. [Er setzt seine Brille ab und weint.] Ich wurde inhaftiert, weil ich das Wort Gottes verbreitet habe. Manche Menschen glauben, ich würde dieser Mission

---

[7] Heather besuchte 2006 Medium Joãos Mine. Die Mine lag inmitten von größeren, internationalen Bergwerksgesellschaften mit modernster Ausrüstung, die durch hohe Mauern und Wachposten gesichert waren. Medium Joãos Mine war das krasse Gegenteil zu den größeren, angrenzenden Minen. Die Handhabung war einfach und ländlich und erinnerte an die Zeiten der einfachen Goldgräber um 1850, die sich über jeden einzelnen Klumpen Gold freuten. Dr. Augusto sagte uns, dass die Wesenheiten ihn dazu gebracht hatten, die Schürfrechte zu erwerben, aber dass die Mine eine Menge Zeit koste und er dessen müde sei. Die Mine wurde im Herbst 2006 aus finanziellen Gründen von João geschlossen.

des Geldes wegen nachgehen. Wenn das der Fall wäre, könnte ich nicht weiterarbeiten. Ich hätte schon vor Jahren aufgehört. Das Wort Gottes hat einen Anfang, aber kein Ende. Das Wort Gottes ist etwas Wunderschönes und SIE* ist ewiglich. Eines Tages möchte ich im Tribunal Christus ankommen, dem Herzen Gottes.

Heather:* Im Portugiesischen ist das Wort Entität/Wesenheit weiblich. Wir beziehen uns also immer auf die Wesenheit als eine SIE. Medium João bezieht sich hier im Bezug auf das Wort Gottes auf SIE. Seine Worte sind im Portugiesischen sehr tiefgründig und poetisch, deshalb halten wir sie hier in Medium Joãos eigener Sprache für Sie fest:
Porque a palavra de Deus ela tem começo ela não tem fim.
Ela é muito bonita. Ela é eterna. Eu ainda quero um dia
chegar no tribunal de Christo no seio de Deus.

Interview mit Medium João in Itapaçi, Goiás, Brasilien, 05. Februar 2005

3

DIE FRAU DES MEDIUMS JOÃO: ANA

Glaube kann Berge versetzen; Glaube ist, was uns heilt – Vertrauen, was uns leitet.
– Ana Teixeira Lorenço

In diesem Kapitel interviewt Heather Joãos Frau: Ana Keyla Teixeira Lorenço. Ana erzählt, dass ihre Familie sie zur Casa gebracht habe, als sie noch sehr jung gewesen sei. Unter der Anleitung und der Vermittlung durch die Wesenheiten sei klar geworden, dass sie dafür bestimmt gewesen sei, zu diesem Zeitpunkt in Joãos Leben an seine Seite zu treten und seine Frau zu werden. Ana gewährt uns wertvolle und beeindruckende Einblicke in das Leben des Menschen João und des Mediums João. Sie berichtet von der Casa, von Spiritualität und Medialität.

Ana: Im Alter von zwölf Jahren kam ich mit meiner Familie zum ersten Mal in die Casa de Dom Inácio. Ich wurde zwar als Katholikin *und* Spiritistin erzogen, aber tatsächlich tendierten meine Eltern mehr zum Spiritismus. Vom ersten Besuch an sollte ich die Wesenheit bei Operationen begleiten. Ich trug das Tablett mit den Instrumenten, die Wattetupfer oder das Wasser. Als ich so dastand und die Operationen mitverfolgte, bekam ich Angst, dass mir etwas Ähnliches passieren könnte. Aus diesem Grund verschwand ich häufig zu den Zeiten, in denen die Inkorporationen stattfanden. Ich ging hinunter zum Wasserfall oder in den Garten. Die Wesenheit verlangte nach mir, aber ich war nicht auffindbar. Ich kam zurück, nachdem die Operationen vorbei waren und reihte mich in die Schlange derer ein, die vor die Wesenheit treten wollten. Die Wesenheit rief meine Familie zusammen, um die Heilung meiner Mutter zu besprechen. Sie sprach mit uns über die Vorbereitungen, über die Medialität meiner Mutter und meine eigene Medialität.

Heather: Hattest du ein bestimmtes Problem oder eine Krankheit, als du die Casa das erste Mal aufsuchtest?

Ana: Wir kamen in erster Linie der Erfahrung wegen in die Casa. Ich hatte nicht wirklich Beschwerden, zumindest keine, von denen ich wusste, aber meine Mutter hatte eine Zyste an der Gebärmutter. Die Zyste wurde ihr in einer unsichtbaren Operation entfernt. Vierzig Tage später hatte meine Mutter einen Kontrolltermin. Wir kamen wieder und lernten und befolgten die Regeln der Wesenheiten. Wir kehrten regelmäßig zur Casa zurück. Wegen der großen Entfernung zu unserer Heimatstadt Uberaba in Minas Gerais reisten wir zunächst nur einmal im Jahr. Es entwickelte sich so etwas wie eine Freundschaft. Keine „normale“ Freundschaft. Wir standen mit den Wesenheiten und den Medien der Casa in Verbindung, die uns die Abläufe in der Casa erklärten und uns dabei unterstützten, uns spirituell weiterzuentwickeln. Medium João sahen wir selten.

Als ich ungefähr zwanzig Jahre alt war, baten die Wesenheiten uns dann immer nach den Sitzungen zu João ins Büro, um ihn dort zu treffen. Sie wollten, dass wir eine Beziehung zu ihm aufbauten. Ich hielt mich immer sehr zurück. Ich wusste selbst nicht warum, aber ich fühlte eine Art Widerstand;

dies beschreibt meine Gefühle von damals ziemlich treffend. Heute weiß ich, warum das so war. Als ich Medium João dann schließlich traf, war es, als hätte ich ihn schon immer gekannt. Wir hatten damals schon eine tiefe Verbundenheit. João – ich nenne ihn so, weil er mein Mann ist – sagte, es sei ihm genauso gegangen. Es gab von Anfang an eine Verbindung zwischen uns. Ich besuchte die Casa weiterhin und mit der Zeit häufiger, dachte aber niemals daran, unsere Freundschaft zu vertiefen. Eines Tages klärte die Wesenheit vieles für mich und meine Mutter in einem langen Gespräch. Es war unsere Vergangenheit, die meine Verwirrung schließlich klärte. Dieses Gespräch fand vor fünf Jahren, nach vielen, vielen Besuchen in der Casa statt. In diesem Gespräch berichteten mir die Wesenheiten von den vergangenen Leben, die ich mit João gelebt hätte. Wir waren schon immer durch unseren Einsatz für unsere Mitmenschen eng miteinander verbunden gewesen. Ein Jahr später haben João und ich geheiratet.

Heather: Glaubst du, die Wesenheiten führten dich so jung zur Casa, um dich und Medium João wieder zu vereinen? Solltest du zu diesem Zeitpunkt wieder in sein Leben treten?

Ana: Die Frage kann ich nicht wirklich vollständig beantworten, aber ich glaube, dass nichts dem Zufall überlassen ist und dass jeder Mensch eine Mission auf dieser Welt zu erfüllen hat. Ich weiß, dass ich meine Mission lebe und mich spirituell leiten lasse.

Heather: Medium João wirkt oft sehr traurig, aber wenn er von dir spricht, funkeln seine Augen und er strahlt.

Ana: Er hat sich verändert, nicht wahr? Er sagt, dass ich seine himmlische *companheira* (Begleiterin) bin.

Heather: Kann man deine Familie als Spiritisten bezeichnen?

Ana: Ja, das kann man. Teilweise als Spiritisten und teilweise als Katholiken. Ich habe zwei Schwestern und einen Bruder. Ich wurde in Minas Gerais, dem sogenannten *Mineiro-Dreieck* (triangulo Mineiro) geboren, welches sich aus Brasilia, Uberaba und Goiâna zusammensetzt. Dieses Gebiet ist für seine Energien bekannt. Es ist eine gut entwickelte Region, deren sattes Weideland das beste Rindfleisch und mit die besten Milchkühe hervorbringt. Uberabe ist die Stadt, in der Francisco Cândido Xavier oder *Chico*, wie er von den Brasilianern liebevoll genannt wird, lebte.

Heather: Kanntest du Chico?

Ana: Oh ja. Ich kannte ihn und habe bei ihm im „House of Prayer" mitgearbeitet. Er war ein ganz außergewöhnlicher Mensch. Ich glaube, die ganze Welt, wir alle, haben einen Menschen mit einem wahrhaft goldenen Herzen verloren, als er starb.

Heather: Wenn ich bei Medium João und den Wesenheiten bin, spüre ich bedingungslose Liebe. Ich habe so etwas, bevor ich in die Casa gekommen bin, noch nie erlebt. Ist es dir in der Gegenwart von Chico Xavier auch so gegangen?

Ana: Ja, genau. Es war etwas ganz Besonderes, in seiner Nähe zu sein. Wir haben viele Jahre die Weihnachtsmesse von Chico besucht. An einem dieser Weihnachtstage verteilte er Geld, Geschenke und Nahrungsmittel an Menschen, die seine Mitarbeiter in den vergangenen Monaten nach ihren Bedürfnissen, ihrer Notlage und Armut ausgewählt hatten. Die Menschen standen ab Weihnachten und die drei darauffolgenden Tage Schlange. Chico sprach sanft zu jedem, gab anteilnehmend Rat, schüttelte Hände und schenkte jedem ein strahlendes Lächeln.

Er verteilte die Geschenke persönlich. Man konnte förmlich sehen, dass die Menschen spürten, dass sie allein durch seine einfachen Gesten, sein tiefes Mitgefühl und seine Güte alles bekommen würden, worauf sie hofften.

Heather: Hat Medium João viel Zeit mit Chico Xavier verbracht? Ich habe ihn einmal gefragt ob Chico für ihn so etwas wie ein Mentor gewesen sei und er sagte: „Seine Worte waren mir Befehl."

Ana: Ja, stimmt. Sie waren gute Freunde. Einmal betrat João den Raum, und als er sich herunterbeugte, um ihn zu umarmen, flüsterte Chico ihm etwas ins Ohr. Ich habe nicht gehört, was Chico gesagt hat, aber João hat die Botschaft verstanden. Es war eine bewegende Zeit für uns. Das nächste Mal kamen wir zu seiner Beerdigung nach Uberabe. Chico Xavier war das Oberhaupt des Spiritismus. Der Grund für unsere letzte Reise war ein sehr trauriger, aber die spirituellen Schwingungen, die wir wahrnahmen, waren unglaublich!

Heather: Man sagt, Chico habe Medium João vor etwa dreißig Jahren eine Botschaft geschickt, die beinhaltete, dass Abadiânia der Ort sei, an dem er die Casa errichten solle. Kannst du uns etwas dazu sagen?

Ana: Ich glaube, es war so, aber João kann diese Frage am besten beantworten. Als ich Chico mit João besuchte, habe ich die Achtung, den Respekt und die Liebe, die Chico für João empfand, mit eigenen Augen gesehen. Ich habe beide Botschaften gesehen. Das Original und die weitergeleitete Nachricht von 1993. Bei letzterer handelt es sich um einen kleinen Zettel der Wesenheit Bezerra de Menezes, auf dem steht, dass Abadiânia der Ort sein werde, an dem Joãos Mission erfüllt würde.

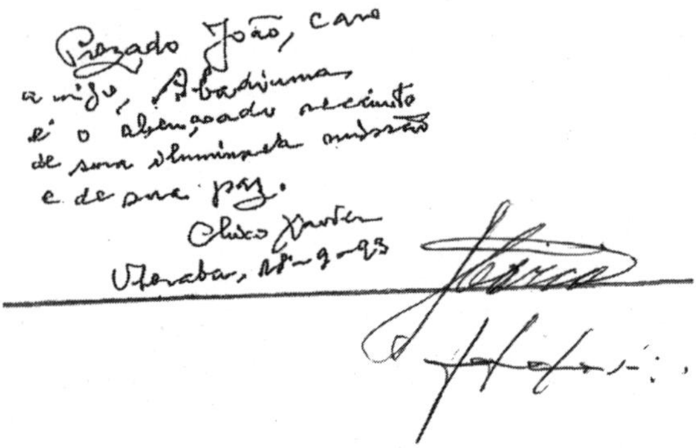

Chicos weitergeleitete Nachricht unterschrieben und gesegnet von Dom Inácio für dieses Buch

Während einer unserer Besuche in Uberaba hatte ich das große Privileg, Medium João zum „Spiritist Center“ zu begleiten. Es war das spiritistische Zentrum, in das ich selbst gegangen war, als ich heranwuchs. Der Leiter des Zentrums war ein guter Freund Joãos. Er hätte sich gefreut, wenn wir geblieben wären und sich João den Menschen im Zentrum gewidmet hätte. Leider konnten wir die Einladung aus Zeitgründen, und weil wir in Abadiânia gebraucht wurden, nicht annehmen. Dennoch ist etwas Verblüffendes an diesem Tag geschehen. Der Leiter des Zentrums erzählte João, dass seine Mutter gestorben sei und wie sehr er es bereue, João kein Foto von ihr gegeben zu haben. Es gelang João, dem Medium, tatsächlich ein Foto von ihr zu materialisieren. Ich habe es mit eigenen Augen gesehen. Du kannst João auch selbst zu dieser Geschichte fragen, er wird sie bestätigen.

Heather: Ich habe gesehen, wie Kristalle durch Wesenheiten materialisiert wurden, und habe von vielen Vorfällen über ähnliche Materialisationen von Steinen und Fotos gehört. Kommt so etwas regelmäßig in der Casa vor?

Ana: Ich glaube, es kommt vor. Ich selbst habe damit noch keine Erfahrung gemacht, außer der, die ich gerade beschrieben habe. Ich habe oft gehört, wie Vorfälle dieser Art von anderen bezeugt wurden. Für uns als Spiritisten ist so etwas kein Wunder. Ich glaube an Inkorporation und die Übermittlung verlorener Seelen. Ich nehme alles, was das Evangelium der Spiritisten offenbart, bereitwillig an.

Heather: Es kommen so viele Besucher aus der ganzen Welt nach Abadiânia, dass diese kleine Ortschaft überlaufen, fast sogar überrannt wird. Wie können wir es dennoch schaffen, die Harmonie und das Gleichgewicht zu erhalten?

Ana: Auf der einen Seite ist es für den Ort Abadiânia sehr gut, dass so viele Fremde kommen, auf der anderen Seite gibt es natürlich diesen negativen Aspekt. Manchmal geht der spirituelle Kern der Sache dabei etwas verloren und die Sache wird kommerzieller oder materialistischer. Immer mehr Brasilianer kommen zu mir und sagen: „Die Casa ist voll von Fremden. Muss ich jetzt schon ein Ausländer sein, um zur Casa kommen zu dürfen?" Ich sage ihnen: „Nein, sicherlich nicht. Die Casa ist Joãos Zuhause." João hatte schon viele Angebote, anderswo in der Welt zu leben, aber er hat immer abgelehnt. Sein wahres Zuhause ist hier in Abadiânia in Brasilien.

Die Fremden, die hierher kommen, haben eine ganz andere Mentalität als die Brasilianer. Viele von ihnen sind wie der heilige Thomas, der Ungläubige. Sie müssen etwas sehen können, um es zu glauben, und deshalb stellen sie viel mehr in Frage. Sie recherchieren, sie sehen bei Operationen zu und sie spüren die Energie. Diese intensiven Recherchen sind gut, weil sie die Arbeit der Casa bestätigen. Sie tragen dazu bei, Zweifel gegenüber der spirituellen Arbeit in der Casa, an Medium Joãos Management, seinem Handeln, seiner Hingabe und seinem Engagement, Menschen zu dienen, auszuräumen.

Heather: Viele Besucher respektieren oder akzeptieren die Regeln der Casa und der Wesenheiten nicht. Es ist doch aber so, dass diese Bestimmungen zu unserem eigenen Schutz und zur Unterstützung des Heilungsprozesses da sind. Ich habe die Befürchtung, dass Abadiânia zum spirituellen „hangout" (cooler Treffpunkt) wird oder den Wesenheiten oder Medium João das Tohuwabohu auf die Nerven geht.

Ana: Darauf möchte ich in Medium Joãos eigenen Worten antworten. Er sagt: „Ich heile niemanden, es ist Gott, der heilt" (Quem cura é Deus eu não curo ninguem). Wir müssen immer mit offenem Herzen vor ihm stehen, weil wir immer auf der Suche nach etwas sind. Wir kommen hierher, weil wir Heilung suchen, sei es seelische oder körperliche. Auf der Suche nach Heilung müssen wir unsere Herzen für alles öffnen, selbst wenn wir manchem gegenüber skeptisch sind. Wenn unsere Einstellung im Herzen die richtige ist, werden wir unserer Zweifel bewusst, aber auch etwas erleben, woran wir glauben können.

Es gibt unzählige Beispiele von Menschen, die voller Zweifel in die Casa kommen, und sie werden auf die Probe gestellt. Sie werden Zeugen von Operationen und Spontanheilungen. Sie sehen sich alles ungläubig an und fragen: „Ist so etwas tatsächlich möglich?" Sie sehen es mit ihren eigenen Augen und finden keine Erklärung dafür. Manche von ihnen kommen ein zweites Mal, etwas abgeklärter, wieder. Sie sind jetzt offener und bereiter, solche Erfahrungen zu akzeptieren, ohne negative Gefühle dabei zu empfinden. Diese Tatsache als solche kommt bei diesen Menschen schon einer Heilung gleich. Sie sind nicht länger von Misstrauen geplagt und somit empfänglicher für Heilung. Eine Person, die immer zweifelt und negativ denkt, ist nicht bereit, geheilt zu werden, egal ob mental, emotional, physisch oder seelisch.

Manchmal kommen Menschen in die Casa mit jemandem, der im Rollstuhl sitzt, oder einem Freund, der Hilfe braucht, aber sie werden selbst geheilt. Obwohl sie sich ihrer eigenen Leiden gar nicht bewusst sind, bekommen sie genau das, was ihnen gut tut und hilft. Das ist nur möglich, weil sie mit der richtigen Einstellung im Herzen und im Glauben an uns zu uns gekommen sind. Glaube versetzt Berge. Glaube heilt uns und zeigt uns den Weg.

Heather: Ist eine Pilgerreise in die Casa ohne jeglichen materiellen Komfort, den wir gewöhnt sind, ihrer Meinung nach ein Teil des Heilungsprozesses? Ist die Bereitschaft, dem Unbekannten gegenüberzutreten, die Einfachheit und die Schönheit dieses Landes zu erleben, nötig für diejenigen, die echte Heilung suchen?

Ana: Ich habe João auf vielen seiner Reisen nach Übersee begleitet und dabei beobachtet, dass manche Personen eine Behandlung anderer Art gebraucht haben. Die Energie und die Ströme der Casa de Dom Inácio sind dafür notwendig. Die Konzentration und der Fokus auf die Energien sind anders hier. Sie sind potenter. Jeder sollte sich an die Behandlung halten, die ihm durch die Wesenheit verordnet wurde. Sollte die Wesenheit also wollen, dass man nach Abadiânia in die Casa kommt, dann nur, um einen besser behandeln zu können.

Heather: Erzähle uns doch bitte von der Reise mit Medium João nach Griechenland.

Ana: João reiste im Jahr 2004 nach Griechenland und ich begleitete ihn. Wir wurden sehr herzlich empfangen. Er nahm sich in diesen drei Tagen für tausende von Menschen Zeit. Viele von ihnen kamen nur, um ihn zu sehen, zu fotografieren oder zu umarmen. Sie alle bedankten sich überschwänglich bei João.

Ein orthodoxer Bischof, der am ersten Tag da war, beeindruckte mich tief. Am Ende der Session sagte die Wesenheit dem Bischof, dass sie ihn heilen werde. Der Bischof konnte es kaum fassen und war sprachlos. Er hatte bisher mit niemandem über seine Krankheit gesprochen. Jetzt kamen all seine Sorgen und Gefühle an die Oberfläche und er weinte überwältigt. Er besuchte uns jeden Tag, kam zur Hauptandacht, betete während des Tages und ging – noch immer betend – wieder nach Hause. Ich sah ihn oft weinen. Der Bischof war sichtlich durcheinander und fragte den Übersetzer: „Wie kann einer, der aus dem Jenseits kommt, den ich noch nie gesehen habe, dessen Name ich noch nicht einmal kenne, genau wissen, woran es mir fehlt?“ Der Bischof blieb die kompletten drei Tage. Am letzten Tag nahm er sein Medaillon vom Hals und gab es João.

Heather: Medium João sagte mir, dass er in Griechenland den Ort besucht habe, an dem der Apostel Paulus einmal gestanden hatte. Warst du auch dort?

Ana: Ja. Wir gingen gemeinsam zur Gedenkstätte, an der Apostel Paulus gelehrt hatte. Es war ein sehr bewegender Moment für João. Was mich auch sehr beeindruckte, war die Tatsache, dass so viele Menschen wollten, dass João zu ihnen nach Hause kam. Wir gingen zu einigen Menschen, die die Casa besucht hatten. Zu unserer Freude sahen wir dort viele Dinge aus der Casa. Bilder von Dr. Augusto, Dr. Valdivino und Dr. Oswaldo Cruz, Kristalle und Fotos. Hier, auf der anderen Seite der Welt, wurden Fotos von João und er selbst vereint. Das berührte uns ebenso wie die unglaubliche Gastfreundschaft, die uns entgegengebracht wurde.

Heather: Mein Zuhause ist voller Bilder und Fotos der Wesenheiten und von Medium João. Die Erfahrung, die Casa zu besuchen, hat das Leben von Millionen von Menschen verändert. Ich habe noch keinen getroffen, der gesagt hätte, er sei nicht tief beeindruckt gewesen.

Ana: Zumindest hat bisher niemand gesagt, sein Leben hätte sich nach einem Casa Besuch verschlechtert. Im Gegenteil, alle erzählen, wie ihr Leben oder sie selbst sich grundlegend zum Guten verändert hätten. Es ist wie eine Quelle der Freude. Die Casa ist für uns, die fundamental mit dem Spiritismus verbunden sind, einzigartig. Es gibt nur sehr wenige Medien in der Welt, die im Stande sind, die Arbeit auszuüben, die Joao ausübt. Ich verwende den Ausdruck „Arbeit“ und meine damit die Arbeit, die die Wesenheiten durch ihn ausführen, João verrichtet sie ja nicht selbst. Die Wesenheiten können durch João arbeiten, weil er bereit ist, zu empfangen, da zu sein und zu dienen. Als seine Frau kann ich aufrichtig sagen, dass es keine leichte Aufgabe ist, zu dienen, weil es keine festen Tages- oder Nachtzeiten gibt. Er ist immer im Einsatz. Oft verabreden wir uns mit einem seiner Kinder oder einem Freund und müssen absagen. Unsere Pläne ändern sich ständig, weil wir für Menschen, die uns brauchen, da sein müssen. Er setzt sich hundertprozentig für seine Aufgabe ein. Ich muss ganz ehrlich sagen, dass ich nicht weiß, ob ich – wenn ich an seiner Stelle wäre – einen so hohen Einsatz bringen könnte. Er steht jeden Morgen um 2 Uhr auf, um Menschen zu helfen. Du hast es selbst auf Reisen mit uns erlebt. Er schläft sehr wenig.

Heather: Arbeitet er – neben Gebet und Meditation – nachts? Wird er inkorporiert?

Ana: Jeder Fall ist einzigartig. Manchmal braucht eine Person geistige Hilfe und bittet die Wesenheiten und das Medium João durch ihre Gebete um Hilfe. Und glaube mir: Diese Person, selbst wenn sie auf der anderen Seite der Welt ist, wird durch Joãos Konzentration und Gebete Energie von ihm bekommen und es wird ihr besser gehen. Die Wesenheiten antworten immer.

Heather: Du scheinst immer heiter und guter Dinge – und doch kann das kein leichtes Leben für dich sein.

Ana: Manchmal ist es etwas kompliziert. Die meisten Ehemänner haben feste Arbeitszeiten und man weiß etwa, wann sie Feierabend haben und nach Hause kommen. Wir können keine festen Pläne machen. João verlässt das Haus oft sehr früh morgens gegen 3 oder 4 Uhr oder er kommt sehr spät nach Hause. Wir machen Pläne für ein entspanntes Wochenende oder ein schönes Abendessen mit Freunden und in der nächsten Minute sind wir in São Paulo oder irgendeiner anderen Stadt, in der João gebraucht wird. Sein Terminplan wird von höchster spiritueller Ebene bestimmt, nicht von ihm selbst. Ich habe immer eine Reisetasche gepackt, so dass ich sofort reisefertig bin.

Heather: Für dein Alter wirkst du sehr weise.

Ana: Die Wesenheiten haben mir gesagt, ich sei eine reife Seele aus vielen Inkarnationen, aber eigentlich fühle ich mich nicht so. Dennoch weiß ich, dass ich von den Wesenheiten geleitet und beschützt werde und dafür danke ich Gott.

Heather: Ist die beste Zeit für spirituelle Arbeit wirklich 2 Uhr morgens?

Ana: Meiner Meinung nach sollten wir alle immer unseren Teil dazu beitragen, egal zu welcher Zeit. Jedes Gebet kommt uns und anderen zugute. Wenn es uns möglich ist, zur selben Zeit wie viele andere, also gemeinsam zu beten, können wir mehr Energie generieren. Wie dem auch sei, ich habe gehört, wie die Wesenheiten bestimmte Menschen angewiesen haben, ihre Arbeit um 2 Uhr morgens zu verrichten. Es wäre also anmaßend von mir, zu sagen, welche Zeit dafür die richtige ist. Jeder Mensch wird individuell geleitet und hat seinen eigenen freien Willen. Wenn du das Gefühl hast, zu einer bestimmten Zeit beten zu wollen, dann tu es einfach genau zu der Zeit und öffne dein Herz für Gott. Bitte die Wesenheiten, wenn du zu Bett gehst, um ihren Segen für die Nacht und verschiebe deine Arbeit auf einen anderen Zeitpunkt. Ich glaube, dass es egal ist, wann du dir Zeit zum Meditieren und Beten nimmst, gut tut es immer.

Heather: Medium João erzählte uns in seinem Interview von seinem Besuch in Washington D.C. im März 2003, eine Woche, nachdem der Irakkrieg ausgerufen worden war. Wir waren Zeugen seines beeindruckenden Plädoyers für den Weltfrieden.

Ana: Ich glaube, es war schicksalhaft, dass der Besuch genau an diesem Ort stattfand. Die Energie und die Konzentration der Menschen waren wundervoll. Es war eine Demonstration reinen Willens für den Frieden und die Gesundung der Welt. Der Wunsch der Menschen nach einer Welt ohne Krieg war gewaltig. Die Wesenheiten übermittelten sehr starke Heilkraft, wie wir alle bezeugen können. Wir waren dankbar dafür, dass wir die Gelegenheit hatten, gemeinsam etwas für den Weltfrieden zu tun. Viele erhielten zudem natürlich seelische und körperliche Heilung.

Heather: Was machen Medium João und du zur Entspannung?

Ana: Wir kochen für unser Leben gern. Einfaches, mit viel Liebe zubereitetes Essen. Manchmal laden wir gute Freunde ein, um den Abend mit uns zu verbringen. João verbringt unglaublich gerne Zeit auf seinen Farmen. Er widmet ihnen viel Aufmerksamkeit. Er baut auf das Einkommen durch die Farmen und seine Minen, um die Casa betreiben zu können. Man darf bei all dem nicht vergessen, dass er weitere spirituelle Einrichtungen und Suppenküchen im Land unterstützt. Die Kosten sind gewaltig. Allein in der Casa in Abadiânia sind mehr als 30 Vollzeitkräfte beschäftigt. Es sind nicht nur die normalen Kosten wie Strom und Wasser. Die Suppe in der Casa und in der Suppenküche am anderen Ende der Stadt ist kostenlos. Die Angestellten und viele Freiwillige bekommen täglich ein volles Mittagessen. Weil die Spenden und Zuwendungen diese Kosten nicht decken, greift João auf sein privates Einkommen zurück, um seiner Verpflichtung nachzukommen. Er arbeitet hart an seinen Minen-, Farm- und anderen Geschäftsprojekten, um die Casa unterhalten zu können. Zudem fördert er zahllose Menschen bei ihrer College- und Universitätsausbildung. João unterstützt viele Menschen, aber er spricht nie darüber. Er ist ein makelloses Beispiel für Großzügigkeit und Wohltätigkeit. Anmutig und ohne Bedingungen gibt er denen, die in Not sind. Braucht eine Person einen Rollstuhl, ein Übergangszuhause oder eine Ausbildung, kümmert er sich darum. Medium João hat im Süden Brasiliens eine Einrichtung für Suchtabhängige bauen lassen.

Heather: Welchen Rat würdest du jemandem geben, der zum ersten Mal in die Casa kommt?

Ana: Ich würde der Person raten, jedes Mal zur göttlichen Quelle – welche immer diese für sie sein mag, für die Gnade der Heilung, derentwegen sie hier ist zu beten. Egal ob es um seelische, physische, emotionale oder die Heilung einer Beziehung geht. Sie soll ihr Herz für alles öffnen, wonach sie sucht, und Vertrauen haben und sie wird geheilt werden. Ich glaube, es liegt an meinem tiefen Vertrauen, dass ich so viel in der und durch die Casa bekommen habe. Nicht nur meine Mutter, sondern auch mein Bruder wurden durch eine spirituelle Operation geheilt. Zu diesem Zeitpunkt konnte mein Bruder die Besonderheit dieser Heilung noch nicht verstehen. Er dachte, er sei gesund. Inzwischen weiß er genau, was damals mit ihm passiert ist.

Ich selbst habe nicht nur physische Heilung erfahren, sondern ich habe auch Lösungen und Hilfe für alltägliche Probleme der irdischen Welt erhalten. Wenn wir in gutem Glauben kommen und bereit sind, werden wir bekommen, wonach wir suchen. Am wichtigsten sind die Meditationsräume. Hier müssen wir uns im Gebet und tiefer Konzentration den Wesenheiten zuwenden, die sich unserer annehmen. Man muss sich nicht mit jeder Bitte um Beistand oder Aufklärung an die Wesenheiten wenden. Die Wesenheiten sehen, was wir nötig haben. Es kann sein, dass sie uns bitten, unsere Fragen aufzuschreiben. Manchmal haben wir nur wenig Zeit vor der Wesenheit, dann können wir unser Gesuch schriftlich und detailliert einreichen.

Heather: Ich glaube, wenn wir uns der Wesenheit mit dem Vertrauen: „Vater, ich glaube daran, dass du mir helfen wirst" nähern, lesen die Wesenheiten unsere Gedanken, Schwingungen und Wünsche. Siehst du das auch so?

Ana: Ich glaube, dass man durch die Augen zur Seele eines Menschen gelangt. Die Wesenheiten sehen uns, als wären wir durchsichtig, wie wenn man durch klares Glas schaut. Alles, was in uns krank ist, hat seinen Ursprung auf der seelischen Ebene. Die Wesenheiten sehen den Ursprung des Problems. Hat eine Person z.B. ein Problem mit der Blase, kann dem ein seelisches oder emotionales Problem zugrunde liegen. Die Blase wird dann geheilt sein, wenn dieses Problem gelöst ist. Der physische Körper ist immer das Letzte, was geheilt werden muss. Das Problem drückt sich vielleicht durch die Beschwerden mit der Blase aus, hat seinen Ursprung aber tatsächlich in einem anderen Organ. Sobald dieses Organ gesundet, wird die Blase auch heilen.

Heather: Stimmt es, dass wir den Wesenheiten die Freiheit und die Erlaubnis geben, an den Wurzeln des Problems zu arbeiten und unsere Grenzen zu überwinden, indem wir vor die Wesenheit treten und sagen: „Vater, ich glaube daran, dass du weißt, was für meine tiefste Heilung notwendig ist“?

Ana: Wir haben alle unseren freien Willen. Die Wesenheiten tun nichts ohne Einverständnis. Es kommt darauf an, was die Person möchte. Du hast bestimmt schon erlebt, wie die Wesenheit zu einer Person gesagt hat, dass an ihr gearbeitet werden müsse. Die Wesenheit fragt die Person, ob sie damit einverstanden sei und ob sie so oft wie nötig wiederkommen werde. Wenn die Person ablehnt, wird die Wesenheit nicht darauf bestehen. Unter Umständen kommt die Person zu einem späteren Zeitpunkt wieder und sagt, dass sie jetzt dafür bereit sei, geheilt zu werden. Die Wesenheiten werden natürlich helfen, aber es kann sein, dass zu viel Zeit dazwischen liegt und die Situation jetzt komplizierter ist. Es hängt alles von der Mitarbeit, dem Glauben und dem freien Willen des Betroffenen ab.

Heather: Ich verstehe. Die Bereitschaft, vor die Wesenheit zu treten und Gott die Erlaubnis zu geben, dich zu heilen, bereitet den Weg für noch größere Heilung.

Ana: So sehe ich das zumindest. Wir sind alle irgendwie miteinander verbunden. Wir sind alle Brüder und Schwestern. Die Wesenheiten unterscheiden nicht zwischen mehr oder weniger würdigen Personen. Sie lieben uns alle gleichermaßen. Manchmal spricht die Wesenheit sehr lange mit einer Person, aber du kannst sicher sein, dass sie sich gleichzeitig allen anderen widmet. Es gibt keine Bevorzugung. Es kommt vor, dass Menschen klagen, weniger Zeit in der „Line“[8] gehabt zu haben als andere. „Herr / Frau XY durften aber lange mit der Wesenheit sprechen“… Sie sind eifersüchtig, was spirituell sehr ungut ist. Wir müssen einander lieben, ohne Unterschiede zu machen. Wir müssen danach streben, rein in unserem Denken zu werden. Wenn wir diese negativen Gedanken haben, wenn wir unser Augenmerk auf die Person richten, die mehr Zeit als wir selbst mit der Wesenheit verbringen darf, wenn wir Groll und Neid hegen, dann wandern wir auf einem schmalen Grad und werden abrutschen. Wir empfangen und senden ständig Energie und unsere Gedanken können den Energiestrom verunreinigen. Natürlich sind wir enttäuscht, wenn wir vor die Wesenheit treten und es uns vorkommt, als schenke sie uns keine Aufmerksamkeit, wo wir uns doch verzweifelt nach einem liebevollen Wort der Aufmunterung sehnen. Betrachte die Sache aus einem anderen Blickwinkel und du wirst damit leben können: Heute gibt es einen Menschen, der diese Aufmunterung noch viel nötiger hat als ich selbst. Im Energiestrom zu sitzen ist eine wunderbare Gelegenheit, Gottes Gunst zu erfahren und weiterzugeben. Jedes Mal, wenn mir aufgetragen wird, in den Energiestrom zu gehen, bedanke ich mich erneut für die Gelegenheit, an diesem heiligen Ort sein zu dürfen.

Heather: Während wir im Current sitzen, ist es das Wichtigste, unsere Herzen zu öffnen, um auf diesem Weg unsere eigene Heilung empfangen zu können und für die Heilung unserer

[8] Line = Warteschlange, Wartereihe. Im folgenden z. T. nur „Reihe“ genannt.

Schwestern und Brüder zu einer Art „Kanal“ zu werden. Auf diese Weise öffnen wir uns für das heilende Licht, welches das höchste Gut ist. Sehe ich das richtig?

Ana: Ja. Keiner ist vollkommen. Wir werden mit dem Göttlichen verbunden, wenn wir im Energiestrom sind. Wir sind Gott nah und können Vergebung für Unrecht suchen, das wir anderen zugefügt haben. Mit Unrecht meine ich, andere mit unserem unbewussten Verhalten zu verletzen; zum Beispiel eine böse Erwiderung oder eine neidische Bemerkung. Wir öffnen unsere Herzen und kommunizieren mit Gott, er weist uns den Weg, wenn wir im Energiestrom sitzen. Wir erhalten Gottes Segen aus den Sphären des Lichts, das für uns arbeitet. Wir können unserer Intuition folgen und dieses Licht senden, um damit die Wesenheiten zu unterstützen, und die Räume, die mit Licht gefüllt sind, sichtbar machen.

Heather: Ana, ich danke dir dafür, dass du deine Lebensweisheit mit uns geteilt hast, für deine Liebe, dein Mitgefühl und deine Güte.

Ana: Ich möchte mich auch bei dir bedanken, Heather. Für deine Hilfe, deine Großzügigkeit und deine Hingabe an die Casa.

Interview mit Ana Teixeira Lorenço in Anápolis, Brasilien, am 22. Februar 2005

4

DIE STRASSE NACH ABADIÂNIA

Zwischen dem fünfzehnten und dem zwanzigsten Breitengrad, dort wo sich ein See gebildet hat, wird eine bedeutende Kultur entstehen.
– Dom Bosco

Nach der Landung in Brasília, auf einem der charmantesten Flughäfen der Welt, beginnt die Atmosphäre Brasiliens sofort lebendig zu werden – unter freiem Himmel herrscht bunt gemischt ein reges Treiben von Ankommenden, Abreisenden, Ticket-Schaltern und Lebensmittelverkäufern. Wenn man zum ersten Mal in Brasilien landet, fällt einem sofort auf, wie unglaublich schön, fröhlich und ungezwungen die Menschen dort sind. Egal wie gut oder schlecht es ihnen geht, sie sind guter Dinge.

Die meisten Gäste werden von Taxifahrern abgeholt und in einer etwa eineinhalbstündigen Fahrt nach Abadiânia gebracht. Der Duft des süßen Grases weht durch die offenen Fenster. Bizarre, lichtdurchflutete Wolkentürme fließen am Himmel und scheinen zum Greifen nahe.

Brasília, die Hauptstadt Brasiliens, wurde nach einer Vision von Don Bosco, einem italienischen Priester (geb. 1815) und Gründer des Silesianer-Ordens, gebaut. Don Bosco hatte 1833 einen prophetischen Traum, über den er sagte: „Zwischen dem 15. und dem 20. Breitengrad gibt es, in der Nähe eines Sees, eine lange, breite Senke. Wenn die Menschen kommen, um die in den Bergen vergrabenen Reichtümer zu erforschen, wird sich ein Schlaraffenland von unbekanntem Reichtum auftun."

Präsident Juscelino Kubitschek erfüllte sein Wahlkampfversprechen, die neue Hauptstadt in Anlehnung an die Vision Don Boscos zu bauen. Die Stadt wird in den 60er-Jahren in der Form eines Flugzeuges angelegt. Im „Rumpf" sind die Ministerien und Regierungsgebäude, in den „Flügeln" die Hotels, das Gewerbegebiet und die Wohnhäuser angesiedelt. Die Residenzen der Präsidenten und Vizepräsidenten Brasiliens befinden sich im „Cockpit". Entworfen wurde die Stadt vom futuristischen Architekten Oskar Niemeyer.

Abadiânia liegt etwa 115 Kilometer (71 Meilen) südlich von Brasília auf einer Höhe von ca. 1 052 m über dem Meeresspiegel (3 451 Fuß). Die durchschnittliche Temperatur beträgt 20,5 °C (69 °F). Die Monate Dezember und Juli sind die heißesten bzw. kühlsten Monate. Die Durchschnittstemperatur liegt im Dezember bei 29 °C (85 °F) und im Juli bei 13 °C (55 °F). Einschließlich der umliegenden Dörfer und Gemeinden hat Abadiânia ca. 12 750 Einwohner.

Die Straße nach Abadiânia führt durch Urwälder, über Hügel und fruchtbare Weiden, auf denen die Herden der weißen Brahmane-Rinder weiden. Dann erscheint die kleine Stadt Abadiânia. Aus dem einst kleinen, staubigen Dorf wurde durch die vielen ausländischen Besucher ein kleines, florierendes Städtchen, das seinem Stil treu geblieben ist. Die Geschäfte sind kleine, aus Lehmziegeln gebaute Häuser. Immer mehr Pousadas (Pensionen/kleine Hotels) werden der Straße entlang errichtet, um die vielen tausend Menschen aufzunehmen, die kommen, um João de Deus zu sehen – zwischen 300 und 2 000 täglich!

Ganz in weiß gekleidet, gehen Gäste die Hauptstraße hinunter, auf dem Weg zu ihrer ersten Morgensitzung in der Casa. Da die Farbe Weiß die Aura und die Energiefelder sichtbarer macht, bevorzugen die Wesenheiten des Lichtes, die durch João de Deus arbeiten, diese Farbe. Menschen in Rollstühlen, Alte, Junge, Blinde und Menschen mit den verschiedensten Beschwerden pilgern zur Casa de Dom Inácio de Loyola auf der Suche nach Heilung. Man kann die Energie der Heilung spüren, sobald man das Gelände durch das neue Portal betritt. Unerklärlich, aber wahrnehmbar, sind die Entitäten bereits an der Arbeit; ihr „Inneres“ beginnt sich zu verändern. In dieser Atmosphäre der geistigen Liebe fällt es einem leichter, zu atmen, Sorgen abzulegen und sich dem Gebet zu widmen.

Gegenüber dem Eingang ist der „Casa-Shop”, ein winziges Gebäude, das Tickets für die verschiedenen Wartereihen der Wesenheiten oder für den Zugang zum Energieraum ausgibt. Im Casa-Shop gibt es Bücher, Rosenkränze, Kristalle und das Wichtigste: das von den Wesenheiten gesegnete Wasser. Auf dem Weg zur Empfangshalle, vor der sich alle Menschen für die Sitzungen im Energieraum versammeln, bietet eine Imbissstube lokales Essen, Leckereien, Säfte und köstliches frisches Kokosnusswasser an. Auf der anderen Seite des Weges ist ein Raum, in dem Unmengen von medizinischen Hilfsmitteln lagern, die nicht mehr gebraucht werden. Krücken, Stöcke, Rollstühle, Brillen und vieles mehr.

Die Empfangshalle ist mit bequemen Stühlen und Bänken ausgestattet. Hier warten die Menschen darauf, dass die Sitzungen auf einer kleinen Bühne vorne im Raum beginnen. An den Wänden hängen spirituelle Bilder, Bilder der Wesenheiten und Bilder von Jesus. Auf einem kleinen Bildschirm werden Videos von João de Deus gezeigt, in denen er chirurgische Eingriffe vornimmt. Hinter der Bühne befinden sich der Operationssaal, die Energieräume der Wesenheiten und ein Krankenzimmer mit 12 Betten. Viele der Besucher verbringen hier sehr viel Zeit im Gebet und mit Meditation. Im Krankenzimmer kümmern sich ehrenamtliche Helfer um die Patienten, die sich von einer Operation erholen, bis diese in der Lage sind, zu ihren Pousadas zurückzukehren, um sich auszuruhen. In den Casa-Gärten wachsen wunderschöne Blumen, Mango- und Avocadobäume. Von der Aussichts- oder Meditationsterrasse kann man außer dem Blick auf eine großartige Landschaft abends sensationelle karminrote Sonnenuntergänge genießen. Unter der Terrasse breitet sich das Tal aus und mündet in der Ferne in ein Plateau, gesäumt von blühenden Bäumen. Eine rote Lehmpiste, die typisch für die Landschaft Brasiliens ist, führt zum heiligen Wasserfall, der von hier nicht zu sehen ist. Das Gebäude, in dem die Kristallbehandlungen durchgeführt werden, liegt rechts neben den Gärten. Auf der anderen Seite des Gartens ist die Küche, in der für die Gäste der Casa am Mittwoch, Donnerstag und Freitag gemeinsam die Suppe vorbereitet wird. Das Casa-Gelände ist eine heilige Stätte und jeder, der kommt, wird gebeten, Güte und Rücksicht allen Mitmenschen gegenüber walten zu lassen, während er hier ist. Es wird für die Heilung eines jeden gebetet, weil der Grundsatz gilt: Wenn einer geheilt wird, werden alle geheilt werden. Ein ausgeglichenes Leben in Harmonie – das ist der Frieden und die Stille der Casa.

Besucher genießen die morgendliche Stille und spazieren im Frühtau durch das Tal. Manchmal hat man das Glück, einen blauen, gelben oder roten Keilschwanzsittich, Papagei, Kolibri, Falken, Tukan, Specht oder Sekretär (auch Schicksalsvogel genannt) und nicht selten auch eine Eule zu sehen – jedes Mal ein kleines Geschenk.

Um alle Menschen, die die Casa besuchen, unterbringen zu können, erweiterten die Wesenheiten die Infrastruktur der Casa. Der Anbau am „Medien- oder Energieraum“ wurde 2004 fertiggestellt; alle Energieräume wurden mit einer Lüftung ausgestattet. Viele Casa-Guides und dankbare Besucher spenden der Casa entweder Zeit oder Geld für diese Ausbauprojekte. Spenden zum weiteren Ausbau der Casa sind immer gefragt.

FILHOS[9] DER CASA

Um Medium Joãos Mission am Laufen zu halten, arbeiten viele wundervolle Menschen (viele davon ehrenamtlich) für die Casa. Eine kleine Auswahl, aber längst nicht alle ihrer Geschichten finden sich auf den nächsten Seiten wieder. Natürlich gibt es weit mehr *Filhos der Casa*, die sich der Unterstützung der Casa verschrieben haben. Jeder einzelne davon ist wichtig für den Erfolg dieser Arbeit. Wir kommen darauf in Kapitel 10 zurück, in dem es weitere Berichte wunderbarer Heilungen zu lesen gibt.

▲

EIN TREFFEN DURCH ZUFALL

Sebastião da Silva Lima

Sebastião (Sebastian) wurde 1952 in Olhos De'Agua, Goiás, Brasilien geboren. Er ist der offizielle Casa-Sekretär. Sebastian begrüßt jeden Besucher an den Casa-Tagen (Mittwoch bis Freitag) egal, ob Medium João in der Casa oder auf Reisen ist. Er ist ein tief entwickeltes, scharfsinniges Medium und steht der Casa seit mehr als 30 Jahren zu Diensten. Tião, wie er auch liebevoll genannt wird, ist gelernter Krankenpfleger und Lehrer und lebte acht Jahre im Priesterseminar. Er eröffnet die Casa-Sitzungen mit dem Begrüßungsgebet. Sebastian hat Medium João durch einen Zufall kennen gelernt. Er hatte sich in eine hübsche, junge Dame – ein sogenanntes Klageweib - verliebt. Damals gab es

[9] Filho(s) = Sohn, Kind(er)/Filha = Tochter.

Personen, die bezahlt wurden, um die Toten während der Totenwache zu beweinen. Er ging in das Zentrum, in dem sie arbeitete. Dort stieß er zum ersten Mal auf die Wesenheiten. Ihm wurde gesagt, er solle sich später mit Medium João treffen.

Sebastian spricht über Medium João:
Es war extrem verwirrend. Seine Augen änderten die Farbe: Braun, Grün und dann Tiefblau. Als ich João das erste Mal traf, sagte er mir, er habe schon lange auf mich gewartet. Wir wurden Freunde und seit diesem Tag begleite ich ihn. Seine Mutter, Dona Iuca, war der liebste Mensch. Sie behandelte mich wie einen Sohn und bat mich, immer in Joãos Nähe zu bleiben. Ich habe so viele wunderbare Heilungen, von AIDS bis hin zur Heilung von Blinden, gesehen. Einmal sagte die Wesenheit zu drei Männern: „Diejenigen, die mir nicht glauben, sollen mir eine Schnittwunde zufügen." Er zeigte ihnen, wo sie die Schnitte auf Joãos Brustkorb ansetzen sollten. Als er seine Hand über die blutende Wunde hielt, zog diese sich zusammen und heilte vor unseren Augen. Manchmal sah er eine Person an und sagte ihr, sie solle ihr Hemd hochziehen. Man konnte den Schnitt einer Operation sehen, ohne dass die Person überhaupt berührt worden war. Oft hielt er seine Hände über Wunden, die dann auf der Stelle heilten.

Als Medium João einen Schlaganfall hatte, der ihn halbseitig lähmte, operierten ihn die Wesenheiten und sein Zustand normalisierte sich. Er wurde wieder so, wie du ihn heute vor dir siehst. Als dieser Ort für die Casa ausgewählt wurde, inkorporierte Dom Inácio und markierte die Stelle, an der heute die Wand der Halle mit dem Dreieck steht. Einmal wurden wir festgenommen und zum Verhör auf die Polizeiwache gebracht – was zu diesen Zeiten häufiger vorkam (heute kann João seiner Arbeit ohne Schwierigkeiten nachgehen). Die Wesenheit inkorporierte und sagte dem Sheriff, dass sie um den Herzfehler seiner Tochter wisse, und dass diese demnächst im Krankenhaus operiert werden solle. Die

16-jährige Tochter wurde zu ihm gebracht. Er legte ein Küchenmesser auf die Höhe ihres Herzens, flach, ohne zu schneiden. In dieser Nacht hatte sie so starke Schmerzen, dass man sie ins Krankenhaus brachte. Es wurden Röntgenaufnahmen gemacht und man konnte an der Stelle, an der sie Schmerzen hatte, Stiche sehen. Acht Tage später kamen ihre Eltern mit ihr zur Nachuntersuchung. Die Tochter des Sheriffs war geheilt und musste sich keiner weiteren Operation unterziehen. Ich glaube, wir waren an jenem Tag festgenommen worden, nur um dieser jungen Frau zu helfen. Hier bin ich also – und ich werde an Medium Joãos Seite arbeiten, solange ich gebraucht werde.

Die folgende Rosenkranz-Geschichte habe ich schon oft erzählt. Ich war mit Medium João und zwei anderen Helfern der Casa in São Paulo. Während wir uns auf die Rückreise vorbereiteten, kam ein Mann zu mir und reichte mir vier kleine, hölzerne Rosenkränze. Ich sah sie an und blickte dann auf, um mich bei dem Mann zu bedanken, aber er war spurlos verschwunden. Zwar war ich verwirrt, aber gleichzeitig auch daran gewöhnt, dass sich im Beisein von Medium João oft seltsame Dinge ereigneten. Wir wussten nie, was als nächstes passieren würde. Ich steckte João und jedem von uns einen der Rosenkränze in die Hemdtasche. Wir unterhielten uns noch ein wenig mit den beiden anderen, die mit dem Bus zurückfuhren und machten uns dann auf den Weg zum Flughafen. Ein Pilot, der häufig Gast in der Casa war, hatte uns die Flugtickets geschenkt. Während wir darauf warteten, dass unser Flug aufgerufen würde, schlief Medium João ein und ich konnte ihn um nichts in der Welt wachrütteln. Ich war ziemlich verärgert darüber, dass wir den Flug verpasst hatten. João schien glücklich. Er erzählte mir, dass ihm die schöne Frau vom Fluss wieder erschienen sei. Es war ein so schöner, wahrhaftiger Traum, dass er sich nicht davon lösen und nicht daraus aufwachen wollte. Die schöne Frau vom Fluss war die heilige Rita. Wir nahmen die nächste Maschine.

Auf halber Strecke wurden wir ins Cockpit der Maschine gebeten. Da Medium João sehr bekannt ist, war das nichts Außergewöhnliches. Man sagte uns, dass die Maschine, die wir verpasst hatten, bei der Landung verunglückt sei und wir durch ein Versehen noch immer auf der Passagierliste gestanden hätten. Sie wollten unsere Namen per Funk an den Flughafen in Goiânia durchgeben, um unsere Familien zu beruhigen und ihnen mitzuteilen, dass wir unversehrt seien. Auf dem Flughafen herrschte heilloses Chaos, Fernsehteams waren dabei, über das Flugzeugunglück zu berichten. Wir waren sehr dankbar, dass wir den früheren Flug verpasst hatten.

Ich langte in meine Hemdtasche und nahm den Rosenkranz heraus, den mir der Mann geschenkt hatte – er war zerbrochen. Ich zeigte ihn João. João zog ebenfalls seinen Rosenkranz aus der Hemdtasche – er war an derselben Stelle gebrochen wie meiner. Am nächsten Tag rief ich die beiden anderen an, auch ihre Rosenkränze waren zerbrochen. Ich glaube, wir hatten an diesem Tag besonders starke Energien, die uns beschützten.

▲

DER SINN FÜR PRIORITÄT

Martin Mosqueira

Martin ist einer der Übersetzer und einer von Medium Joãos wichtigsten Mitarbeitern. Er gilt als gutmütiger, geduldiger, mitfühlender Mensch, der sich der Mission Joãos widmet. Er ist für Bau- und andere Projekte zur Verbesserung der Casa verantwortlich, unter anderem für die neue Suppenküche in Abadiânia. Zusätzlich zu ihren Verantwortungen in der Casa führen Martin und seine Frau Fernanda zwei Pousadas:

Namaste und *Irmão Sol Irma Lua*. Schon häufig hat die Wesenheit zu Martin gesagt: „Mach‘ dir keine Sorgen, du wirst niemals im Rollstuhl sitzen."

Martin erzählt, wie die Wesenheiten ihn beruhigten:
Zum ersten Mal kam ich 1993 in die Casa. Damals lebten wir noch in Argentinien. Ich kam durch meine Mutter hierher. Da meine Mutter unter chronischen Rückenschmerzen litt, suchten wir einen Spezialisten auf. Im Rahmen einer umfangreichen medizinischen Untersuchung führte er die verschiedensten Tests durch und riet uns dann, João de Deus in Brasilien zu konsultieren. Später fuhren wir durch Buenos Aires, eine riesige Stadt, die sich fast über unseren gesamten Heimweg nach La Plata erstreckt. Nach etwa zwei Stunden Fahrt hielten wir am Stadtrand an, um zu tanken und etwas zu essen. Es war ein einfaches Lokal an einer Raststätte. Wir bestellten etwas zu Essen und fingen an, uns mit einem anderen Gast zu unterhalten. Wir plauderten über viele Dinge, als der Mann zu meiner Mutter sagte, dass sie nach Brasilien zu João de Deus gehen solle, weil er ihr mit ihren Rückenschmerzen helfen könne. Wir wurden hellhörig. Es war sicher kein Zufall, dass wir in weniger als zwei Stunden zum zweiten Mal gesagt bekamen, wir sollten nach Brasilien gehen. Natürlich kamen wir dann hierher nach Abadiânia. Ich fühlte mich hier sofort sehr wohl und wie zuhause. Ich traf Fernanda in Abadiânia und wir heirateten. Bald eröffneten wir unsere erste Pousada. Meine Mutter lebt mittlerweile auch hier in ihrem eigenen kleinen Haus und arbeitet für die Casa. Sie verbringt einen Großteil ihrer Zeit im Current-Raum[10] „in der Gegenwart". Es gibt so viele Geschichten der Heilung, die ich erzählen könnte, aber zunächst einmal möchte ich die von meinem Rücken erzählen:

---

[10] Current = Strom / Strömung. Room = Raum. Der 1. „Current-Raum" ist ein Raum, gleich hinter dem der Zuschauer. In diesem Raum sitzen Medien, die durch Gebete und Meditation die Energieströme derjenigen von negativen Energien „reinigen", die durch diesen Raum gehen. Die „Reinigung" bereitet die Wartenden auf ihre Begegnung mit der Wesenheit vor. Es gibt außer dem ersten noch weitere Current-Räume.

Es war im April 2000, mein Sohn war gerade einen Monat alt. Ich spielte mit meinem Stiefsohn im Garten mit einem Modellflugzeug, das wir uns zuwarfen. Das Flugzeug landete versehentlich auf dem Dach des Nachbarn. Da niemand zuhause war, kletterte ich auf das Dach, um das Flugzeug zu holen. Ich bewegte mich möglichst vorsichtig auf den Dachziegeln, doch plötzlich brach ich mit dem Fuß ein und landete einen Stock tiefer auf dem Kachelboden. Rums! Das war hart. Ich muss den Sturz mit der linken Hand abgefangen haben, ich hatte unglaubliche Schmerzen. Ich schaute auf meinen Arm und sah den Knochen in einem 75 Grad-Winkel zu meiner Hand in die Höhe stehen. Es war kein offener Bruch, aber definitiv ein gebrochener Arm. Ich stand langsam auf; ich hatte nur leichte Rückenschmerzen, aber meine Hand musste sofort versorgt werden. Wir gingen in die Orthopädie im Krankenhaus von Anápolis. Der Arzt wollte den Arm operieren und die Knochen mit einer Metallplatte und Schrauben fixieren. Ich lehnte die Operation ab und erklärte mich mit einem Gips einverstanden, um den Knochen zumindest in die richtige Position zu bringen. Am nächsten Tag, am Freitag, trat ich vor die Wesenheit. Sie schien ziemlich gleichgültig, zuckte nur mit den Schultern und sagte mir, ich solle mich in den Energieraum setzen.

Über das Wochenende wurden die Schmerzen fast unerträglich, die Hand schwoll extrem an und drückte von innen gegen den Gips. Die Schmerzen waren heftig und meine Hand pochte ständig. Am Mittwoch trat ich erneut vor die Wesenheit, zeigte ihr die geschwollene Hand und berichtete von den Schmerzen. Sie sagte: „Du solltest dich glücklich schätzen, eigentlich säßest du im Rollstuhl." Sie schickte mich wieder in den Energieraum und sagte, sie werde mir helfen. Während ich dort saß, wurden die Schmerzen immer schlimmer. Ich fühlte eine sehr heiße Stelle kurz über meinem Daumennagel, wie wenn jemand dort eine brennende Zigarette ausdrücken würde. Mit einem kurzen Blick vergewisserte ich mich davon, dass niemand mit einer Zigarette in meiner Nähe stand. Am Ende der Sitzung verschwanden die Schmerzen und die heiße Stelle schlagartig. Als ich auf meinen Daumen schaute, sah ich einen kleinen Schnitt und einen grünlich-blauen Kreis an der Stelle, an der ich den „brennenden“ Schmerz gefühlt hatte. Sieh mal, hier ist die Narbe.

Dr. Augusto (die Wesenheit) sagte mir, dass er an mir „gearbeitet“ habe. Die Wesenheiten nennen spirituelle Arbeit, die sie verrichten *trabalho = Arbeit*. Zwei Monate später verlangte Dr. Augusto nach Antão und bat ihn, mir meinen Gips abzunehmen. Wir gingen nach draußen, und Antão fing an, den Gips mit einer Holzsäge zu bearbeiten. Mir war nicht ganz wohl bei der Aktion, aber sie war erfolgreich – Antão entfernte den Gips vollständig. Meine Hand und mein Arm waren schwer, schlaff und ohne jegliches Gefühl. Die Wesenheit sagte mir, ich solle mir keine Sorgen machen, der Arm werde mit der Zeit und gezielten Übungen wieder werden wie früher. Heute merke ich nichts mehr, er ist perfekt, und das ohne jegliche Schrauben oder Metallplatten.

Am 27. September dieses Jahres wies uns die Wesenheit an, bis auf weiteres kein rotes Fleisch mehr zu essen. Nach 90 Tagen habe sie dann eine Überraschung für mich. Ich notierte mir das Datum in meinem Kalender. Im Dezember fuhr ich dann mit meiner Familie nach Argentinien zurück. Wir ließen uns Zeit und machten einen Zwischenstopp bei Fernandas Familie. Am 17. Dezember, zu Hause bei meiner Familie in La Plata, hatte ich plötzlich extreme Rückenschmerzen, die immer schlimmer wurden. Am Weihnachtsabend waren die Schmerzen dann so schlimm, dass ich mich nur noch mühsam, den Körper fast im rechten Winkel zu meinen Beinen nach vorn gebeugt, fortbewegen konnte. Meine Familie brachte mich zum Arzt. Der Arzt verschrieb mir starke entzündungshemmende Medikamente und sagte mir, ich müsse mich unbedingt einer Computer-Tomographie unterziehen. Mein Zustand verschlechterte sich rapide und am ersten Weihnachtsfeiertag machte eine Freundin von mir, die selbst eine Klinik besaß, die CT. Zwei Tage nach Weihnachten traf ich mich mit einem sehr bekannten Spezialisten in La Plata. Er sah sich die Aufnahmen an und sagte mir, dass ich sofort operiert werden müsse. Die Bandscheiben der Wirbel L5 und S1 seien gefährlich weit vorgewölbt – über 2 cm. Als ich mich bückte, um ein Papier vom Boden aufzuheben, war er völlig entsetzt und sagte, dass ich mich auf keinen Fall bücken dürfe. Schon durch die geringste Bewegung bestehe die Gefahr, dass ich völlig kollabieren und im Rollstuhl enden könnte. Es war höchste Eile geboten!

Es war der 27. Dezember, exakt 90 Tage, nachdem die Wesenheit gesagt hatte, es werde eine Überraschung auf mich warten. Ich war am Boden zerstört. Meine Familie drängte mich ständig, mich sofort operieren zu lassen, aber ich war unschlüssig. In meinem Herzen wusste ich, dass die Wesenheiten das wieder in Ordnung bringen konnten. Aber wie um alles in der Welt sollte ich in diesem Zustand nach Abadiânia zurückkommen? Die nächsten Tage waren extrem stressig. Meine Familie war außer sich, weil ich die Operation hinauszögerte. Der Arzt hatte sie über meinen äußerst kritischen Gesundheitszustand informiert.

Ich konnte nicht schlafen. Jede Position, stehend oder liegend, war unerträglich. Ich litt pausenlos unter qualvollen Schmerzen. Der Chirurg setzte die Medikamente zur Entspannung der Wirbelsäulenmuskulatur *(Muskelrelaxanzien)* ab und wechselte zu Morphium. Er befürchtete, dass die Medikamente ein weiteres Trauma provozieren und die vorgewölbte Bandscheibe komplett einreißen könnten – was mit Sicherheit in einer Lähmung resultieren würde. Der Chirurg hatte schon viele Bandscheibenvorfälle gesehen, aber noch keinen so schwerwiegenden. Er hatte ein spezielles, chirurgisches Verfahren entwickelt (mit einer dokumentierten Erfolgsquote von 80 %), um Vorfälle dieser Art zu behandeln. Die Aussichten ohne Behandlung waren düster.

Ich rief Medium João an. Er sagte, die Wesenheiten würden sich meiner Situation annehmen. Er wies Fernanda an, uns beiden weiße Kleidung anzuziehen und um 14 Uhr durch Gebete und Auflegen der Hände an mir zu arbeiten. Die Wesenheiten sagten ihr, sie würden mir helfen. Nichts geschah. Als ich João erneut anrief, sagte er, ich solle in die Casa zurückkommen – egal wie: Bus, Flugzeug, LKW, Pferd oder Karren. Die Wahl liege bei mir, aber er werde die volle Verantwortung dafür übernehmen. Er versicherte mir noch einmal, die Wesenheiten hätten versprochen, sich um mich zu kümmern. Ich entschied mich dafür, mit dem Auto zu fahren – der absolute Horror für meine Familie. Meine Schwester begleitete uns und fuhr die erste Hälfte der 3000 Kilometer. Es fühlte sich an, als ob ich mit verbundenen Augen in einen tiefen Pool springen würde – ohne zu wissen, ob wirklich Wasser darin ist oder nicht. Ich war immer von der Existenz der Wesenheiten überzeugt. Wenn so viele Menschen von überall auf der Welt anreisten, um sich von ihnen behandeln zu lassen, dann musste auch ich mich ihnen anvertrauen und umso mehr daran glauben. Wenn die Wesenheiten mir gesagt hätten, ich solle in Argentinien bleiben und mich operieren lassen, hätte ich das ebenso getan.

Wir kamen in einer Freitagnacht in Abadiânia an, aber ich musste bis Mittwoch warten, bevor ich die Wesenheiten aufsuchen konnte. Der Arzt hatte mir Morphium mitgegeben, aber es half kaum noch. Am Mittwochvormittag bekam ich von der Wesenheit einen Operationstermin um 14 Uhr nachmittags. Als es soweit war, lag ich auf einer *maca*[11], einer Art Massage-

[11] (maca = eine Art Massagetisch im OP)

tisch im OP, der für tiefgreifende Heilungen benutzt wird. Ich schloss meine Augen und versuchte, eine bequeme Stellung zu finden. Es kam mir vor wie eine Sekunde. Als ich die Augen öffnete, sah ich Menschen an mir vorbeiziehen. Ich wartete auf Sebastians Worte, die uns auf die Operation vorbereiten würden, aber stattdessen kam jemand, um mir aufzuhelfen – die Sitzung war schon vorbei. Ich hatte einen totalen Black-out gehabt. Die gesamte Sitzung – über eineinhalb Stunden – war mit einem Augenzwinkern vergangen. Ich war komplett erschöpft und ging nach Hause, um mich auszuruhen und, was sehr wichtig ist, die Anweisungen der Wesenheit genauestens zu befolgen. Nach acht Tagen kam ich langsam wieder zu Kräften.

Eines Tages hob die Wesenheit (Dr. Augusto) mein Hemd hoch und ließ ihre Hand, vielleicht war es auch ein Skalpell, an meiner Lendenwirbelsäule entlang gleiten. Ein anderes Mal, als sie mir leicht auf den Rücken schlug, fühlte ich einen Ruck, so als ob alles wieder eingerenkt wäre. Innerhalb der nächsten beiden Monate wurden die Schmerzen immer weniger bis zu dem Morgen, an dem ich aufwachte und die Schmerzen endgültig weg waren. Wie du weißt, ist mein Rücken heute gerade, kräftig und gänzlich gesund.

Stellvertreter-Operationen werden für Personen durchgeführt, welche selbst nicht in der Lage sind, zur Casa zu reisen. Mit der Erlaubnis und unter der Anleitung durch die Wesenheiten geht der Stellvertreter am vereinbarten Tag in den OP oder an einen anderen zugewiesenen Ort und konzentriert sich ausschließlich auf die Person, an deren Stelle er dort ist. Die nicht anwesende Person hält sich zeitgleich an alle ihr aufgetragenen Regeln, wie z. B. die Diät. In meinem Fall sandte die Wesenheit für die Arbeit, die dort an mir verrichtet werden sollte, stellvertretend einen Freund.

▲

LUKAS MÖCHTE EINEN BRUDER

Sandro Teixeira de Faria

Sandro ist einer von Medium Joãos Söhnen. Er ist ein Absolvent der juristischen Fakultät und hat viele Jahre in der Casa gearbeitet. Er beaufsichtigt die Produktion der DVDs und Videos und kümmert sich um Computer- und andere Geschäftsbelange. Er spricht oft darüber, wie es ist, der Sohn eines der mächtigsten Heiler der Welt zu sein und dass es für ihn oft nicht leicht gewesen sei, im Schatten seines Vaters zu leben. Er ist ein wunderbarer Mensch mit einem bezaubernden Lächeln, der seinen Vater João von ganzem Herzen liebt und ihn sehr bewundert.

Sandros Sohn und Joãos Enkel Lucas bereitet ihm große Freude. Im Laufe der letzten beiden Jahre ist Lucas wiederholt vor die Wesenheit (Dr. Augusto) getreten und hat gesagt: „Vovo (Opa), ich möchte einen Bruder. Ich bin es leid, ein Einzelkind zu sein."

„Inzwischen ist ein anderes kleines Wunder auf der Welt." Sandro strahlt, als er uns stolz die Neuigkeiten verkündet. „Die Eileiter meiner Frau wurden unterbunden und ich hatte vor einigen Jahren einen sehr schlimmen Autounfall, der eine Vasektomie (die Samenleiter in den Hoden des Mannes werden durchtrennt) zur Folge hatte. Wir dachten, wir könnten keine Kinder mehr bekommen, aber jetzt hat meine Frau unseren zweiten Sohn zur Welt gebracht – ein Geschenk der Wesenheiten an uns oder vielleicht auch das Resultat der Hartnäckigkeit unseres Sohnes Lucas."

▲
DOM INÁCIO BRINGT EINEN ARZT DURCH DEN BARDO
Dr. Roger

Die Wesenheit erklärte sich bereit, Dr. Roger zu operieren und sagte ihm, dass er geheilt werde, aber Dr. Roger lehnte vehement ab. Sein Zustand verschlechterte sich so weit, dass er sich schließlich in dem Krankenhaus, in dem er arbeitete, von seinen Kollegen operieren lassen wollte. Während er auf den Eingriff wartete, spürte er die Anwesenheit eines Wesens und diese Anwesenheit schien ihm gut zu tun. *So ein Quatsch, dachte er bei sich. Die bevorstehende OP zerrt ebenso an meinen Nerven wie das permanente Gerede meiner Familie über Geistwesen.*

Wenige Augenblicke später erlitt er einen Herzinfarkt und wurde auf die Intensivstation gebracht. Zu spät. Dr. Roger starb noch auf dem Operationstisch. Der Chirurg informierte Dr. Rogers Frau, Marilene, die sofort in der Casa anrief und Sebastian darum bat, diese Information umgehend an die Wesenheit weiterzugeben. Sebastian ging mit dem Telefon zur Wesenheit. Die Wesenheit sagte ihr, sie müsse an der Seite ihres Mannes bleiben und sein Körper dürfe auf keinen Fall vor 15 Uhr aus der Intensivstation gebracht werden. Er werde Hilfe bekommen, aber sein Körper dürfe auf *keinen Fall* bewegt werden!

Auf dem Totenschein war als Zeitpunkt des Todes 10:15 Uhr eingetragen. Es war in Brasilien noch nie vorgekommen, dass ein Körper so lange nach dem erklärten Tod auf der Intensivstation geblieben war. Normalerweise findet die Beerdigung innerhalb der nächsten 24 Stunden statt. Auf Grund der Tatsache, dass Dr. Roger ein Kollege gewesen war, hatte der Arzt Mitleid mit der Witwe. Er ordnete an, dass der Körper nicht entfernt werden dürfe, bis er um 15 Uhr zurückkäme. Eine Krankenschwester solle solange bei dem Toten wachen.

Dr. Roger selbst kam es vor, als schwebe er über der Casa. Er wurde tief mit in die Erde genommen, wo er die Kristallquarzbetten und den Strom sah, der unter der Casa fließt. Er berichtet, dass er sich in diesem unterirdischen Strom erfrischt habe. Zeitgleich, während sein Körper noch auf den Intensivstation lag, berichtete die Krankenschwester, dass plötzlich und völlig unerklärlich Wasser den Körper des Toten durchnässt habe und auf den Fußboden getropft sei.

Danach führte ihn seine Reise zu einem Ort von außergewöhnlichem Leiden. Einem Ort der Finsternis in dem Leute ziellos, verloren, verstört und einsam umhergingen. Wenn er diesen Teil seiner Geschichte erzählt, kämpft er mit den Tränen, so lebhaft und schrecklich sind die Erinnerungen. Sehr zu seiner Verwirrung trat aus einer Art Nebel ein Priester (Dom Inácio) vor ihn. Er fragte sich: *Warum würde ein Priester ausgerechnet zu mir kommen, einem Ungläubigen, der oft genug die „Kuttenträger“ und die Kirche verspottet hat?*

Die Wesenheit (Dom Inácio) gab sich zu erkennen und umarmte ihn. Dann führte sie ihn an einen Ort von außergewöhnlicher Schönheit. Er bestaunte die prachtvolle Umgebung – er hatte nie zuvor etwas vergleichbar Schönes gesehen. Es übertraf alles, was er sich je hätte vorstellen können. Dr. Roger fragte Dom Inácio, warum sie beide hier zusammenträfen. Dom Inácio erklärte ihm, dass er zwar häufig seine Frau zur Casa begleitet habe, selbst jedoch nicht an das Werk glaube. Dom Inácio klärte ihn darüber auf, dass er seinen Körper bereits verlassen habe. Dann sprach Dom Inácio von spiritueller Arbeit, die Dr. Roger zukünftig verrichten solle, dass sehr viel Arbeit auf ihn zukommen werde, er dadurch aber vielen Menschen helfen werde. Natürlich könne ihn niemand dazu zwingen, die endgültige Entscheidung, diese Aufgabe anzunehmen, läge letzten Endes bei ihm selbst. Als er bereit war, die von Dom Inácio beschriebene spirituelle Arbeit auszuführen, wurde ihm gesagt, dass er in seinen Körper zurückkehren könne, um sein Leben auf der Erde fortzusetzen.

Kurz vor 15 Uhr öffnete Dr. Roger seine Augen und bat um einen Schluck Wasser. Die Krankenschwester rannte völlig schockiert aus dem Raum. Dr. Roger war beeindruckt von ihrer schnellen Reaktion, begann sich aber schon bald zu wundern, weil sie nicht mit dem Wasser zurückkam. Zwei Krankenschwestern spähten durch den Türspalt, traten aber nicht ein. Schließlich kam ein Arzt und untersuchte ihn gründlich. Er hielt es nicht für möglich, dass Dr. Roger am Leben war und anscheinend keinen Hirnschaden davongetragen hatte. Im Laufe der nächsten zwei Tage führten die Ärzte unzählige Tests durch, konnten aber keine Erklärung für den Vorfall finden und entließen Dr. Roger aus dem Krankenhaus. Er folgte den Weisungen von Dom Inácio und begab sich mit seiner Frau umgehend zur Casa. Als er auf seinem Weg in den Current-Raum den Hauptsaal durchquerte, kam Medium João aus seinem Büro, umarmte ihn und flüsterte ihm ins Ohr: „Es war ein mühsamer Weg, mein Sohn, aber jetzt bist du zuhause. Es gibt viel Arbeit, die getan werden muss." Tatsächlich war es Dom Inácio, der diese Worte durch João gesprochen hatte.

Das Leben von Dr Roger hat sich völlig verändert. Er folgt Einladungen spiritueller Organisationen und erzählt seine Geschichte. Er ist schlank, gesund und lebt ein Leben im Dienste seiner Mitmenschen. Er hat vielen depressiven Menschen geholfen, die kurz davor waren, sich umzubringen.

Einmal, als er und Marilene Rio verließen, um nach Hause nach Brasília zu fahren, fühlte er, wie ihn etwas in seinem Inneren zurückhielt. Er hatte gelernt, darauf zu hören. Sie gingen ins Copacabana und aßen zu Mittag, während sie am Strand darauf warteten, was geschehen würde. Er beobachtete eine Frau, die sich in die Wellen stürzte, untertauchte, jäh von den Wellen herumgeschleudert und schlussendlich wieder an den Strand gespült wurde. An diesem Teil des Strandes war die Strömung besonders gefährlich und es herrschte ein starker Wind. Die Frau wiederholte diesen Vorgang mehrere Male, sichtlich geschwächt durch die immense Anstrengung. Dr. Roger wurde stutzig und ging auf die Frau zu. Es handelte sich um eine ältere Dame. „Die Strömung hier ist sehr gefährlich, Sie könnten ertrinken!“ Sie entgegnete gereizt, dass er sie gefälligst allein lassen solle, denn genau das sei es, was sie wolle: ertrinken. Sie habe keinen Grund weiterzuleben.

Dr. Roger blieb bei ihr und erzählte ihr seine Geschichte. Auch er habe gedacht, sein Leben sei ohne Bedeutung und leer, aber jetzt genieße er jeden einzelnen Moment davon in Dankbarkeit. Die Frau brach zusammen und bat Dr. Roger und seine Frau, sie nach Hause zu bringen. Sie wohnte in einem riesigen Apartment-Komplex einen Häuserblock vom Strand entfernt. Der größte Teil des Gebäudes war ihr Eigentum. Materiell fühlte sie sich reich, spirituell dagegen bettelarm. Heute ist sie wie ausgewechselt und lebt ihr Leben leidenschaftlich. Dr. Roger und die Frau sind bis zum heutigen Tag gute Freunde.

Dr. Roger hat viele solcher Geschichten über seine Mission zu berichten und er schätzt sich glücklich darüber. Er sagt, dass er diese Welt verlassen wird, wenn Dom Inácio ihn zu sich ruft. Seine Zeit ist noch nicht gekommen, aber er wird bereit sein und fürchtet sich nicht davor. Er wurde „geistig erweckt“ und seine Mission ist ihm völlig klar.

Sebastian erinnert uns daran, dass es eigentlich Frau Rogers ist, der wir danken müssen. Es war ihr unbeirrbarer Glaube, der sie in der Casa anrufen ließ. Unter diesen traurigen Umständen kostete es sie noch mehr Courage und Überzeugungskraft, den Ärzten zu widersprechen und sie dazu zu überreden, ihren Mann noch nicht ins Leichenschauhaus zu bringen.

▲
DIE ENTLARVUNG EINES SCHARLATANS

Edemar Goncalves Rocha

Im Jahr 1973 besuchte Edemar seinen kranken Freund Niltacio. Niltacios Frau Nati war außer sich. Ein Heiler war zu ihnen nach Hause gekommen und hatte gesagt, wenn sie ihm Uhren und Schmuck ausleihen würden, werde er sie energetisiert zurückbringen und Niltacio werde geheilt werden. Unglücklicherweise war dieser Heiler ein Scharlatan, der sie um ihr Eigentum brachte.

Edemar war äußerst verärgert und als Anwalt sah er es als seine Pflicht an, den Dieb aufzuspüren und die gestohlenen Gegenstände zurückzuholen. Am späten Nachmittag holte er wie immer seine Frau von der Schule ab, an der sie arbeitete. Sie war ganz aufgeregt, weil ein großer Heiler, João de Deus, bei einem Freund und Mitarbeiter zu Besuch war. Dieser Heiler, so sagte dieser, sei dem bekannten Trance-Medium Zé Arrigo ähnlich, welches von Dr. Fritz inkorporiert worden war (dem Geist eines bekannten deutschen Chirurgen). Sie wollte, dass Edemar sofort mitkomme, um ihn zu treffen.

Edemar erzählt die Geschichte:

Da ich natürlich davon ausging, dass es sich um den Mann handelte, der meine Freunde betrogen hatte, wollte ich auf dem schnellsten Wege zu ihm, um ihn bloßzustellen und ihn verhaften zu lassen. Da ich als Skeptiker bekannt bin, wunderte sich meine Frau über meine spontane Bereitschaft, mitzukommen. Ich begleitete sie also, behielt die wahren Gründe dafür aber für mich.

Bei Marias Haus angekommen, ging ich auf das Medium zu und fragte, ob ich zusehen dürfe. Medium João antwortete: „Natürlich, jeder kann zusehen!" Dann inkorporierte er und bot mir an, direkt neben ihm zu stehen. Er bat eine Frau, sich vor ihm auf einen kleinen Stuhl zu setzen. Er begann an ihr zu arbeiten. Zunächst rieb er ihr Auge mit Watte aus, die er zuvor in heiliges Wasser getaucht hatte, dann schabte er etwas mit einem Messer (er benutzte ein gewöhnliches Küchenmesser mit Wellenschliff) von ihrem Auge. Die Frau wirkte gelassen. Sie rührte sich nicht ein einziges Mal während des gesamten Eingriffs. Weniger als 30 cm entfernt konnte ich alles sehr genau beobachten. Später sagte die Frau, sie habe keine Schmerzen gespürt. Ich war verblüfft. Der Eingriff war definitiv nicht inszeniert, wie ich es erwartet hatte.

Nach der Operation fragte ich die Wesenheit: „Können Sie mir sagen, was mir fehlt?" Die Wesenheit sagte, ich müsse an meinem linken Auge operiert werden. Wieder war ich verblüfft. Vor wenigen Wochen hatte ich wegen einer akuten Reizung des linken Auges einen Augenarzt aufgesucht. Der Arzt hatte gesagt, dass mein Tränenkanal verstopft sei und ich mich einer Operation unterziehen müsse. Niemand wusste von meinem Besuch beim Augenarzt, nicht einmal meine Frau. Für mich war das die endgültige Bestätigung dafür, dass das, was sich vor meinen Augen abspielte, wahr sein musste. Die Wesenheit bat mich, Platz zu nehmen. Ich erschrak entsetzlich und Angstschweiß trat mir auf die Stirn. Ich dachte, mir würde dieselbe Behandlung wie der Frau vor mir widerfahren. Die Wesenheit bat mich, mich so zu drehen, dass ich der Menge gegenüberstand. Ich zitterte vor Angst und wäre am liebsten davongelaufen. Ich galt in dieser Gegend als erfolgreicher, etwas zäher und kompromissloser Rechtsanwalt. Ich übernahm die schwierigsten Fälle und war erfolgreich. Nicht nur in meinem Staat, sondern auch in vielen anderen Staaten, in denen ich tätig war. Nachdem sich die Frau ohne weiteres hatte operieren lassen, würde ich dastehen wie der totale Feigling. Mein Ruf wäre ruiniert. Die Menge würde mich verspotten und ich würde meine Klienten verlieren. Also blieb ich – wenn auch ungern.

Vorsichtig reinigte mir die Wesenheit das Auge mit gesegnetem Wasser, um es dann mit einem Tupfer – keinem Messer – auszureiben. Ich hatte keinerlei Schmerzen. Mein Auge war auf der Stelle geheilt und die Operation meines Tränenkanals war hinfällig geworden. Anschließend bat ich die Wesenheit, mir bezüglich meiner Hörschwäche zu helfen. Ich war Pilot und musste für meine Lizenzprüfung einen Hörtest absolvieren. Die Wesenheit sagte: „Ich könnte zwar dein Ohr heilen, aber das tatsächliche Problem beruht auf einer Altlast aus einem vorigen Leben. Wenn ich dich jetzt am Ohr heile, wirst du anderswo an deinem Körper ein Problem bekommen, vielleicht sogar ein schlimmeres als das derzeitige. Ich kann dich jetzt nicht heilen, weil du spirituell noch nicht so weit bist. Du musst dienen und diese Geschichte spirituell aufarbeiten. Danach werde ich mich um dein Anliegen kümmern können."

Mein Ohrproblem ist über die Jahre nicht schlimmer geworden. Ich suchte einen Chirurgen auf, der sagte, er könne eine Operation durchführen, allerdings sei diese mit einem hohen Risiko verbunden. Ich entschied mich, dem Rat der Wesenheit zu folgen und lernte mit meiner Hörschwäche zu leben. Den Dieb haben wir nie gefasst, aber ich lernte den wahren Heiler und wunderbaren Freund João de Deus kennen.

Edemar erzählt weiter:

All das hat nichts mit Fiktion zu tun. Ich gebe mich erst zufrieden, wenn ich euch alle Details und die absolute Wahrheit erzählt habe. Ich hoffe, du hältst so lang durch. Das erste Mal, als ich nach Abadiânia kam, war die Casa noch auf der anderen Seite der Autobahn in einem kleinen Haus. Damals lebte ich in Colinas. Ich musste geschäftlich nach Coneicão da Araguaia im Staat Para und verband diese Reise mit einem Besuch bei meinem Cousin. Als ich ankam, sagte er gerade zu Freunden, dass er den Heiler finden wolle, der Wunder vollbringt. Ich sagte: „Ich kenne diesen Heiler, sein Name ist *João de Deus*. Er ist ein Freund von mir, aber wir haben keinen Kontakt mehr". Albertos Mutter Para, meine Tante, war sehr krank und nicht reisefähig. Alberto bat mich, João zu finden und zu Para zu bringen, damit er sie heilte. Ich hatte gehört, dass Medium João in Abadiânia arbeitete, und so reiste ich ohne Unterbrechung die ganze Nacht, um ihn zu finden.

Als ich an der Hütte ankam, in der Medium João seiner Arbeit nachging, standen dort schon über 100 Autos. Als João vorfuhr, wurde ich unsicher. Würde er mich in dieser Menschenmenge überhaupt erkennen? Es waren viele Jahre vergangen, seit wir uns das letzte Mal gesehen hatten. Sobald João einen Fuß auf die Erde gesetzt hatte, sagte er: „Edemar! Wie geht es dir?" Er lud mich ein, in seinem Haus in Anápolis zu wohnen. Von dort aus fuhren wir gemeinsam die 2 000 km zurück zu Para und er behandelte meine Tante – mit Erfolg. Ich bin der Meinung, dies spricht Bände über die Tiefe unserer Freundschaft, die Hingabe zu seinem Beruf und seine unendliche Güte.

Ein anderes Mal, João und ich waren zu der Zeit schon gute Freunde, wurde Medium João in Arapoema im Staat Tocantins verhaftet. Manchmal brauchte mich João als Rechtsbeistand. Ich ging ins Gefängnis, um ihn auszulösen. Über die Jahre haben verärgerte Ärzte und rachsüchtige religiöse Skeptiker immer wieder dafür gesorgt, dass er inhaftiert wurde. Obwohl Medium João sehr von den Behörden drangsaliert wurde, sagt er immer, dass er ein glückliches Leben lebe und nie wirklich darunter gelitten habe. Er beklagt sich nie über diese Ereignisse. Nachdem er freigelassen worden war, bekam er vom Bürgermeister die Erlaubnis, im neuen Schulgebäude zu praktizieren. Ich wurde Zeuge vieler wundervoller Heilungen, die in diesem Gebäude stattfanden. Einmal wurde eine gelähmte Frau auf einer Liege ins Gebäude getragen. Die Frau war nicht in der Lage, irgendetwas selbst zu tun. Nach der Operation stand sie auf und *ging* aus dem Schulgebäude. Das ist nur eine von hunderten von Heilungen durch die Wesenheiten, die ich mit meinen eigenen Augen gesehen habe.

Jahre später kam João zum Arbeiten nach Colinas und wohnte beim Bürgermeister. Die Wesenheit, die ihn an diesem Tag inkorporierte, war St. Ignatius de Loyola. Ich fragte ihn: „Bist du St. Ignatius von Loyola?“ Er antwortete: „Dom Inácio reicht völlig“ (Im Spiritismus gibt es keine Heiligen, weil aus deren Perspektive alle Menschen gleich sind.) Dom Inácio sagte zu mir, ich solle Medium João und eine kleine Gruppe von Leuten zu einem Fluss am Stadtrand begleiten. Er sagte: „Kleide dich in Weiß und gehe mit Medium João ins Wasser. Bete dort in Gedanken das Vaterunser, während du im Fluss stehst. Dann rufe den Namen von Johannes dem Täufer aus, und du wirst sehen, was geschieht.“

Als wir den Fluss erreichten, tat ich, was mir aufgetragen worden war. Ich betete und rief dann den Namen von Johannes dem Täufer. Medium João wurde augenblicklich inkorporiert. Seine körperliche Erscheinung und seine Haltung veränderten sich; es schien enorme Energie von ihm auszugehen. Es hatte den Anschein, als ob sein Körper vor meinen Augen wachsen und stämmiger werden würde. Sein Gesicht änderte sich. Die Backenknochen waren breiter und kräftiger und er hatte einen sehr ernsten, fast feierlichen Gesichtsausdruck. Ich nahm an, dass er Johannes der Täufer war. Die Wesenheit ging ins Wasser und tauchte für etwa zwei Minuten unter. Medium João selbst kann nicht schwimmen. Als sie auftauchte, hielt sie einen Fisch von beachtlicher Größe in der Hand. Die Wesenheit tauchte erneut unter und kam wenige Minuten später wieder an die Oberfläche, genau in dem Moment, in dem João dekorporierte. Er wurde wieder sich selbst. In der Hand hielt er noch immer den Fisch, der inzwischen unter dem Druck seiner Hand übel zugerichtet war. Er erzählte mir, dass in anderen

Fällen, in denen diese Wesenheit in einem Fluss inkorporiert habe, viele Fische wegen der gewaltigen Wirkung der Energie verendet seien. Eine Gruppe von Frauen, die am Fluss Wäsche wuschen, hatte viele tote Fische vorbeitreiben sehen. Medium João sagte, er dürfe die Identität dieser Wesenheit nicht preisgeben. Ich gebe zu, dieses Phänomen verwirrt mich. Ich begreife es nicht. Manch einer mag glauben, ich hätte diese Geschichte erfunden, aber Medium João sagt: „Es entspricht alles der Wahrheit." Ich wünsche mir, dass die Fische ihre Freiheit in einer höheren Wiedergeburt gefunden haben.

Ich kam als Zweifler und ging als Glaubender. Frag' meine Frau, sie wird dir alles bestätigen und dir sagen, wie ich mich geändert habe. Wir haben sehr viele Heilungen miterlebt und sie hat ein viel besseres Gedächtnis für die Details. Alle sechs bis acht Wochen reise ich zur Casa, um im Current-Raum als Medium zu dienen, mich mit den Wesenheiten zu beraten und meinen Freund João zu besuchen.

▲

GELÄHMT VON DER HÜFTE ABWÄRTS

José Ribeiro

José ist ein Medium im Current-Raum. Seine schöne, wohlklingende Stimme ist zu hören, während er betet und dabei Energien lenkt. Er lebt in der Nähe der Casa und ist Besitzer eines kleinen Einkaufsladens. In den achtziger Jahren lebte José im Staat Para und war Soldat der brasilianischen Marine. Es passierte am 19. November 1992. Die Marine war in Rio de Janeiro stationiert. José und ein Kollege transportierten gerade Teile der Ausrüstung, als José merkte, dass sein Bein taub wurde, und er starke Schmerzen in seiner linken Körperhälfte spürte. José brach zusammen und wurde vom Notarzt ins Krankenhaus gebracht. Tests zeigten einen Bandscheibenvorfall der

Wirbel B8 und B9. Man flog ihn ins Marine-Krankenhaus in Belem und dann in das von Brasília. Die Spezialisten kamen zu dem Schluss, dass sein Bandscheibenvorfall nicht operierbar sei. Nach dreimonatiger Rehabilitation in der Sara-Kubitchek-Klinik kehrte er zu seiner Frau und seiner Tochter nach Hause zurück. Er war von der Hüfte abwärts gelähmt.

José Ribeiro berichtet:
Ich hatte einen Traum, in dem mir gesagt wurde, dass ich am „heiligen Ort“ angekommen sei und dass ich an der Reieh vorbei direkt in einen bestimmten Raum gehen solle. Der Traum blieb mir in lebhafter Erinnerung und verfolgte mich in Gedanken. Ich hatte von der Casa gehört. Mein Bruder, der in Brasília lebte und der Meinung war, dass nur die Wissenschaft mich retten könne, legte der Wesenheit – wenn auch ungern – ein Foto von mir vor. Ihm wurde aufgetragen, mir drei Flaschen gesegnetes Wasser zu verabreichen und mich zur Casa zu bringen. Ich trank das Wasser. Als ich innerhalb der nächsten Stunde Wasser ließ, hatte ich Blut im Urin. Gegen den Willen meiner Familie überredete ich meinen Bruder, mich im Dezember 1994 zur Casa zu fahren. Es regnete in Strömen und wir konnten uns gerade so an den Rand der großen Halle quetschen. Die Wesenheit kam von der Bühne herunter, wo sie operierte, teilte die Menge und kam direkt auf mich zu. Sie nahm meine Hand in die ihre und sagte: „Es hat lange gedauert, bis du gekommen bist, aber jetzt bist du endlich hier. Filho (Sohn), kannst du drei Tage bleiben? Ich werde jetzt anfangen, an dir zu arbeiten.“

Die Wesenheit schickte mich an den Current-Räumen vorbei direkt ins Op-Zimmer, genau wie in meinem Traum. So begann meine Heilung: zwei Jahre des Liegens auf dem *maca* Bett, während ich Energie empfing. „*Filho*, du wirst noch sehr viel mehr Schmerzen durchleiden müssen, aber dann wird es dir besser gehen und du wirst dich erholen", sagte die Wesenheit (St. Ignatius), bevor sie eine unsichtbare Operation an mir vornahm. Ich war an diesem Wochenende und die ganze darauffolgende Woche sehr krank. Meine Schwester war in großer Sorge um mich. Ich konnte kein Essen bei mir behalten und nur Kokosnusswasser und Flüssigkeiten zu mir nehmen. Am Mittwoch fragte sie die Wesenheiten, ob sie mich nicht besser in ein Krankenhaus bringen solle. Die Wesenheiten sagten ihr, sie müsse Geduld haben und dass es mir am Ende der Woche besser gehen werde. Es ging mir tatsächlich besser und alle unsere Zweifel schwanden.

Ich hatte mich entschlossen ein Grundstück zu kaufen, um ein Haus zu bauen. In dieser Nacht hatte ich einen anderen intensiven Traum: Ich lag in einer Hängematte, direkt neben einem riesigen Haufen Bauschutt. Am nächsten Tag, als ich in meinem Rollstuhl zur Casa fuhr, sah ich zu meiner Rechten einen ebensolchen Haufen Bauschutt und ein Schild „Zu Verkaufen". Du kannst es dir bestimmt schon denken: Ich kaufte das Grundstück und baute mein Schlafzimmer genau dahin, wo in meinem Traum die Hängematte gewesen war. Meine Frau hatte mich kurz nach meinem Unfall verlassen, aber ich schaffte es, das Sorgerecht für meine Tochter zu bekommen. Sie lebt hier mit mir. Ich habe mein Geschäft vergrößert, um meiner Familie und meinen Eltern, die ebenfalls hierher gezogen sind, Arbeit geben zu können. Durch Visionen und Träume habe ich gelernt, mein Karma zu verstehen. Ich führe und teile ein glückliches und ruhiges Leben mit einem wunderbaren Begleiter. Ich weiß, dass ich auf vielen Ebenen geheilt werde. Noch kann ich nicht gehen, bin aber sehr optimistisch. Eines Tages werde ich wieder gehen können, aber selbst wenn dem nicht so sein sollte, werde ich weiterhin ein glücklicher Mann sein.

▲
EIN FROMMER SPIRITIST
Euler Nunes de Oliveira

Bis zu seiner Pensionierung im Jahr 1999 war Euler im Bankwesen tätig. Er spricht mehrere Sprachen und lebte die letzten 40 Jahre das Leben eines frommen und praktizierenden Spiritisten. Er ist ein Lehrer für Spiritismus und ein Casa-Medium. Euler beantwortet alle Briefe, die in der Casa ankommen, in der jeweiligen Sprache des Absenders. Die Antwort besteht aus einem freundlichen Wort und den entsprechenden Zeilen des Evangeliums, welches ihm hierfür in vielen Sprachen vorliegt.

Euler erzählt uns seine Geschichte:
Ich war ziemlich skeptisch, als ich das erste Mal in die Casa kam. Ich blieb im hinteren Teil des Raumes, in der Nähe der Wartereihe und beobachtete alles genau. Insgeheim stellte ich mir die Frage, ob João de Deus tatsächlich von einer Wesenheit inkorporiert würde oder nicht. Ich wollte, dass sich die Wesenheit mir gegenüber so zu erkennen gab, dass ich mir über seine Authentizität sicher sein konnte. Die Wesenheit inkorporierte in Joãos Körper, stellte sich mir als Dr. Oswaldo Cruz vor und führte anschließend mehrere Operationen durch.

Nachdem er die Operationen beendet hatte, drehte sich João um und ging aus der Halle in den Current-Raum. Als er den Eingang zum Current-Raum erreichte, hielt er kurz inne, drehte sich um und kam auf mich zu. Er fixierte mich mit seinem Blick und fragte mich nach Papier und Stift. Er unterschrieb das Papier und sagte: „Ich bin Dr. Oswaldo Cruz. Du kannst diese Unterschrift mit der Unterschrift aus meiner Amtszeit im Ordnungsamt vergleichen.“ Mit einem Lächeln auf dem Gesicht wandte er sich um, ging davon und wandte sich wieder seiner

Arbeit zu. So wurde die Frage, die ich mir die ganze Zeit gestellt hatte, beantwortet und meine Arbeit in der Casa begann.
Hier ist das Blatt Papier mit seiner Unterschrift. Ich erzähle diese Geschichte heute zum ersten Mal. Ich leihe euch das Papier gerne aus. Ihr könnt es für euer Buch einscannen – es ist die Wahrheit (wir haben die Unterschrift mit der Unterschrift von Dr. Cruz auf offiziellen Dokumenten aus seiner Amtszeit verglichen und bestätigen lassen).

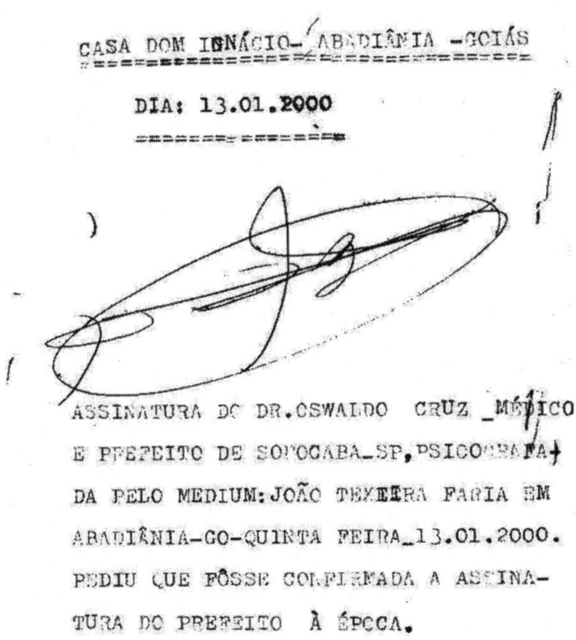

CASA DOM IGNÁCIO- ABADIÂNIA -GOIÁS

DIA: 13.01.2000

ASSINATURA DO DR.OSWALDO CRUZ _MÉDICO
E PREFEITO DE SOROCABA_SP, PSICOGRAFA-
DA PELO MEDIUM: JOÃO TEIXEIRA FARIA EM
ABADIÂNIA-GO-QUINTA FEIRA_13.01.2000.
PEDIU QUE FÔSSE CONFIRMADA A ASSINA-
TURA DO PREFEITO À ÉPOCA.

Signatur von Dr. Oswaldo Cruz

▲

DIE BERUFUNG EINER SEELE

Heather Cumming

Ich wurde im Landesinneren Brasiliens geboren. Meine schottischen Eltern waren Verwalter auf einer Rinderfarm. Die nächste Farm oder das nächste Dorf war mindestens eine zweistündige Autofahrt entfernt. Das Gute daran war, dass es die Familien zusammenschweißte. Es entstand ein Sinn für Verwandtschaft unter den Familien, ein Sinn für Gemeinschaft, der tief in mir mitschwang. Die Arbeit mit den Rangern, die das Land bestellten und das Vieh hüteten, lehrte mich schon früh, wie wichtig es war, in Harmonie mit der Natur zu leben. Die Schamanen brachten mir native Heiltraditionen bei. Die reguläre Schulausbildung begann zuhause bei meiner Mutter, danach ging ich in ein Internat in Sao Paulo; dem Internat folgte die High School in Schottland. Die Zeit im Internat war nicht schön. Ich fühlte mich nicht wohl in einer Umgebung ohne Wärme und Liebe. Ich hatte Heimweh nach Brasilien und kehrte mit 16 in mein geliebtes Zuhause zurück. Mit 30 heiratete ich und zog in die USA. Immer noch auf der Suche nach einem spirituelleren Leben studierte ich Schamanismus und eröffnete eine Praxis.

Im Sommer 2000 besuchten mein Sohn und ich unsere Familie im Landesinneren Brasiliens. Teil meiner Praxistätigkeit sind Touren durch den Amazonas, um dort brasilianische Stammes-Schamanen zu besuchen. Während der Vorbereitungen für eine solche Expedition hörte ich von João de Deus in Abadiânia. Ich fühlte mich sofort zu diesem Ort hingezogen. Ich hatte zuvor noch nie etwas von João de Deus gehört, aber schon während ich ein Buch über ihn las, empfand ich eine Art „körperliche Verbindung". Kurz darauf bat man mich, eine kleine Gruppe nach Abadiânia zu begleiten. Mein Sohn und ich buchten eine Busfahrt, reisten die ganze Nacht über und standen am nächsten Morgen vor Dr. Augusto. Ich hatte die tiefe Ahnung, dass alle Wege, die ich in meinem Leben bisher eingeschlagen hatte, zu diesem besonderen Moment geführt hatten. Nach Jahren der Sehnsucht hatte ich mein spirituelles Zuhause in Abadiânia gefunden. Ich wusste, dass ich die wahre Berufung für mein Leben gefunden hatte.

Als ich vor der Wesenheit (Dr. Augusto) stand, wurde ich von den verschiedensten Erinnerungen übermannt und ich weinte unkontrolliert und hemmungslos. Ich dachte: *„Was ist bedingungslose Liebe?“* Die Antwort darauf hatte sich mir mein ganzes Leben lang entzogen. Die Wesenheit fragte: „Warum weinst du, meine Tochter?“ „Ich habe noch nie in meinem Leben solche Liebe erfahren, Vater“, sagte ich schluchzend. Er griff hinter mich, nahm die Hand meines Sohnes Ben in die seine und stellte ein Rezept aus. Anschließend saßen Ben und ich im Current-Raum. Eine Woge der Energie überrollte mich. Es fühlte sich an, als ob in meinem Körper eine Hand wäre, die meine Lunge zerdrückte und nach oben zog. Die Schmerzen glichen denen, die man spürt, wenn der Zahnarzt einen Zahn einspritzt und sich das Narkosemittel zu verteilen beginnt. Ein Gefühl des „Ziehens und Zerrens“. Ich konnte Äther riechen und fühlte mich lebhaft an die Zeit als Kind erinnert, in der man mir die Mandeln entfernt hatte.

Am nächsten Tag nahm mich Sebastian zur Sprechstunde mit auf die Bühne, um eine Operation mitzuerleben. Gebannt beobachtete ich, wie Dr. Augusto mit einem Gemüsemesser einen Mann an den Augen (wegen einer Sehschwäche und eines Leistenbruchs) operierte. Nach der Operation wies er mich an, fünf Kristallbett-Sitzungen[12] zu nehmen und dann den Heiligen Was-

[12] Kristallbett: Liege in einem abgedunkelten Raum, über der sieben reine Quarz-Kristalle hängen, durch die farbiges Licht scheint. Die Kristalle sind genau auf die Energiezentren gerichtet. Die Sitzungen sind zeitlich begrenzt, da die Energie sehr stark ist.

serfall zu besuchen. Bevor ich ging, fragte ich ihn, ob es in Ordnung sei, wenn ich kleine Gruppen in die Casa bringen würde, um auch diese Menschen an seinen heilenden Kräften teilhaben zu lassen.

„Du kannst Gruppen bringen, so groß, wie du möchtest", sagte Dr. Augusto. Einen neue Woge der Energie durchlief meinen Körper, ich fühlte mich schwach, suchte Halt und streckte die Hand nach Sebastian aus. Mein Körper schien sich den heilenden Kräften und dem Segen Dr. Augustos hinzugeben – ich wurde ohnmächtig. Später wachte ich in der Krankenstation auf. Die Krankenschwester, die dort ehrenamtlich arbeitete, bot mir gesegnetes Wasser zum Trinken an. Im Bett mir gegenüber war der Mann, der an den Augen und der Leiste operiert worden war, und aß Casa-Suppe[13]. Er erzählte mir, dass sein Leistenbruch nicht mehr schmerze und dass er perfekt sehen könne. Zwanzig Minuten später, ich fühlte mich vollständig fit, nahm mich eine Wesenheit mit zum Heiligen Wasserfall. Schweigend ging ich, in tiefer Dankbarkeit für die Heilung und den Segen, den ich erhalten hatte, ins Wasser.

Seit meinem ersten Casa-Besuch habe ich unzählige transformative Geschenke durch die Casa erhalten. Ich würde euch gerne eine beeindruckende Geschichte erzählen, welche deutlich macht, dass alle Aspekte unseres Lebens durch die Wesenheiten gelenkt werden.

Zwei Tage, bevor ich mich mit meiner Gruppe in Abadiânia treffen sollte, erhielt ich die Nachricht, dass meine Tochter sehr krank sei. Ich war hin und her gerissen. Ein Teil von mir wollte sofort zu ihr reisen, um an ihrer Seite zu sein; der andere Teil verlangte nach der Erfüllung meiner Verantwortungen als Casa-Guide. Ich werde den expliziten „Befehl" mei-

[13] Die Suppe ist ebenso wie das gesegnete Wasser Teil der spirituellen Behandlung.

ner Tochter nie vergessen, als ich zuhause anrief: „Du musst in der Casa bleiben, die Gruppe wird anreisen und dich erwarten! Du kannst dort mehr für mich tun, als hier zuhause. Wenn du jetzt abreist, werde ich mich weigern, dich zu sehen. Du wirst bleiben und dich um deine Gruppe kümmern!"

An diesem ersten Casa-Tag bat mich Sebastian, ihm bei den Eröffnungsgebeten zu assistieren. Er spürte meine Anspannung, nahm meine Hand und führte mich in den Current-Raum. Er sagte: „Etwas beunruhigt dich zutiefst. Setz' dich hier hin." Ein paar Minuten später kam er wieder mit einem Glas frischen Passionsfruchtsaftes. In Gedanken an meine Tochter saß ich da und weinte leise vor mich hin. Plötzlich griff eine Hand nach mir und zog mich auf die Beine. Ich sah direkt in die Augen der Wesenheit. Diese sagte freundlich, aber zugleich etwas barsch zu mir: „Ich möchte nicht, dass du weinst! Du musst mir nicht sagen, warum du weinst, ich kenne den Grund dafür. Du hast um Hilfe für deine Tochter gebeten. Ich bin hier, um dir zu sagen, dass wir uns um sie kümmern werden. Du brauchst dir keine Sorgen um sie zu machen, sie wird gesund werden. Du solltest doch wissen, dass wir uns um unsere *filhas* der Casa kümmern, egal worum es geht. Wo ist dein Vertrauen geblieben?“ Ich bin mir sicher, dass von dem Tag an Sasha, unsere Kinder und alle Mitglieder meiner Familie in jeder Hinsicht beschützt und umsorgt wurden. Die Wesenheiten lieben uns gleichermaßen und bedingungslos. Ich wurde gesegnet mit einem wundervollen Leben. Es ist ein Privileg, Casa-Guide zu sein und diese Reisen gleichgesinnter Menschen zu führen. Zu sehen, wie wir alle wachsen, uns verändern und heil werden. Wie die Wesenheit versprochen hatte, wurde Sasha tatsächlich gesund. Sie hat das College erfolgreich absolviert und genießt ein reiches, erfülltes Leben. Ich bin sehr stolz auf sie und bewundere sie zutiefst. Ihre Courage, wie hart sie arbeitet, und mit welcher Hingabe und Überzeugung sie ihren Lebensweg bestreitet.

Seit meinem ersten Besuch in der Casa habe ich Heilung auf vielfältige Weise erfahren. So hatte mir die Wesenheit z.B. gesagt, dass die Zyste an meinem Eierstock verschwinden würde – eine Ultraschallaufnahme hat dies bestätigt. Und doch resultiert meine tiefste Heilung daraus, meine Rolle als eine *filha* (Tochter der Casa), als ein Mitglied der Casa-Familie zu erfüllen. Eine Familie aus Menschen und Medien, die ihr Leben dem Dienst der Casa, João de Deus und der Mission des Heilens gewidmet haben. Momentan erfülle ich zwei Aufgaben. Zum einen bin ich offizieller Casa-Guide, bringe Gruppen zur Casa und übersetze für die Englisch und Spanisch sprechenden Besucher. Zum anderen begleite ich João de Deus auf seiner Mission außerhalb der Casa. Ich reise mit ihm und übersetzte für ihn und die Wesenheiten.

In großer Dankbarkeit und Anerkennung stelle ich mein Leben in den Dienst Joãos, der Wesenheiten und in den Dienst meiner Familie. Gott möchte, dass ich das Beste, was ich habe, zum höchsten Nutzen für uns alle gebe. Ich möchte in Demut und Integrität dienen und freue mich, wenn mir dabei gezeigt wird, wie man all das erreicht.

▲

EIN PORTRAIT DER HEILUNG

Karen Leffler

Ich komme aus einer typisch amerikanischen Mittelschichtfamilie und hatte eine wohlbehütete Kindheit. Ich absolvierte das College und wollte Diplomatin werden. Als ich dann aber mit 17 einen schmerzlichen Verlust hinnehmen musste, änderte sich mein Leben komplett. Motiviert durch das intensive Verlangen, etwas in dieser Welt bewegen zu können, fing ich an, nach der wahren Bedeutung von Leben und Tod zu suchen. Ich war viele Jahre auf der Suche nach spirituellem

Verständnis und sehnte mich nach dem Gefühl eines „reinen Herzens".

Im Jahr 1972 lebte ich für vier Monate in Indien und studierte bei Avatar Satya Sai Baba. Es war eine segensreiche Zeit, in der ich sehr viel lernte und in der mir sehr viel gegeben wurde. Einmal bekam ich von Avatar Satya Sai Baba ein Symbol geschenkt: einen schwarzen Mondstein-Ring. Einen Ishwara Lingam,[14] den er eigens für mich materialisiert hatte. Es war das erste Mal in meinem Leben, dass ich bedingungslose Liebe erfuhr. Den letzten Tag verbrachte ich in seinem College in Braindavan. Sai Baba fragte mich, was ich wolle und ich sagte: „Ein reines Herz." Er nahm einen Würfel süßen indischen Zuckers, materialisierte ihn und sagte: „Das wird dein Herz zwar reinigen, aber du musst daran arbeiten und du musst meditieren." Ich weinte. Das Wunder und die Gnade dieses Tages waren das Geschenk der Anerkennung und der Liebe, von Baba wahrgenommen zu werden, die Gelegenheit gehabt zu haben, ihn zu fragen und gehört zu werden. Nachdem ich meinen Kopf in tiefer Dankbarkeit auf seine Füße gelegt hatte (indischer Brauch), kehrte ich nach Hause zurück.

Ich wollte diese lebensverändernde Erfahrung mit anderen teilen und fing an, in einem Sai Baba-Zentrum zu arbeiten. Ich ließ andere an den Wundern teilhaben, die ich gesehen hatte, und arbeitete an mir, wie es mir aufgetragen worden war. Und doch merkte ich mit der Zeit, dass ich das Gefühl des andauernden Friedens, wie ich es in der Anwesenheit von Sai Baba erlebt und gefühlt hatte, nicht aufrechterhalten und leben konnte. Wenn ich jetzt zurückblicke, begreife ich, dass ich damals das Ausmaß und die Tiefe der Arbeit an mir selbst, die für meinen Wunsch nach einem „reinen Herzen" nötig waren,

[14] Laut eines indischen Mythos, sind „Lingam" und „Yoni" die Vereinigung der kosmischen Kräfte von Lord Shiva (eine der meistverehrten Gottheiten im Hinduismus) und seiner Gattin Uma.

nicht verstanden hatte. Ich war verheiratet und lebte im nördlichen Kalifornien in einem Haus, welches mein Lebensgefährte und ich gebaut hatten. Ich litt noch immer (seit meiner Kindheit), unter Migräne und physischen Erschöpfungszuständen. Während mein Geschäft mit der Fotografie der Baukunst gedieh, fühlte ich eine unerklärliche Sehnsucht nach mehr. Dann traf ich traf zufällig einen Freund. Er erzählte mir von einem bemerkenswerten Heiler in Brasilien. Als ich ein paar Wochen später in Abadiânia ankam, hatte ich das Gefühl nach Hause gekommen zu sein.

Als ich zum ersten Mal vor der Wesenheit (Dr. Augusto) stand und ihm in die Augen sah, war es für mich, als blickte ich direkt in das Herz Gottes. Tief bewegt stand ich an diesem Morgen mit demselben Gefühl der bedingungslosen Liebe, welches ich in Indien so viele Jahre zuvor erfahren hatte, in der Reihe. Hier war jeder Mensch erwünscht; egal welchen Ranges, welcher Hautfarbe oder Konfession. Egal wie viele Menschen warteten, die Wesenheiten nahmen sich Zeit, jeden einzelnen von uns anzuhören, Rezepte auszustellen, Rat und Zuspruch zu geben, indem sie sagten: „Sei beruhigt, ich werde helfen, ich werde *dir* helfen."

Für mich begann die Hilfe, als ich vor der Wesenheit (Dr. Augusto) stand. Mein Herz hämmerte, während der Casa-Übersetzer mich zu ihm führte. Mir wurde gesagt, dass ich um alles, was ich wollte, bitten könne. Eigentlich wollte ich um physische Heilung bitten, hörte mich aber sagen: „Ich möchte Gott kennenlernen." Der Übersetzer fragte mich, ob ich tatsächlich bereit sei, zu erhalten, worum ich gebeten hatte. Natürlich war ich das nicht! Diese Bitte änderte mein Leben völlig. Langsam wurde mir klar, dass ich unterbewusst nicht willens gewesen war, die tiefe innere Arbeit zu tun, die für solch eine Transformation erforderlich war. Ich kann mich an kaum etwas erinnern, was an diesem Morgen gesagt wurde, außer an den sanften Befehl Dr. Augustos, mich in den Current- Raum zu setzen und mit der „Arbeit" zu beginnen. Ich erinnere mich an die tiefe Anwesenheit der Liebe und die überwältigenden Tränen der Erkenntnis. Mir wurde nicht gesagt, wie man „arbeitet"; es gab keine Regeln für die Meditation, das Nachdenken oder das Gebet. Und doch konnte ich fühlen, wie die Wesenheiten mit mir arbeiteten und mein Innerstes bewegten, um mich zu jenen „AHA-Momenten" der Selbstbefreiung zu führen. Im Strom der Gegenwart lernte ich Facetten meiner selbst kennen, die ich lange bestritten hatte. Ich erfuhr Kummer, Heiterkeit und tiefe Dankbarkeit auf meinem neuen Weg der Selbstentdeckung. Mein Dienst hatte begonnen.

Während meines Aufenthalts fotografierte ich Operationen, die auf der Bühne der Casa durchgeführt wurden. Als ich auf die LCD-Anzeige meiner Digitalkamera sah, bemerkte ich leichte Verzerrungen. Ich entdeckte Wellen, die vom Kristall auf dem Altar neben Medium João ausgingen und andere ungewöhnliche Lichteffekte. Mir wurde bald klar, dass diese Fotografien spirituelle Energien festhielten. Als ich sie Sebastian, dem Sekretär der Casa, zeigte, war er sichtlich aufgeregt und sprach hastig auf Portugiesisch zu mir. Heather übersetzte für mich und erklärte, dass diese Fotographien ein Geschenk der Wesenheiten seien. Sie sagte, dass mir erlaubt worden sei, die Wesenheiten „festzuhalten". Die Wesenheit ließ die Fotos rahmen und in der großen Halle für alle sichtbar aufhängen. Sie sind zu einer Quelle der Inspiration und einem greifbaren Beweis der Heilenergie in der Casa geworden. Ich selbst konnte die immensen Veränderungen, die ich in meinem „äußeren" Leben erfahren würde, weil sich mein Inneres veränderte, nur erahnen. Dies alles passierte, weil ich die Wesenheit aufrichtig um Hilfe gebeten hatte. Diese Bilder waren der Anfang meiner Heilung.

Mein neues Leben gleicht einer Reise ins Ungewisse und ist zeitweise noch immer etwas holperig, aber ich bin sehr glücklich darüber und bedanke mich von ganzem Herzen dafür bei Gott. Ich bin tief dankbar für die Unterstützung, welche mir die Wesenheiten überall auf meiner persönlichen Heilreise zuteilwerden lassen. Ich hatte etwa 50 Jahre lang ein bequemes Leben gelebt. Nach der Verschiebung dieses bequemen Lebens von der Westküste an die Ostküste, auf der Suche nach dem „Heiligen Gral", habe ich meinen Schatten immer wieder getroffen und habe gelernt, ihn zu lieben und anzunehmen. Die Erweiterung unseres Bewusstseins dafür, wer wir wirklich sind, besteht darin, was ich selbst anderen zu geben bereit bin: dem Zweifler Glauben und dem Kranken Hoffnung. Wertschätzung für Gott und unser wahres „Ich". Respekt und Demut für die enormen Dienste der Wesenheiten und dieses wundervollen Mannes – João de Deus.

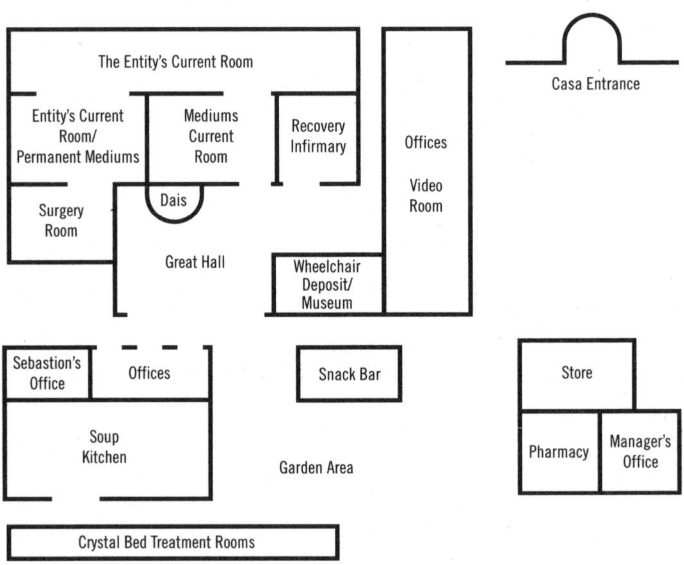

Grundriss der Casa de Dom Inácio de Loyola

5

CASA DE DOM INÁCIO DE LOYOLA

Lieber João, geschätzter Freund.
Abadiania ist die heilige Stätte deiner Mission und deines Friedens.
– Dr. Bezerra de Menezes, übermittelt durch Chico Xavier

Nachdem Medium João viele Jahre unter dem Schutz des Militärs in der Hauptstadt Brasiliens gearbeitet hatte, begann er, von Stadt zu Stadt zu reisen, um Kranke zu heilen. Erneut wurde er vielerorts als Bedrohung empfunden. Er sehnte sich nach einer Stätte, die Menschen problemlos aufsuchen konnten, um sich von ihm behandeln zu lassen.

Im Jahr 1978 erhielt João durch die Wesenheiten eine Nachricht, die sein Leben verändern sollte. Die Nachricht kam von seinem verehrten und geliebten Freund und Mentor Francisco „Chico“ Cândido Xavier. Chico war wahrscheinlich auf dem Gebiet der Parapsychologie einer der produktivsten Schriftsteller der Welt. In Europa und Amerika relativ unbekannt, wurde er von Brasilianern geschätzt und verehrt. Chico widmete sein Leben der Unterstützung armer Menschen. Er schrieb mehr als vierhundert spirituelle Bestseller und spendete den gesamten Erlös wohltätigen Einrichtungen.

Chico erhielt die Nachricht in Form einer *Psychografie* (Channeling in Schriftform) durch den Geist von Bezerra de Menezes. Darin forderte dieser Medium João auf, ein Zentrum zu gründen, in dem er seine karitative Tätigkeit ausüben konnte. Die Nachricht von Bezerra de Menezes benannte die winzige Gemeinde von Abadiânia als den passenden Ort für diese besondere Stätte. Es sei zudem zwingend erforderlich, dass es dort Zugang zu einem Wasserfall in der Nähe gebe. Im Anschluss an diese detaillierten Instruktionen begann Medium João nach einem geeigneten Stück Land zu suchen.

Medium João hatte nie in Frage gestellt, dass Abadiânia der richtige Ort für seine Mission sein könnte. 1993 erhielt er eine weitere Botschaft durch Chico Xavier. Wieder war dieser vom Geist von Bezerra de Menezes inkorporiert worden. Er bekräftigte erneut, dass Abadiânia der richtige Ort für das Heilzentrum sei. Die Nachricht lautete:

„Prezado João, caro amigo. Abadiânia é o abençoado recinto da sua iluminada missão e de sua paz“ (Lieber João, geschätzter Freund. Abadiânia ist die heilige Stätte deiner Mission und deines Friedens).

– Chico Xavier, Uberaba, am 18. September 1993.

Medium João mietete eine kleine, primitive Ein-Zimmer-Hütte in der Nähe der Polizeistation von Abadiânia. Der damalige Bürgermeister von Abadiânia, Senhor Hamilton Pereira, mit dem João befreundet war, beschloss, einen geeigneten Ort für den Heiler zu finden. Er ging direkt zum Präsidenten der Medizinischen Vereinigung Goiás. Senhor Hamilton Pereira bat um eine Garantie dafür, dass Medium João von Seiten der Medizinischen Vereinigung seine spirituelle Arbeit unter der Bedingung ausüben dürfe, ein spirituelles Heilzentrum zu bauen. Seiner Bitte wurde entsprochen und João bekam die Erlaubnis und die Garantie, in Abadiânia zu arbeiten.

Gegen Ende dieses Jahres spendete die Familie Hamilton das Land, auf dem die Casa heute steht. Das Grundstück war ein Stück Weideland weit außerhalb des Stadtzentrums. Ein kleines, bescheidenes Gebäude wurde errichtet und Medium João wurde es wie vereinbart erlaubt, ungestört zu arbeiten. Damals gab es noch keine Elektrizität in der Umgebung. Die Casa liegt auf einem wunderschönen Landstrich mit Blick auf Hügel und Täler, die sich unter ihr ausbreiten. Die Gebäude selbst stehen auf einem natürlichen Energiestrom, der durch die Quarzkristallgrundlage unter der Oberfläche entsteht.

Die Casa wurde zu Ehren einer der wichtigsten Wesenheiten, die in Verbindung mit João stehen und ihn leiten, offiziell *„Casa de Dom Inácio de Loyola“* (Haus des heiligen Ignatius von Loyola) genannt. Die Farben der Casa sind – auf die ausdrückliche Bitte von Dom Inácio in einer Vision an João – Himmelblau und Weiß. Dom Inácio de Loyola war der Gründer des Jesuitenordens (der Titel Dom ist respektvoller als „Herr“ und ist dem englischen „Sir“ ähnlich).

Die Mutter von Senhor Hamilton, Dona Rosinha, baute die erste Pousada für Besucher neben den vorderen Toren der Casa. Die Pousada wurde nach ihr benannt und ist heute als „Pousada Santa Rita“ bekannt.

Medium João lebt in Anápolis, fünfunddreißig Kilometer von der Casa entfernt. Er besitzt zwei Viehranches und ist beteiligt an einer Gold- und einer Smaragd-Mine. Die Armut in seiner Kindheit und die harte körperliche Arbeit, die er verrichten musste, machten aus ihm einen erfolgreichen Unternehmer und Rancher. João weiß, dass er seine spirituelle Arbeit nur ausüben kann, wenn er die Casa finanziell durch seine Geschäftsprojekte unterstützt. Er nimmt selten Urlaub, weil er sich, um seiner Mission nachzugehen, in einer Art „Dauerarbeitszyklus“ befindet. Medium João arbeitet jeden Mittwoch, Donnerstag und Freitag in der Casa. Mehrere Male im Jahr reist er zur Tochter-Casa im Süden Brasiliens und in andere Staaten. Er setzt sich Freitagabend ins Flugzeug, behandelt die Massen Samstag und Sonntag und fliegt am Montag nach Brasilia zurück, um am Mittwoch seinen Verpflichtungen in Abadiânia nachkommen zu können. João hat auch außerhalb Brasiliens viele Länder bereist (Peru, Portugal, Deutschland, Amerika, Griechenland, Neuseeland), ist aber immer für die Casa-Sitzungen nach Abadiânia zurückgekehrt.

Medium João ist 1,83 m groß und von stattlicher Statur. Er wirkt erhaben und demütig zugleich. Seine klaren, blauen Augen funkeln freudig. Manchmal verändern sie die Farbe, wenn er inkorporiert wird. Dann ändern sich auch manche seiner körperlichen Merkmale. Wenn er zum Beispiel von Dom Inácio inkorporiert wird, hinkt Medium João und greift nach einer Hand, um sich stützen zu lassen, während er spazieren geht (Dom Inácio trug im 16. Jahrhundert eine Schussverletzung durch eine Kanone davon). Die Augen von Dom Inácio haben ein viel kräftigeres und tieferes Blau als Medium Joãos Augen. Von der Wesenheit Dom Inácios geht eine solch unglaubliche Liebe aus, dass es selten Menschen gibt, die nicht vor Rührung weinen. Manchmal scheinen die Haare von Medium João kräftiger oder spärlicher zu sein, je nachdem wer ihn inkorporiert. Die Wesenheiten sind häufig an ihrem Charakter, ihrem Auftreten oder ihrem Dialekt zu erkennen. Sie haben ihre eigenen, einzigartigen Charaktere. Wesenheiten, die immer wieder inkorporieren, erkennt man oder sie geben sich oft selbst zu erkennen. Dr. Augusto stellt sich zum Beispiel ausdrücklich vor, indem er sagt: „Ich bin Dr. Augusto de Almeida!“ Andere Wesenheiten der Phalanx Dr. Augustos ehren ihn, wenn sie inkorporieren, indem sie in der altmodischen Sprache ausrufen: „Gegrüßet seist du, Dr. Augusto!“ Dr. Augusto scheint einen hohen Rang innezuhaben und von Mitgliedern seiner Gruppe respektiert zu werden. Einmal bat eine Wesenheit darum, von Karen fotografiert zu werden. Heather fragte: „Wie ist ihr Name, Vater?" Die Antwort lautete: „Liebe!" Ein anderes Mal wurde die Wesenheit nach ihrem Namen gefragt. und sie sagte: „Es spielt keine Rolle, wie ich heiße, denn ich gehöre zur Phalanx von Dom Inácio. Jedem *filho* der Casa wird die Ehre zuteil, Dom Inácio zu sehen. Ich hingegen bin noch nicht einmal würdig, vor ihm niederzuknien." Unserer Meinung nach handelte es sich bei dieser Wesenheit um eine hochentwickelte, selbstlose Seele, ohne jedes Streben nach Anerkennung. Wir wissen nicht viel darüber, wer all die 35 und mehr Wesenheiten sind. Das wenige, was wir über die Wesenheiten wissen, die am häufigsten inkorporieren, haben wir in Kapitel neun zusammengefasst. Es kommt auch vor, dass João von weiblichen Wesenheiten inkorporiert wird, seine Stimmlage ändert sich in diesen Fällen allerdings nicht. Manchmal wechseln die Wesenheiten mehrmals während einer einzigen Sitzung in und aus Joãos Körper. Nach dem anfänglichen „Ruck" der Inkorporation sind die Übergänge nahtlos, fast gleichzeitig und für Beobachter im Allgemeinen kaum wahrnehmbar.

Heather berichtet uns von einem besonderen Erlebnis mit den Wesenheiten:

Einmal sprach ich mit einer Wesenheit über die Krankheit „Lyme-Borreliose". Ich sagte, dass diese Krankheit durch eine kleine Zecke übertragen werde und ich fürchtete, dass sie zu einer Epidemie werden könnte. Da ich viele Menschen, einschließlich Kindern, kannte, die an dieser Krankheit litten, bat ich um Hilfe. Die Wesenheit sagte, sie werde eine spezielle Lotion anfertigen lassen und mir zeigen, wie diese anzuwenden sei. Sie bat mich, in der nächsten Woche wiederzukommen.

Als ich eine Woche später wieder vor der Wesenheit stand und sie nach der Lotion fragte, sagte sie mir nur, ich solle mich in den „Current" setzen. Mir wurde klar, dass diese Wesenheit nichts von meiner Anfrage bezüglich der Borreliose wusste. Es muss Dr. Oswaldo Cruz gewesen sein, der mit mir darüber gesprochen hatte, die Wesenheit heute war eine andere.

Bei meinem nächsten Casa-Besuch brachte ich das Foto einer betroffenen Person mit und legte es der Wesenheit vor. Als ich an der Reihe war, dachte ich im Stillen: *„Dr. Augusto ist der, der inkorporiert ist, aber es ist Dr. Cruz, der mir in dieser Angelegenheit helfen wollte.“* Ich zeigte ihm das Foto und trug meine Befürchtungen bzgl. der Lyme-Borreliose vor. Die Wesenheit gab mir ein Rezept und winkte mich durch. Ich war nicht mehr als drei Schritte gegangen, als er mich zurückrief. Die Wesenheiten hatten gewechselt, jetzt war es Dr. Oswaldo Cruz, der inkorporierte. Er sagte: „Du hast recht, meine Tochter. Ich bin es, nicht Dr. Augusto, der dir bei deinem Anliegen hilft. Ich gebe dir ein Rezept. Reib es auf die Haut und zwar so – [er demonstrierte wie] – aber behalte die Rezeptur für dich.“ Ich musste warten, bis Antão kam. Er gab Antão eine Liste mit Kräutern, die auf den Feldern zu finden waren und erklärte ihm genau, wie er einen Liter des Präparates herstellen sollte. Das Rezept für diese spezielle Lotion kann ich Ihnen tatsächlich nicht verraten. Manche Formeln, Rezepte und Mantras müssen geheim gehalten werden, da sie sonst ihre Heilkraft verlieren.

• • •

1987 erlitt Medium João einen Schlaganfall, der ihn teilweise halbseitig lähmte. Seine Augen schienen getrübt, seine Hände verkümmert, verhärtet und etwas deformiert. Wie dem auch sei, während jeder Inkorporation schien sein Körper so gesund wie vor dem Schlaganfall. Eines Tages inkorporierte eine Wesenheit Joãos Körper und operierte ihn mit einem Schnitt auf der linken Seite unterhalb des Brustkorbes. João erholte sich und sein Körper kehrte zu seinem normalen (heutigen) Gesundheitszustand zurück. Das erstaunliche an dieser Operation war, dass Medium João den Anblick von Blut eigentlich nicht ertragen kann und ihm schlecht davon wird. Ein Beweis dafür, dass er selbst, während er inkorporiert wird, nicht „anwesend" ist. Noch nicht einmal dann, wenn er sich selbst durch eine Wesenheit operiert.

Im Juli 2004 bat Medium João seinen Vertrauten und Freund Senhor Hamilton, der zu dieser Zeit in Goiâna lebte, die Position des Casa Managers zu übernehmen. Die Casa schätzt sich extrem glücklich Senhor Hamilton in dieser Position zu wissen. Als er dem Hilferuf seines Freundes folgte und nach Abadiânia zurückkehrte, hatte Senhor Hamilton bereits eine lange und erfolgreiche politische Karriere in wichtigen Positionen hinter sich.

Senhor Hamilton erzählt von Medium João:

Abadiânia verdankt seine Entwicklung und seinen Wohlstand einem außergewöhnlichen Mann. Der dringend notwendige Fortschritt und das Wachstum dieser Stadt sind einzig und allein der Anwesenheit Medium Joãos zuzuschreiben.

Die Einwohnerzahl ist rapide gestiegen, Häuser wurden gebaut und neue Geschäfte eröffnet. Medium João unterstützt viele Projekte in dieser Stadt, besonders die Polizei und die Sicherheit. Allein in den letzten zwei Jahren hat er der Zivilpolizei vier Motorräder geschenkt. Er spendet für Bedürftige, lässt Care-Pakete in der ganzen Region verteilen, stellt Kapital für Ausbildung und Bauprojekte zur Verfügung und bietet vielen einen sicheren Arbeitsplatz in der Casa, der Suppenküche und auf seinen Farmen. In diesem Jahr wird er noch eine zweite Suppenküche in der Nähe des Rathauses eröffnen.

Ich kenne und verstehe diesen freundlichen, großzügigen und komplexen Mann und denke, dass es für mich wichtig ist, an seiner Seite zu sein. Ich nehme diese Stelle an, weil ich meinen Freund verehre und liebe. Wir kennen einander seit mehr als dreißig Jahren. Seine Mission ist keine leichte und ich hoffe, ihm etwas von der Last abnehmen zu können.

Gesegnete Suppe

Als Aparecida Rosa Reis und ihr Mann Mario 1979 zur Behandlung in die Casa kamen, war Aparecida sterbenskrank und am Ende ihrer Kräfte. Sie verlor ständig Blut – die Ärzte hatten bei ihr Gebärmutter- und Eierstockkrebs diagnostiziert. Die Wesenheiten baten sie, für unbestimmte Zeit in Abadiânia zu bleiben, um geheilt zu werden. Sie mietete ein kleines Zimmer in der Nähe der Casa, in dem sie sich und ihren Mann versorgte. Sie kochte für ihr Leben gern.

Nach einer Weile begann sie, Gerichte zu Medium João zu schicken. João war von ihren Kochkünsten begeistert und wollte sie kennen lernen (die Wesenheiten behandelten sie wegen ihrer Krankheit, nicht er selbst. João ist, wie schon beschrieben, während den Sitzungen selbst nicht anwesend und kann sich somit auch nicht an diese erinnern). João bestand darauf, die Zutaten und Rezepte der Gerichte zu bekommen. Als Aparecida gesünder und kräftiger wurde, stattete João sie mit größeren Pfannen und Lebensmittelvorräten aus und lud sie ein, für die Mitglieder der Casa zu kochen. Ihre Gerichte schmeckten wunderbar. Sie verstand es, ausgewogen, gut und abwechslungsreich zu kochen. Sie kombinierte alles: Fleisch, Huhn, Reis, Bohnen und Gemüse. Ihr Essen war tatsächlich so köstlich, dass sich die Mitglieder des „Currents" eines Tages überaßen und träge und schläfrig in der Nachmittagssitzung saßen. Die Wesenheit ordnete daraufhin an, die schwere Mittagsmahlzeit gegen eine kräftige, leichter verdauliche Suppe auszutauschen. Seitdem gibt es nach den Vormittagssitzungen die Casa-Suppe.

Die letzten Worte, bevor die Wesenheiten Medium Joãos Körper verlassen, sind immer eine Art Einladung, um sicherzustellen, dass jeder Suppe und gesegnetes Wasser bekommt. Die Suppe ist nicht nur Casa-Besuchern vorbehalten, sie ist für jeden, der Hunger hat und essen möchte. Das Casa-Personal, die ehrenamtlichen Helfer und die Gäste von João werden extra versorgt und bekommen ein komplettes Mittagessen. João kann den Gedanken nicht ertragen, dass irgendjemand hungern muss – so ist immer reichlich Essen vorhanden. Es gibt einen Koch, der ausschließlich für die Zubereitung der Suppe zuständig ist. Das Gemüse wird am Dienstagmorgen geputzt – freiwillige Helfer sind immer herzlich willkommen! Um die ungefähre Zahl der Gäste abschätzen zu können, wirft der Koch jeden Morgen einen Blick auf die Wartereihen in der großen Halle und in die Current-Räume. Am Jahrestag des heiligen Ignatius wird er die Menge z.B. verdoppeln oder verdreifachen. Noch heute ist es dem Koch ein Rätsel, dass die Suppe, wenn er sie zuhause mit den gleichen Zutaten zubereitet, nie auch nur annähernd so schmeckt wie in der Casa. Die Suppe wird durch die Wesenheiten mit besonderen Energien versehen und ist deshalb auch ein Teil des Heilungsprozesses. Nach einer spirituellen Operation verordnen die Wesenheiten jedem Patienten, sich 24 Stunden in seinem Zimmer auszuruhen und die Pousada nicht zu verlassen. Sagen Sie im Hotel oder ihrer Pousada Bescheid, bevor Sie sich in ihr Zimmer zur Ruhe begeben. Sie müssen sich um nichts kümmern, man wird Ihnen Suppe auf ihr Zimmer bringen.

Außer der Suppe, die in der Casa angeboten wird, lässt Medium João in weiteren Suppenküchen an verschiedenen Orten Brasiliens mehr als 80 000 Teller Suppe jährlich an die Armen verteilen.

Medium João Teixeira de Faria fasst zusammen:

Vor mehr als 28 Jahren errichtete ich das Haus von Dom Inácio auf diesem Stück Land in Abadiânia – einem gesegneten

Fleckchen Erde, zu dem Gott mich führte, um meine Mission zu verwirklichen. Ich heile niemanden. Derjenige, der heilt, ist Gott. Ich bin nur ein Instrument in seinen Händen. Gott erlaubt den Wesenheiten des Lichtes, in seiner unendlichen Güte und Barmherzigkeit, euch, meinen Geschwistern, durch Heilung, Liebe und Trost zu dienen.

Ich habe einst Edelsteine geschürft und ich weiß, dass jeder Edelstein den Prozess des Schleifens und Polierens ertragen muss, um seine Schönheit zu offenbaren. Einem Edelstein im Rohzustand würde man keinen Wert beimessen; ist er aber poliert, wird seine Schönheit offenbart. Jede Tochter und jeder Sohn sind wie ein seltener Diamant. Sie müssen poliert und geschliffen werden, Schmerz und Leid ertragen, um ihre höhere Mission und ihr höheres Bewusstsein zu begreifen.

Die heutige Welt erfährt ständig extreme Veränderungen und großes Leid, deshalb müssen wir unseren Glauben und unser Vertrauen in ein höheres Wesen legen, in unseren Gott.
Zum Schluss möchte ich Ihnen als Botschaft die Worte Christi aus dem Johannes Evangelium (Kapitel 15, Vers 12) mit auf den Weg geben: „Das ist mein Gebot: Liebt einander, so wie ich euch geliebt habe."

6

DIE GROSSE HALLE UND DIE CURRENT-RÄUME

Egoismus bringt uns dazu, Konkurrenz in allem und jedem zu sehen. Brüderlichkeit stößt auf Gegenliebe und findet Gleichgesinnte überall.
– Chico Xavier

Die außergewöhnlichen Fähigkeiten und die Arbeit Joãos und der Phalanx von Wesenheiten, die ihn inkorporieren, wurden wissenschaftlich geprüft und studiert.[15] Fernsehdokumentationen, Mediapräsentationen und Bücher haben das Bewusstsein von Millionen von Menschen, die sonst vielleicht nie etwas über João gehört hätten, für dieses wunderbare Phänomen geweckt. Tausende von Menschen von überall auf der Welt reisen zu João, um ihn um Hilfe und Trost zu bitten. Sie kommen aus allen Gesellschaftsschichten und haben alle Arten von Beschwerden und Krankheiten, von denen viele als unheilbar oder als „im Endstadium" diagnostiziert wurden. Einige der Besucher sind auch auf der Suche nach geistigem Wachstum und Veränderung. Unzählige Ärzte, Wissenschaftler, Quantenphysiker, Politiker, Professoren, Schauspieler und

[15] Dr. Alfredina Arlete Savaris, post-graduate thesis (Doktorarbeit), "Curas Paranormais Realizadas por João Teixeira de Faria"; Robert Pellegrino-Estrich, The Miracle Man, chapter 11, "Scientific Observations".

Filmemacher aus aller Welt wurden von den Wesenheiten behandelt.

DIE GROSSE HALLE

Das Hauptgebäude der Casa ist ein großer Versammlungssaal. Mittwochs, donnerstags und freitags versammeln sich die Menschen um 8 Uhr und um 14 Uhr in der „Großen Halle". Da die Farbe Weiß die Sichtbarkeit des aurischen Feldes erhöht, sind die Menschen in Weiß gekleidet. Schwarz oder andere dunkle Farben erschweren es den Wesenheiten, unsere Körper anzusehen und sie zu heilen.

Sebastian eröffnet die Sitzung mit dem Gebet des Vaterunsers. Dieses universale Gebet dient als Mittel zur Einstimmung und Fokussierung. Das gemeinsame Gebet kreiert eine Energie, die sich ausbreitet und jeden Anwesenden erfüllt. Jedes einzelne Individuum ist wie ein Glied des Lichtes und der kreativen Lebenskraft. Man nennt sie auch: Licht, Prana, Chi oder Ki. Hundert Glieder werden zu einer starken Kette oder einem Strom des Lichtes. Das Wort *„corrente"* bedeutet im portugiesischen „Kette" oder „elektrischer Strom". Alle diejenigen, die zusammen beten und meditieren, sind Glieder dieser großen Kette. In der Casa wird dieser Prozess „den Strom halten" genannt. Wenn sich jeder Einzelne in seinem Gebet und der Meditation darauf konzentriert, können die Wesenheiten Kraft und Energie für die Heilung aus diesem Strom ziehen.

Konzentrieren Sie sich im höchstem Maße auf ihr Ansinnen, die Heilung und die Liebe, wenn Sie im Current-Raum[16] sitzen. Wenn

---

[16] Current = Strom/Strömung. Raum = Raum. Der 1. „Current-Raum" ist ein Raum gleich hinter dem der Zuschauer. In diesem Raum sitzen Medien, die durch Gebete und Meditation die Energieströme derjenigen von negativen Energien „reinigen", die durch diesen Raum gehen. Es gibt außer dem ersten noch weitere Current-Räume (s. Plan S. 80).

Sie das Gefühl haben, dass ihre Gedanken abschweifen, rufen Sie ihr eigenes höheres Selbst an. Die Wesenheiten sind ständig im Raum anwesend und helfen demjenigen, der Hilfe braucht. Fragen Sie im Inneren um Hilfe, wenn nötig. Halten Sie ihre Augen geschlossen und verschränken Sie weder Arme noch Beine. Die Wesenheiten nehmen durch das Verschränken von Armen oder Beinen einen Energieabfall wahr und es wird für sie schwieriger, ihre Arbeit zu tun. Wenn der Strom unkoordiniert oder schwach wird, kann er denjenigen Schmerzen bereiten, die gerade behandelt werden. Ebenso verursacht ein Energieabfall physische Schmerzen in Medium Joãos Körper und in den Körpern der Casa-Medien. Ein starker, konzentrierter Strom versetzt jeden von uns in ein Stadium des höheren Bewusstseins. Unterschiede zwischen Menschen werden belanglos, weil wir alle ein Stadium der Einheit erlangen. Auf diese Weise werden wir alle Teil einer wundervollen Entwicklung: Eine offene, andauernde Zusammenarbeit mit den Wesenheiten, in der unser Fokus auf eine einzige Absicht gerichtet ist – die Absicht, zum höchsten Nutzen aller zu dienen.

Sebastian bittet diejenigen, denen vorher gesagt wurde, dass sie eine spirituelle Operation erhalten würden, sich in einer Reihe aufzustellen. Er begleitet sie ins OP-Zimmer neben der Großen Halle. Dort sitzen die Menschen auf langen Bänken oder ruhen mit geschlossenen Augen auf Tragbahren. Unter der Anleitung der Casa-Medien bereiten sie sich auf die unsichtbare oder sichtbare Operation vor.

Während er das Gebet von Caritas rezitiert, wird João gewöhnlich in seinem Current-Raum und manchmal in der Großen Halle von einer Wesenheit inkorporiert. Wenn er in Trance fällt, verlässt ihn sein Bewusstsein und sein Körper wird zu einer „Hülle“ für die Wesenheiten. Während der Inkorporation unterscheiden sich seine Statur, sein Blick und seine Redensweise deutlich vom „normalen Mann“ João. Jeder, der in seiner Nähe ist, spürt die Kraft, die Liebe und die Güte, die durch ihn fließt. Als John of God erinnert uns João ständig daran, dass nicht er heilt, sondern Gott: „Ich heile niemanden; Gott ist der, der heilt. Ich bin nur sein Medium." Nach ungefähr zehn Minuten rezitiert die Wesenheit ein portugiesisches Gebet, geht in das OP-Zimmer und erklärt: „Im Namen Gottes, die Operation ist vollendet."

Die Wesenheit kehrt dann zum zweiten Current-Raum zurück und nimmt ihren Platz auf einem Holzschaukelstuhl ein. Neben ihr, auf einem einfachen Tisch, der als Altar dient, steht ein großer Kristall. In der Schublade des Tisches befindet sich das Instrumenten-Tablett für die sichtbaren Operationen. Die Wesenheit nimmt ihren Kugelschreiber und beginnt den Tag mit der Aufforderung: „Bringt mir die *filhos* der zweiten Reihe." Die Personen werden versammelt, gezählt und in den ersten Current-Raum begleitet.

DER ERSTE CURRENT-RAUM: SCHULE DER MEDIEN

Der erste Current-Raum wird häufig *Schule der Medien* genannt. In diesem Raum erlernen Teilnehmer Licht zu leiten und spirituellen Raum für sich selbst und andere zu erschaffen oder diese Fähigkeiten zu verbessern. Dieser Prozess findet statt, während sie Energie erhalten und weitergeben. Die Casa-Medien helfen Besuchern durch Bildsprache und Gebete, sich auf ihr Anliegen zu konzentrieren und ihr spirituelles Bewusstsein für diese Arbeit zu vertiefen. Die meisten Casa-Medien leben in der Nähe der Casa, wurden geheilt und sind zurückgekehrt, um der Casa zu dienen. Es gibt etwa 60 Medien in der Casa, die auf diese Weise dienen und so den Energiestrom dauerhaft aufrecht erhalten.

Das Durchschreiten des ersten Current-Raumes ist wie das Betreten einer „spirituellen Waschmaschine"; jeder wird im geistigen Licht gebadet. Das energetische Feld jeder Person wird auf allen Niveaus gereinigt, während sie beginnt, sich auf die hohe Frequenz des Stroms einzustimmen. Das ist für jeden die Zeit, in sein Herz zu blicken und Vorsätze für die Heilung zu fassen. Es ist die Zeit, in der man die Wesenheiten bittet, „die Wurzel allen Übels", den Grund für die Blockade der Gesundheit und Lebenskraft, zu finden. Mit dieser einfachen Bitte um Hilfe wird den Wesenheiten die Erlaubnis gegeben, ihre spirituelle Arbeit in Anlehnung an das Streben jedes Einzelnen nach Ganzheit zu beginnen. Heilung findet nicht statt, während Sie in der Wartereihe oder vor der Wesenheit stehen. Sie findet statt, während Sie im Current sitzen. Sie haben die Augen geschlossen und konzentrieren sich mit Geist und Seele darauf, mit der Energiequelle in Verbindung zu treten. Jeder von uns wird, während wir im Current sitzen, durch die direkte Offenbarung der Wesenheiten gestärkt. Durch die Wesenheiten bekommen wir die Gelegenheit, unser Bewusstsein und unser individuelles Wahrnehmungsvermögen durch Gebet und Meditation zu entwickeln: still sein und mit unserem inneren Verstand in Verbindung treten. Die Informationen, die wir für unsere Heilung benötigen, erreichen uns auf verschiedene Weise: Durch Visionen (Hellsehen), Töne (Hellhörigkeit), Farben, Düfte, Vibrationen und sogar Erinnerungen. Während wir lernen, diese Informationen wahrzunehmen und dieser Kommunikation zu vertrauen, werden wir von den Wesenheiten geleitet und wir werden mit unserer eigenen Gottheit in Verbindung treten. Die Entwicklung dieses Bewusstseins ist der Grundstein für Heilung. Viele Menschen kehren mit einem inneren Frieden aus der Casa zurück, der ihnen vorher fremd war. Jeder hat durch die Erfahrungen vor Ort gelernt, die Last der physischen oder emotionalen Beschwerden abzulegen.

DER ZWEITE CURRENT-RAUM: CURRENT-RAUM DER WESENHEIT

Einer nach dem anderen tritt vor João und wird von der Wesenheit, die die Heilung vornehmen wird, „gescannt". Die Wesenheiten betrachten jeden Menschen wie ein Hologramm, sie nehmen ihn als Energie war. Die Wesenheiten haben so direkten Zugang zu jedem Lebens- oder Krankheitsabschnitt (körperlich, emotional, spirituell) der betreffenden Person. Für die Wesenheiten ist jede Krankheit zunächst eine Erkrankung der Seele. Manche erfahren unmittelbare Heilung, bei anderen stellt sich die Heilung mit der Zeit ein. Für die meisten Menschen reicht ein Casa-Besuch nicht aus. Mit der Erlaubnis der zu behandelnden Person und nur zu deren Wohl beginnen die Wesenheiten den Heilungsprozess auf allen Ebenen. Es liegt an uns, Verantwortung für unser Handeln zu übernehmen. Nur durch unseren Willen, zu vertrauen und uns hinzugeben, wird eine Heilung möglich sein. Ein Zitat Joãos: „Was hier geschieht, hat nichts mit einem Wunder zu tun. Alles was wir tun, ist Gottes Liebe zu praktizieren."

Entweder verschreibt Ihnen die Wesenheit Passiflora-Kapseln, fordert Sie auf, in einem der Current-Räume zu meditieren oder bereitet Sie auf eine Operation vor. Diese Vorbereitung kann eine Kristallbett-Sitzung, die Meditation in einem der Current-Räume oder einen Besuch des Wasserfalls beinhalten (s. Kapitel 7). Die permanente Anwesenheit einer Person im Current-Raum der Wesenheiten findet nur auf ausdrückliche Anweisung durch diese statt. Die Aufforderung, sich in den Current-Raum zu begeben, gilt für gewöhnlich für 24 Stunden. Danach begeben sich die Besucher für weitere Anweisungen in die zweite Wartereihe. Casa-Medien werden oft angewiesen, für einen längeren Zeitraum im Current-Raum der Wesenheiten zu sitzen. Es kommt vor, dass sie von der Wesenheit gebeten werden, im OP-Current oder im ersten Current zu sitzen. Jeder dieser Räume (s. Plan S. 80) ist gleichermaßen bedeutend und unabdingbar, um die Balance, die Harmonie und die hohe, für die Heilung notwendige Energiefrequenz aufrecht zu erhalten. Aus Respekt gegenüber der Wesenheit und um einen größtmöglichen Heilungserfolg zu erzielen, ist es wichtig, die Regeln zu beachten und sich in genau den Current-Raum zu setzen, der einem zugewiesen wird.

Der Current-Raum ist vergleichbar mit einem Saal für ganz besondere Anlässe. Die Wesenheiten haben für diesen besonderen Raum Regeln aufgestellt. Diese sollten aus verschiedenen Gründen genauestens eingehalten und respektiert werden. Ein wichtiger Grund ist die Tatsache, dass die Konzentration in diesen Räumen unbedingt auf einem konstanten Level gehalten werden muss. Einmal stand die Wesenheit auf, zog in den kleinen OP um, setzte sich dort auf die harte Bank, nahm sich von dort aus der Besucher an und stellte Rezepte aus. Als man sie fragte, ob mit dem anderen Raum etwas nicht in Ordnung sei, sagte sie: „Die Medien sind überhaupt nicht bei der Sache. Offene Augen, keine Konzentration, kein Fokus. Deswegen arbeite ich jetzt von hier aus. Die Energie ist hier besser und stärker."

Nachdem Sie einmal vor die Wesenheiten getreten sind, gehen diese zum „fine-tuning" an Ihnen über, egal wo Sie sind oder in welchem Current-Raum Sie sitzen. Die Behandlung dauert an, auch wenn Sie beispielsweise in ihrem Hotelzimmer sitzen oder wieder zuhause sind. Sie können die Verbindung zu den Wesenheiten jederzeit durch Gebet und Meditation wiederherstellen – Sie sind nie alleine. Die spirituelle Casa-Familie wird Sie überall auf der Welt begleiten.

DIE VRBINDUNG ZUM „CURRENT"

Während sich die Menschen und Medien in den Current-Räumen aufhalten, herrscht in diesen Räumen eine Hochfrequenz an Energie. Die positiven Gedanken und Gebete der Medien unterstützen die Anwesenden dabei, in Resonanz und Einklang mit dem göttlichen Bewusstsein zu gelangen. Konzentrieren Sie sich auf etwas Schönes und Gesundes, statt sich auf Krankheit und Schmerzen zu konzentrieren. Stellen Sie sich selbst gesund und glücklich vor; tanzend, spielend, singend oder wie Sie am Strand entlang laufen. Stellen Sie sich alle Dinge vor, die Sie gerne tun würden. Kreieren Sie mit allen Sinnen ein mentales Bild, eine Vision in der ihre Wünsche schon Wirklichkeit sind. Kräftigen Sie dieses mentale Bild und gleichen Sie jede Disharmonie aus, indem Sie sich auf etwas konzentrieren, dass Ihnen Freude bereitet. Sie werden lächeln und ein inneres Hochgefühl verspüren. Es ist diese innere Freude, die ihr Bewusstsein in göttliche Schwingung versetzt. Sobald Sie im Zustand dieser harmonischen Schwingung sind, konzentrieren Sie sich darauf, Gottesenergie zu erhalten und weiterzugeben. Konstatieren Sie, dass ihre Heilung bereits stattfindet. Positive Gedanken und Images stärken den Current enorm und helfen den Wesenheiten, die sich für ihre Arbeit auf diese Energie stützen.

Der Current ist wie ein Orchester, das eine exquisite Symphonie spielt. Die Wesenheit ist der Dirigent, der uns leitet, während wir in perfekter Einstimmung miteinander musizieren. Sobald jemand seine Arme oder Beine verschränkt oder die Augen öffnet, wird diese Harmonie unterbrochen – das Orchester kommt aus dem Takt. Erzwingen Sie nichts und ärgern Sie sich nicht über sich, falls sie einmal „aus dem Takt“ kommen. Gehen Sie leise aus dem Raum und setzen Sie sich im Garten auf eine Bank oder unter einen Baum. Nehmen Sie die frische Luft wahr, die verschiedenen Düfte der Umgebung, die singenden Vögel. Nehmen Sie durch die Natur den Kontakt zum Current wieder auf. Schließen Sie ihre Augen und stellen Sie sich vor, wie Sie unter einem kühlen Wasserfall aus Licht stehen und sich erfrischen. Das Licht fließt durch alle ihre Zellen und verbindet Sie wieder mit dem Current. Auf diese Weise werden Sie das nächste Mal, wenn Sie im Current-Raum sitzen, ein noch feiner gestimmtes Instrument sein. Vergessen Sie nicht, dass jede Unbequemlichkeit, die Sie erfahren, durch die Wesenheiten aktiviert worden sein kann, um Ihnen zu helfen, sich mit ihrem emotionalen Schmerz auseinanderzusetzen.[17]

DER OPERATIONS-RAUM

Es gibt zwei Arten von spirituellen Operationen: unsichtbare und sichtbare Operationen. Die sichtbaren Operationen finden in einem Operationsraum statt. Während der unsichtbaren Operation wird der Körper nicht physisch berührt. Die meisten Menschen entscheiden sich daher eher für diese Art der Operation. Für die sichtbare Operation gibt es folgende Kriterien: Die Person muss volljährig (18 Jahre), aber nicht älter als 53 Jahre alt sein. Personen, die an Epilepsie, Diabetes oder Herzerkrankungen leiden, Chemotherapie oder Strahlenbehandlungen bekommen, werden nicht sichtbar operiert. Es gibt keinen Unterschied zwischen den Ergebnissen der sichtbaren und der unsichtbaren Operationen. Diejenigen, die sich freiwillig für eine unsichtbare Operation melden, stellen fest, dass sie sich mit dem Heilungsprozess schwerer tun, weil ihnen der greifbare Beweis für die OP fehlt. Es können bis zu neun Operationen gleichzeitig von den Wesenheiten durchgeführt werden. Es gibt verschiedene Typen von sichtbaren Operationen. So wird z. B. eine Klemme in die Nase eingeführt. Die Klemme wurde zuvor mit einem Wattebausch umwickelt und mit gesegnetem Wasser getränkt. Bei einer anderen Art der Operation wird die Hornhaut des Auges mit

[17] Für diejenigen, die einen Casa-Besuch planen, finden sich weitere Tipps zum Thema „Verbindung zum Current halten“ in Kapitel 7 („Gebete, Mittel und Methoden“).

einem Messer abgeschabt. Da im Auge das komplette Körpersystem vertreten ist, wird dieser Operationstyp nicht nur angewendet, um Augenbeschwerden zu behandeln. Das Abschaben des Auges kann andere Teile des Körpers heilen. Die Wesenheit sagt, sie hole tief aus der Seele Schmutz, der sich auf der Hornhaut „materialisiert“. Während einer sichtbaren Operation entfernen die Wesenheiten auch Geschwülste. Personen, die diese Art von Behandlung erhalten, fühlen keinen Schmerz.

ERSTE REIHE – ZWEITE REIHE – REVISIONS REIHE

Die *Erste Reihe* ist für Menschen, die zum ersten Mal vor die Wesenheit treten. Die *Zweite Reihe* ist für diejenigen, die schon einmal von der Wesenheit gesehen wurden. Stellen Sie sich nach ihrer ersten Sitzung mit der Wesenheit immer in die zweite Reihe. Wenn Sie nicht persönlich in der Casa waren, aber jemand anderer ihr Bild bei der Wesenheit vorgelegt hat, werden Sie als „betrachtet und behandelt“ eingestuft und stellen sich gleich in die zweite Reihe. Die Reihen um 8 Uhr und um 14 Uhr sind Reihen für diejenigen, die in ihrer letzten Sitzung von der Wesenheit gebeten wurden, zu dieser spezifischen Zeit zurückzukehren. Dafür gibt es verschiedene Gründe. Zum einen kann es sein, dass eine andere Wesenheit die betreffende Person sehen möchte und zum andern, dass die Reihen gekürzt bzw. geteilt werden, um die Arbeit zu beschleunigen und dadurch den Körper des Mediums João zu entlasten. Die dritte Reihe ist die *Revisionsreihe*. Diese Reihe ist für diejenigen, die sichtbare oder unsichtbare Operationen erhalten haben und nach acht Tagen zur Kontrolle zurückkehren. Dieses Verfahren erlaubt den Wesenheiten zu sehen, wie weit die Heilung fortgeschritten ist, Fäden zu ziehen und Therapiemaßnahmen anzupassen, falls dies erforderlich

Vermerk der Herausgeberin: Die Unschärfe mancher Bilder ist nicht auf eine falsch oder unscharf eingestellte Kamera zurückzuführen, sondern resultiert aus spiritueller Energie, die fotografisch festgehalten wurde. Die ganze Bilderserie der Casa finden sie auf: www.beyondword.com oder www.worthathousandwords.info

João Teixeira de Faria wurde im Dorf von Cachoeira da Fumaça, in Goiás (heute Cachoeira de Goiás) Brasilien geboren. Das Foto zeigt João mit etwa 17 Jahren in den Anfängen seiner Heilungsmission.

Medium João Mitte 30, an der Seite seiner Mutter, Dona Luca, auf dem Weg zur Kirche. João stand seiner Mutter sehr nahe.

Ana Keyla Teixeira Lorenço, Medium Joãos Frau. Ana widmet ihr Leben ganz der Unterstützung ihres Mannes, seiner Mission und der Casa.

Medium João am Wassermelonenstand in seiner Heimatstadt Itapaçi, vier Stunden von Abadiânia entfernt.

Medium Joãos Elternhaus.

Medium João bei der „Hausarbeit“ in seinem Haus in Anápolis.

Medium João flickt und näht Anas Kleider auf einer Nähmaschine, die er nach 35 Jahren zurückgekauft hat.

Der üppige, tropische Garten der Casa. Hier können Besucher in besinnlicher Atmosphäre meditieren.

Blick vom Aussichtspunkt der Casa.

Auf ausdrücklichen Wunsch von Dr. Augusto de Almeida wurde der Heilige Wasserfall (der sonst nicht fotografiert werden darf) fotografiert, um die abstrahlende Energie für jeden sichtbar zu machen.

Der Stuhl, auf dem Medium João sitzt, während Millionen von Menschen ihn konsultieren.

Medium João hält Martins Hand, während er von einer Wesenheit inkorporiert wird.

Medium João wird von einer Wesenheit inkorporiert. Sein Körper bebt, während die Wesenheit davon Besitz ergreift und sein eigenes Bewusstsein ihn vorübergehend verlässt.

Dr. August sagt, dass dieses Bild die Kraft des Kristalles, der in 12 Metern Tiefe unter der Casa liegt, widerspiegelt.

Heather Cumming übersetzt für Medium João und eine Casa-Besucherin, die ein Baby in den Armen hält. Dieses Foto ist nicht unscharf, sondern fängt die Energien ein, die für die Heilung notwendig sind.

Das Dreieck in der großen Halle.
Durch dieses Dreieck können Menschen in ihren Gebeten und Wünschen mit den Wesenheiten in Verbindung treten. Menschen legen ihre Stirn in die Mitte des Dreiecks und beten („man kann den Himmel fühlen und die Erde berühren, während eine Quelle des Lichts einen durchströmt“).

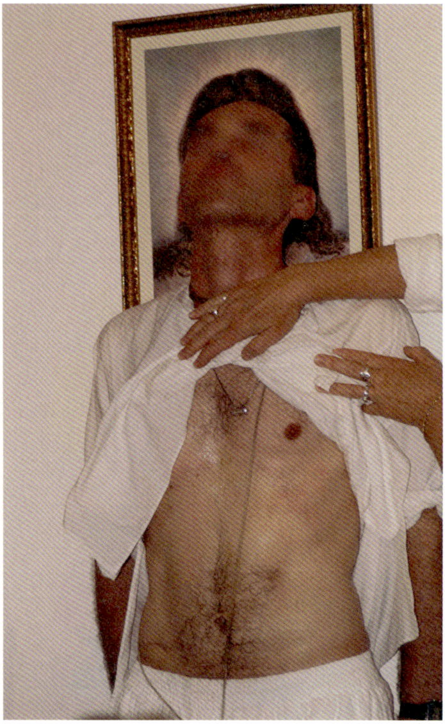

Das erste Bild einer Operationsserie, auf dem die Heilenergie, die den Körper während einer Operation durchfließt, zu sehen ist.

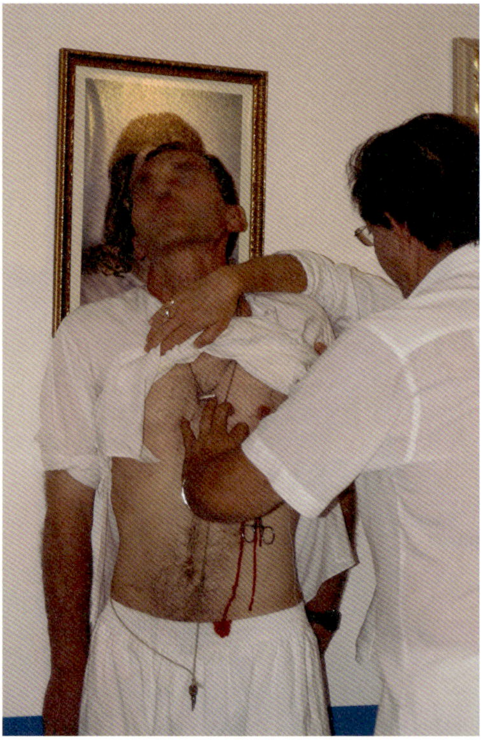

Als die Wesenheit die Operation beginnt, strahlt ein gelbliches Licht vom Jesusbild hinter dem Patienten ab.

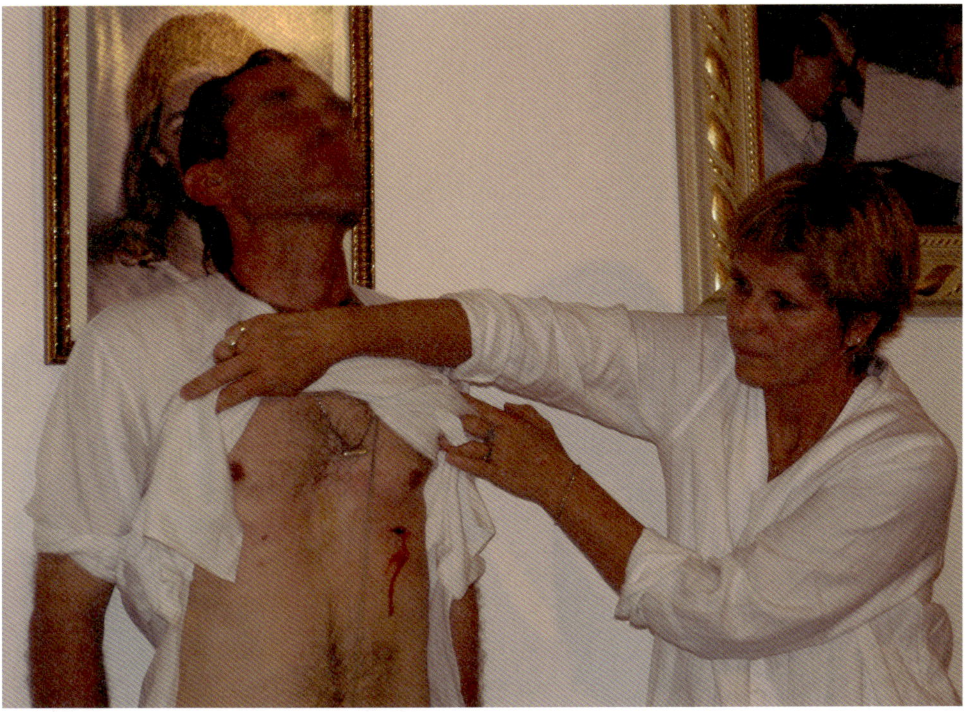

Das Licht über dem Gesicht des Patienten zieht sich zurück, nachdem die Operation beendet ist.

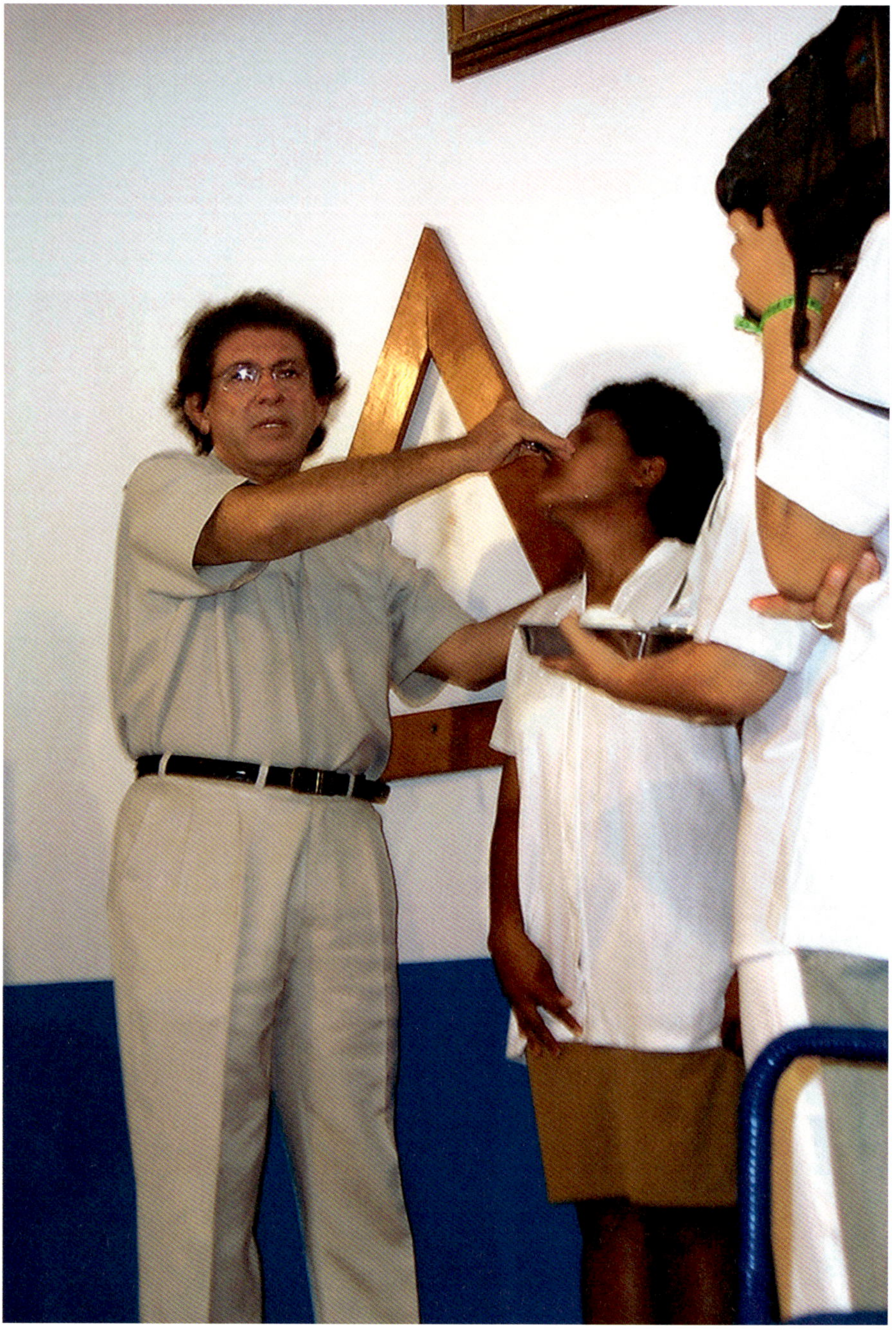

Der gefasste Gesichtsausdruck der Patientin zeigt, dass sie keine Schmerzen empfindet, obwohl die Wesenheit eine 6-Zoll-Kelly-Klemme in ihre Nase einführt. Die Kelly-Klemme wurde zuvor mit einem Wattebausch umwickelt und mit gesegnetem Wasser getränkt.

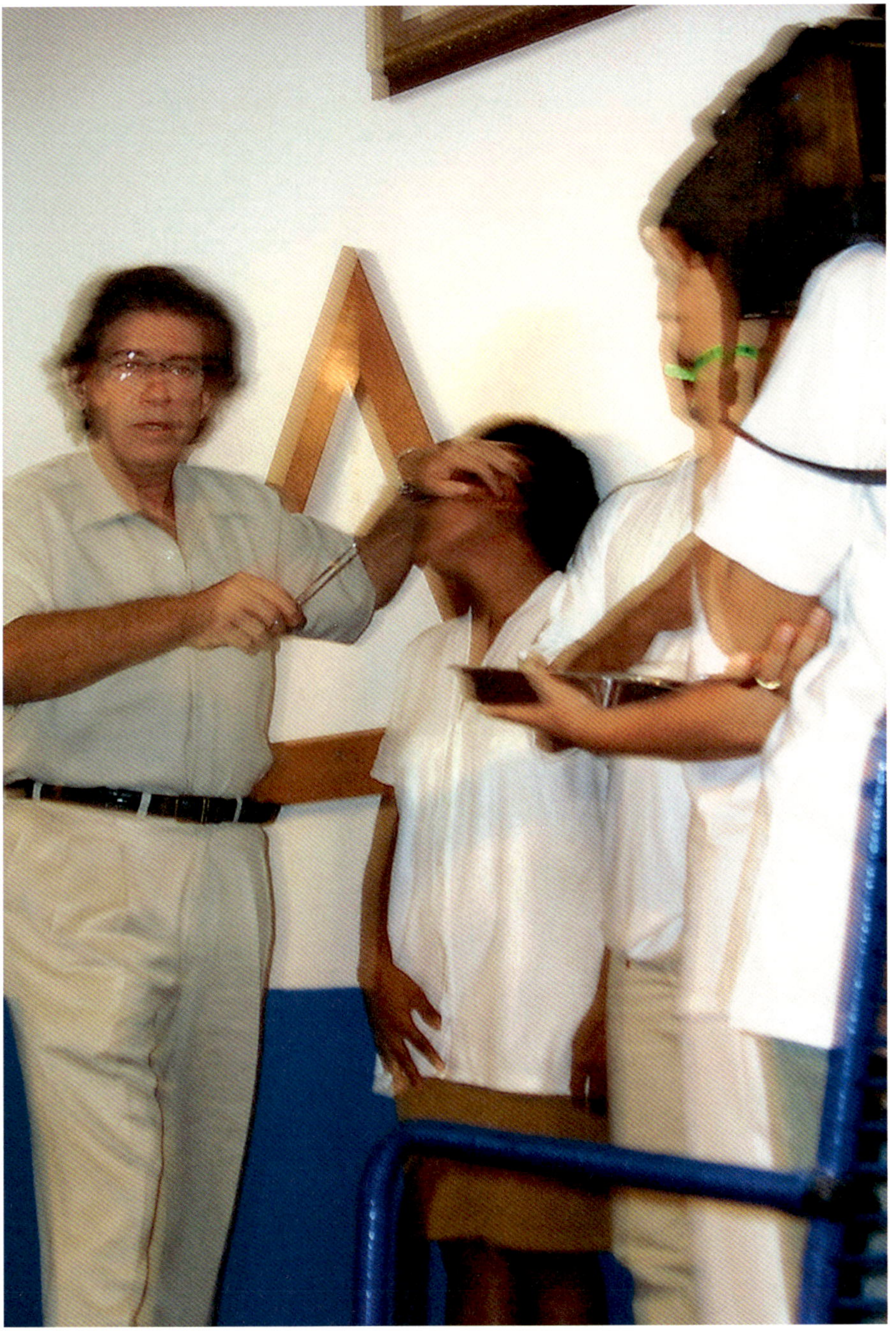

Während der Entfernung der Kelly-Klemme wird sichtbar, wie die Energie von der Hand der Wesenheit abstrahlt. Die Wesenheiten bestätigen, dass mit einem Eingriff dieser Art bis zu neun verschiedene Krankheitsbilder behandelt werden können.

Francis Xavier wäscht sich die Hände nach einer Operation. Manchmal ist das Blut von den Händen schon verschwunden, bevor die Wesenheit dazu kommt, sich die Hände zu waschen.

Die Wesenheit Dr. Augusto
bei der Arbeit.

Sirlei Lerners Altargemälde von Dom Inácio, welches über dem Stuhl der Wesenheit hängt (s. Sirlei Lerner in Kapitel 10).

Portrait von Dr. Augusto de Almeida aus seinem früheren Leben. Dr. Augusto wechselte 1908 in die spirituelle Welt (s. Kapitel 9, „Spiritismus der Wesenheiten“).

Etwa 2.500 Menschen warten, um bei der Wesenheit vorsprechen zu dürfen.
USA, Atlanta, Georgia, April 2006

Der Current-Raum in Atlanta, Georgia, April 2006.
Hier sitzen Menschen, um Heilenergie zu erhalten oder zu senden.

ist. Dieses Procedere ist der postoperativen Kontrolle durch medizinische Ärzte ähnlich. Die Wesenheiten betonen, dass sie mit der westlichen Medizin zusammenarbeiten. Auf keinen Fall soll ein Patient die laufende Behandlung, die ihm durch einen medizinischen Arzt verordnet wurde, unterbrechen oder abbrechen. Die Wesenheiten verlangen, dass der Patient sich weiterhin genauestens an die Anweisungen des *„Erdarztes“* (so nennen die Wesenheiten die weltlichen Ärzte) hält.

EIN TAG IN DEN CURRENT-RÄUMEN

Ich schenke ihnen Gesundheit. Gott schenkt ihnen das Leben.

– Dr. Augusto de Almeida

Heather erzählt persönlich erlebte Heilungsgeschichten aus ihrem Tagebuch:

An diesem Morgen hatte ich eine Stellvertreter-Operation für eine Freundin.

Die Wesenheit sagte mir, ich solle mich in den zweiten „Current“ setzen und mich auf meine Freundin konzentrieren. Ich begann zu beten und bat um Reinigung, dankte den Wesenheiten und bat darum, ein Kanal für Gottes heilsames Lichtes sein zu dürfen. Ich hielt einen Zettel mit dem Namen und der Adresse meiner Freundin in der Hand. Ich begann, mich auf sie zu konzentrieren. Ich dankte den Wesenheiten für die Heilung, die sie sicher bereits erhielt. Energie begann durch meine Hand zu strömen und ich fühlte eine tiefe Woge von Emotionen, während ich mich weiterhin auf sie konzentrierte.

In diesem Moment inkorporierte Dr. Augusto de Almeida und gab sich zu erkennen. Ich hörte ihn sprechen, aber er schien sehr weit weg. Die Energie im Raum war stark. Energiewellen liefen durch meinen Körper in meine Hand. Ich sah, wie strahlende Farben den Körper meiner Freundin durchfluteten. Ich nahm die Wesenheit, die vor mir stand, genau in dem Moment wahr, als sie sagte, die Operation sei abgeschlossen.

Vor drei Jahren hatte Dr. Augusto das Foto meiner Freundin mit einem „X“ gekennzeichnet und ihr dadurch bedeutet, dass sie nach Brasilien kommen sollte. Als die Wesenheit ihr Foto das zweite Mal sah, sagte sie wieder, sie müsse in die Casa kommen. Ich spürte, dass die Wesenheit Dr. Augusto war. Er blieb für ungefähr vier Minuten vor mir stehen, dann sagte er: „Absicht und Fokus.“ Wieder durchliefen Energiewellen meinen Körper und meine Hand – leuchtende Farben durchfluteten mich.

„Wie geht es ihr? Möchtest du sie gerne jetzt oder später anrufen? Später wäre besser. Schicke ihr weiterhin Energie!“ Er sagte das nachdrücklich, aber in seiner Stimme schwang ein sehr liebevoller Unterton mit. „Nimm ihr drei Flaschen gesegnetes Wasser mit. Sie hat ihre Krankheit zehn bis zwölf Jahre lang ausgebrütet. Wir vollbringen hier keine Wunder, die Heilung deiner Freundin wird Zeit in Anspruch nehmen. Ernährung ist in ihrem Fall sehr wichtig. Wasche das Gemüse und die Früchte gründlich vor dem Verzehr – niemand tut das gründlich genug. Über der Casa gibt es ein Krankenhaus. Die Wesenheiten helfen jedem, nicht nur denjenigen, denen eine OP bevorsteht. Alle *filhos* der Casa und die Medien erhalten Energie. Ich schenke ihnen Gesundheit. Gott schenkt ihnen das Leben. Wissen Sie, wer ich bin? Ich bin Dr. Augusto de Almeida. Du kannst die *filhos* der zweiten Reihe rufen.“ Ich weinte, überwältigt von Liebe, während er sich entfernte, um seinen Platz einzunehmen. Ich glaube, dass die Wesenheiten den Ausdruck der Dankbarkeit in unseren Herzen hören, für die wir keine Worte finden können.

Ich stand auf, um Tânia zu helfen. Tânia ist eines der Casa-Medien und Leiterin des Current-Raums. Sie hatte einen Autounfall und wäre eigentlich gelähmt. Als sie in der Casa ankam, litt sie unter qualvollen Rückenschmerzen nach einer komplizierten Wirbelsäulenoperation. Jetzt arbeitet sie in der Casa in einer sehr verantwortungsvollen Position und erfährt gleichzeitig Heilung. Sie *steht* in der Nähe der Wesenheit und assistiert je nach Bedarf und Situation. Sie ist ein hochentwickeltes Medium und hat die Fähigkeit, Energie besonders gut zu sehen oder zu spüren. Außer ihr gibt es noch weitere freiwillige Casa-Medien in leitender Position. Manche von ihnen leben nicht in Abadiânia. Die Medien wechseln sich ab. Nachdem die Current-Sitzung beendet ist, geht die Leiterin/der Leiter (in diesem Fall Tânia) in einen anderen Raum, um dort z.B. die Instrumente zu reinigen und weitere Anweisungen der Wesenheit entgegenzunehmen. Sie nimmt den Korb mit den Fotos und Zetteln, die unter dem Dreieck (s. Kapitel 7) gesammelt werden, und vor dem viele Menschen beten, und bringt sie in einen speziellen Raum, in dem sich die Wesenheiten der Hilfegesuche annehmen. Tânia bereitet diesen Raum jeden Tag mittels Gebeten und Energie vor.

Der Tag geht weiter:
Es war wieder einmal ein langer Morgen für die Wesenheit und Medium Joãos Körper. Sechs Busse kamen aus dem Süden, für die Reisenden eine mehr als dreißigstündige Reise. Es fanden sehr viele Heilungen statt. Die ansonsten eher ruhigen Konsultationen wurden hin und wieder durch gewaltigen Lärm unterbrochen, verursacht durch Gehstöcke oder Krücken, welche die Wesenheit den Kranken abnahm und quer durch den Raum warf. Es gab „wunderbare" Momente, Dankbarkeit und Anteilnahme strömten in den dreieinhalb Stunden der Sitzung durch den Raum. Während man eine solche Sitzung miterlebt, scheint alles, was passiert, real und unvergesslich. Wenn man dieses Gefühl allerdings nicht zeitnah schriftlich festhält, scheint es einem bald surreal oder wie ein Traum.

Als nächste war eine Frau mit einem großen Überbein am rechten Handgelenk an der Reihe. Als sie vor der Wesenheit (Dr. José Valdivino) stand, verlangte diese nach ihren Instrumenten. Tânia nahm das Instrumenten-Tablett und gab mir den Behälter mit der Watte in die eine und den Behälter mit dem gesegneten Wasser in die andere Hand. Die Wesenheit massierte die Stelle mit dem Überbein sanft, rief uns zu sich an ihre linke Seite, griff nach dem Skalpell und entfernte das sterile Papier. Sie nahm das Skalpell und begann das Überbein, das zuvor noch hart wie Stein gewesen war, zu entfernen. Sie legte das Skalpell beiseite und drückte die Wunde aus, bis Eiter, Blut und dann Gewebeklumpen herauskamen. Dann wischte sie die Wunde mit einem Handtuch sauber aus und bat Tânia um chirurgisches Tape. Tânia brachte den Tape-Behälter und begann ein Stück Tape herauszuziehen.

„Dieses Tape ist nicht mehr steril", sagte Dr. Valdivino. „Wusstest du, dass nur Medium Joãos Hände und Körper steril sind?"

Tânia reichte ihm ein Wundpflaster, aber schon während sie das Papier vom Pflaster abzog, sagte er, auch dieses sei nicht steril. Dann fragte er: „Und, was jetzt?" Wir waren beide verwirrt. Es war bislang das normale Procedere gewesen, dass Tânia ihm nach der Operation das Tape reichte. Es herrschte unangenehmes Schweigen. Er beobachtete uns und wartete auf eine Antwort.

Ich sagte: „Ich könnte den Deckel des Behälters halten, es Ihnen reichen und Sie ziehen das Tape heraus?"

„Ja, das geht und jetzt gib mir Wund-Gaze, *filha* Tânia." Er schnitt ein Stück Gaze ab und legte es auf die Wunde. Die Wunde war jetzt völlig flach und der Schnitt kaum zu sehen. Er bat mich, meinen Daumen und die drei mittleren Finger für ein paar Sekunden aneinander zu reiben, dann legte er seinen Zeigefinger auf meinen Zeigefinger. „So, jetzt sind deine Finger steril und du kannst die Gaze halten". Dann schnitt er ein Stück

Tape ab. Ich nahm meinen Finger von der Wunde, sodass er die Gaze mit dem Tape fixieren konnte. Als ich ihm die Schüssel und ein Handtuch zum Händewaschen reichte, bemerkte ich, dass das Blut an seinen Händen bereits verschwunden war. Er lächelte und wusch sich die Hände.

„Pronto. Acabou. Sentiu dor?“ (So, fertig. Hat es weh getan?) Die weinende Frau küsste seine Hände – sie hatte keinerlei Schmerz gespürt.

Tânia und ich nahmen an, dass die Wesenheit eine Nachricht an jemanden, vielleicht an einen Arzt sandte, der im Current-Raum gesessen hatte. Vielleicht ein Skeptiker, der erzählt hatte, dass nur der Körper des Mediums steril sei, nicht aber der des Assistenten. Die Wesenheit hatte sich sicherlich nicht ohne Grund so klar und deutlich geäußert – ganz sicher aber, um Medium João zu schützen.

Während der Mittagspause hatte ich die Ehre, Dona Margarida zu treffen. Sie und Sebastian verbrachten die Zeit damit, Geschichten über die alten Zeiten zu erzählen.

Dona Margarida erzählt:

Als João mit seiner Arbeit begann, mussten wir immer wieder umziehen, um den Behörden zu entkommen. Damals nahm er sich noch viel Zeit für jede einzelne Person. Es gab nicht so viele Besucher, wie das heute der Fall ist. Vierzig Menschen, die bei den Wesenheiten vorsprachen und individuell operiert wurden, nahmen den ganzen Tag in Anspruch. Ich sehne mich nach den alten Zeiten. Heute lächelte mir die Wesenheit flüchtig zu. Sie sagte mir, dass ich mich nie in der Reihe anzustellen brauchte, weil ich schon seit so vielen Jahren bei ihr sei. Sie sagte zu Sebastian, er solle mich am Anfang der Sitzung zu ihr nach oben bringen.

In den frühen Tagen der Casa war ich dort Köchin. Manchmal hatten wir nur ein Ei und ein wenig Reis für uns alle. Es war schwierig, abwechslungsreich zu kochen. Eine Zeitlang praktizierte João in einem winzigen Haus mit einer Mini-Küche und zwei Räumen, in denen er arbeitete. Sebastian, kannst du dich an die überfluteten Toiletten erinnern? Es gab nur eine Toilette für alle. Selbst Medium João schleppte Eimer mit der übelriechenden Brühe und schüttete sie in die Grube. Später sagte er, wir sollten uns ausruhen, während er uns das wunderbarste Mittagessen kochte. Er ist ein großartiger Koch! Er versteht es, aus Resten ein köstliches Essen zu machen und sein Reis ist der beste, den ich jemals gegessen habe.

Nachts schliefen wir alle auf Matratzen auf dem Fußboden. „Eines Tages", versprach er uns, „werde ich einen Platz auf einem ruhigen Grundstück für uns finden, wo wir arbeiten können und keiner uns wegjagen wird." Bald darauf zog Medium João nach Abadiânia, einem ruhigen Ort im *mato* (im Busch), so wie er es gesagt hatte. Ich bin so glücklich, ihn jetzt hier zu wissen, wo er in Sicherheit arbeiten und so vielen Menschen helfen kann. Sein Traum wurde Wirklichkeit. Es war für uns kaum vorstellbar, dass es einmal so sein würde – Ende mit dem ständigen Versteckspiel und der Armut. Gott wird weiterhin für uns da sein und uns helfen. Dennoch vermisse ich die guten alten Tage und all den Spaß, den wir hatten.

Sebastian erzählt:

Ich erinnere mich an die Wartereihen mit Hunderten von Leuten, der Behandlungsraum war sehr klein. Jede Operation war individuell und es dauerte viele Stunden, bis jeder behandelt war. Wir hatten nicht die Infrastruktur, die wir jetzt haben. Die Große Halle war klein und es gab keine Sitzgelegenheit, sie war bis an den Rand gefüllt und die Menschen bildeten Schlangen, die rund um die Gärten reichten. Wir fingen um 8 Uhr an, um 11 Uhr wechselten dann die Medien des Currents und die erste Gruppe konnte zu Mittag essen und sich ausruhen.

Medium João machte keine Pause, es gab keine Unterbrechung. Glücklicherweise sind Joãos Körperfunktionen während einer Inkorporation „ruhig gestellt“. Die Wesenheit ernährt ihren Körper schluckweise mit Kokosmilch. Wir arbeiteten immer bis spät in die Nacht. Die Pausenzeiten, die wir jetzt haben, sind gut. Medium João ist älter und muss sich ausruhen und essen. Schlaf bekommt er allerdings immer noch sehr wenig.

Heather erzählt:
Die Nachmittags-Sitzung begann mit einem Eröffnungsgebet. Dann nahm die Wesenheit einen Mann bei der Hand, der für eine sichtbare Operation auf dem Plan stand und führte ihn auf die Bühne. Sie bat ihn, sich vor dem Bild von Jesus gegen die Wand zu lehnen. Ich zog das Hemd des Mannes hoch. „Es ist gut, wenn du zusiehst“, sagte die Wesenheit zu mir. Zwei Fingerbreit unterhalb der Brust des Mannes zog sie eine U-förmige Linie bis zum Herzen. Sofort brach die Stelle in Schweiß aus und die Hautfarbe änderte sich ein wenig. Dann nahm die Wesenheit das Skalpell aus dem Papier und machte einen kleinen Einschnitt ungefähr fünf Zentimeter rechts von der Brust des Mannes. „Pass auf und schau‘, was ich mit der Energie mache.“ Er legte zwei Finger über den Schnitt und die Energie löste einen Blutstrom aus. Er nahm eine Klammer und klammerte die Haut zusammen. Zwei kleine Stiche und die Wunde hörte auf zu bluten. In der Fotoreihe von Karen können Sie sehen, wie das Licht auf dem Jesusbild sich während der Operation verändert.

Die Wesenheit rief Martin, um den nächsten Mann in der Wartereihe zu stützen, während er mit einem Skalpell eine Wucherung vom Arm des Mannes entfernte. Nadel und Faden, um die Wunde zu nähen, überreichte er einem Zahnarzt, der die Operation beobachtet hatte. Der Zahnarzt versuchte wieder und wieder, die Nadel durch die Haut zu bekommen. Die Wesenheit lächelte und sagte freundlich: „Die Energie, die die Anästhesie bewirkt, beginnt schwächer zu werden. Ich werde das hier für Sie beenden.“ Zwei schnelle Handbewegungen und die Wunde war genäht. Das Casa-Personal setzte den Mann schnell und geschickt in einen Rollstuhl und brachte ihn in den Erholungsraum. Die Blutung hatte aufgehört. Er bekam gesegnetes Wasser und wurde von den ehrenamtlichen Krankenschwestern liebevoll umsorgt.

Die Wesenheit ging zu ihrem Stuhl im Current-Raum zurück und sagte: „Bringt mir die *filhos* der zweiten Wartereihe“. Der Nachmittag nahm seinen Lauf. Die Wesenheit stellte Rezepte aus, gab Ratschläge, schenkte dem einen oder andern ein Lächeln oder Worte der Aufmunterung und holte manchmal Ärzte und Rechtsanwälte auf die Bühne, um eine Heilung zu bezeugen. Mehrere Menschen, die geheilt worden waren, kamen, um sich zu bedanken. Sebastian brachte eine gebeugte, alte, japanisch-brasilianische Frau nach vorne. Medium João kannte sie gut, sie besuchte ihn seit vielen Jahren. Er gab ihr ein Rezept und berichtete allen, wie lange sie schon in die Casa käme. Die Frau war zweiundneunzig Jahre alt. Sie strahlte und ging davon, um sich in aller Stille in den Current-Raum zu setzen.

Zum Ende der Sitzung brachte eine Frau ihre Mutter in den Current. Sie bat die Wesenheit, ihrer Mutter zu helfen. Die Frau hatte Arthritis und solche Schmerzen, dass sie nicht mehr im Stande war, für sich selbst zu sorgen. Die Wesenheit stand auf und legte ihre Hände auf die Schultern der Mutter, schloss ihre Augen und sagte laut: „Derjenige, der die Flüsse und die Bäume erschafft, heilt Sie jetzt.“ Sein Körper erzitterte kurz. Er führte sie hinüber zum Wasserkrug und sagte ihr, sie solle trinken. „Und, Schmerzen?“, fragte er. Sie war begeistert – die Schmerzen waren verschwunden. Sie eilte der Wesenheit hinterher und sagte: „Jetzt die Beine, bitte!“ Er lächelte und legte seine Hand auf ihre Knie. „Gehen Sie jetzt in meinen Current und arbeiten Sie. Ich helfe Ihnen.“ Er setzte sich wieder auf seinen

Platz und nahm die Arbeit wieder auf. Viele Menschen schenken João Rosen. Rosen, die von der Wesenheit berührt worden sind, scheinen länger frisch zu bleiben, besonders, wenn man sie in eine Vase mit gesegnetem Wasser stellt. Am Ende der Sitzung bat die Wesenheit um das Schlussgebet und verkündete ihren „Aufstieg". Sie bat Gott um die Reinigung aller Medien und der Räume. „Gehet hin im Frieden Gottes", sagte sie leise. Dann erzitterte Medium Joãos Körper wieder kurz und er ging langsam und etwas steif in sein Zimmer.

▲

KRÄUTER UND REZEPTE – EIN LIEBESDIENST

Antão

Antão steht Medium João seit vierundzwanzig Jahren zu Diensten. Er ist ein großer Mann und er steht den ganzen Tag wachsam vor der Tür, um Medium João zu beschützen. Er verlässt seinen Posten nicht, bis Medium João das Casa-Gelände verlassen hat. Er führt Buch darüber, viele Menschen jeden Tag kommen und in welcher Wartereihe sie stehen. Er führt jede Reihe vor die Wesenheit und sagt ihr, wie viele Personen in der Reihe stehen. Diese Zahlen sind aus Gründen, die wir nicht verstehen, wichtig für die Wesenheiten. Manchmal hört man die Wesenheit sagen: „Antão, kannst du nicht zählen? Es waren viel mehr Menschen in der Reihe, als du aufgeschrieben hast." Es ist fast unmöglich, die Zahl der Menschen in den Reihen zu zählen, weil sie kommen und gehen. Antão nimmt die sanfte Schelte wegen der ungenauen Zahlen hin, grinst und geht weiter.

Antão spricht über die Heilkräuter, die nach einer Operation verordnet werden:

Früher war die Rezeptur, die aus der Kräuter-Mischung hergestellt wurde, eine Flüssigkeit. Wir mischten die Zutaten in großen

Fässern und füllten sie in Halbliter-Flaschen ab. Die Produktion war die reinste Liebesmühe. Die Medien, die in der Apotheke arbeiteten, wurden von den Wesenheiten geschult. Zunächst wurden die leeren Flaschen in Regale gestellt. Wenn die Medien dann die Rezeptur in die entsprechende Flasche füllten, wurde die Flüssigkeit – oder die Passiflora-Kapseln, die wir heute verwenden – mit einer einzigartigen Energie individuell für jeden Menschen programmiert. Das Präparat änderte seine Farbe, die Konsistenz und sogar den Geruch. Die Rezeptur wurde immer aus denselben Kräutern zusammengemischt und doch stellten wir immer wieder mit Erstaunen fest, dass der Inhalt jeder einzelnen Flasche einzigartig war. Der Inhalt wurde tatsächlich persönlich für jeden von uns gesegnet, man konnte quasi dabei zusehen. Bei der Herstellung der Kapseln kann man diese Veränderung nicht mehr sehen, aber es passiert dasselbe. Wenn Medium João in andere Teile des Landes reiste, füllten wir zwei große LKWs mit den Flaschen. Ich musste auf den schlechten Autobahnen immer sehr vorsichtig fahren, dass die Flaschen nicht zerbrachen.

Manchmal wurden die Kräuter knapp und wir mussten bei jedem Wetter in behelfsmäßigen Zelten eine Nachtschicht einlegen. Medium João blieb die ganze Nacht bei uns. Er ging nie, bevor die Arbeit abgeschlossen war und er sicher sein konnte, dass wir alle einen bequemen Platz zum Schlafen gefunden hatten. Häufig hatte bis zum Morgengrauen keiner von uns ein Auge zugetan. Einige von uns waren noch damit beschäftigt, die Kräuter herzustellen, während andere schon begannen, sich auf die Morgensitzung vorzubereiten. Medium João kümmerte sich um uns und kochte Kaffee. Ich widme diesem liebenswerten und großzügigen Mann mein Leben. Ich werde an seiner Seite sein, bis er stirbt und zu Dom Inácio und Dr. Augusto ins spirituelle Reich übersiedelt. Aber eigentlich möchte ich darüber zum jetzigen Zeitpunkt nicht sprechen; Medium João wird noch für eine lange, lange Zeit bei uns sein.

7

METHODEN, MITTEL UND GEBETE

Ich habe nie jemanden geheilt. Gott heilt. Gott und der Glaube daran.

– João Teixeira de Faria

DAS HEILIGE DREIECK

Das Holzdreieck, das hinter der Bühne an der Wand hängt, ist ein Blickfang für jeden, der die Große Halle in der Casa betritt. Für Besucher ist das Dreieck ein Platz, an dem sie beten und mit den Wesenheiten in Verbindung treten können. Am unteren Rand des Dreiecks werden Fotos und schriftliche Gebete platziert, die von einem Medium eingesammelt und der Wesenheit vorgelegt werden. Historisch ist das Dreieck eines der ältesten geistigen Symbole. Das Hexagramm, auch Sechsstern genannt, ist ein sechseckiger Stern, der aus zwei sich überlappenden gleichseitigen Dreiecken gebildet wird und steht symbolisch für Schutz und Abwehr negativer Energien. Das Symbol findet sich in verschiedenen Glaubensrichtungen und Kulturen wieder: im Judentum als Davidsstern, in der Kaballa als Serifah, im Hinduismus als Shatkona. Im Christentum steht es für die Dreifaltigkeit. In einigen heidnischen Sekten findet man das Dreieck als das Siegel Salomons, manchmal auch als Symbol der Gegenteile. Die Spitze des ersten Dreiecks zeigt zum Himmel, die des zweiten Dreiecks zur Erde.

Im Allgemeinen symbolisiert das Dreieck die „Dreiheit" des Menschen: Körper, Geist und Seele. Weist das Dreieck nach oben, bewegt sich die menschliche Natur dem Göttlichen entgegen. Zeigt es nach unten, ist es der Geist, der Ausdruck mittels des Physischen sucht. In der Casa ist es ein Symbol, das uns helfen soll, uns zu fokussieren, um mit dem Göttlichen in Verbindung treten zu können. So gesehen ist das Dreieck die Zusammensetzung der drei Grundsätze, die ein spirituelles Leben ausmachen: Liebe (Toleranz, Rücksicht und Güte), Fürsorge (bewusster Umgang mit anderen, sich selbst und der Umwelt) und Ehrlichkeit (Authentizität). Die Wesenheit Dr. Valdivino sagte: „Das Dreieck symbolisiert die heilige Familie, in deren Mittelpunkt der immer gegenwärtige eine Gott steht."

Das abgebildete Dreieck ist durch die Wesenheiten für den Leser gesegnet worden. Sie können diese Fotographie des Dreiecks kopieren. Legen Sie ihren Kopf auf das Dreieck und beten Sie, um ihre Wünsche an die Wesenheiten zu übermitteln. Sie können ihre Sorgen und Bitten auf einen Zettel schreiben und diese am unteren Rand des Dreiecks ablegen. Nach ein paar Tagen, entfernen Sie das Papier und verbrennen es. Konzentrieren Sie sich darauf, ihre Sorgen und Nöte an Gott zu übergeben. Stellen Sie sich dann den Segen vor, der Ihnen zuteilwerden wird.

HEILUNG

Mit jedem neuen Tag haben wir die Möglichkeit, unsere Krankheit zu heilen oder etwas dahingehend zu erreichen. Die beste Medizin ist ein gesunder Wille. Ein schwacher Wille schwächt die Vorstellungskraft und eine schwache Vorstellungskraft schwächt den Körper. Ein kranker Körper lässt die Seele erkranken. Eine kranke Seele lässt den Körper krank werden.

– Andre Luiz via Chico Xavier

Die Wesenheiten sehen den Körper als ein Hologramm an; sie sind im Stande, unser energisches Feld zu sehen und sich Zugang zu unserer karmischen Geschichte (der kumulativen Effekte aller unserer Handlungen) zu verschaffen. Es muss uns klar sein, dass wir eine Partnerschaft eingehen, wenn wir vor die Wesenheit treten und um Heilung bitten. Wir erzeugen Heilung, indem wir unsere Willensfreiheit auf eine aktive Weise einsetzen und die gemeinsame Anstrengung unternehmen, unseren Lebensstil, unsere Gewohnheiten und alles, was nicht unserem höchsten Nutzen dient, zu ändern. Stellen Sie sich selbst die Frage, was Heilung für Sie bedeutet, bevor Sie in die

Casa gehen. Denken Sie sorgfältig über ihre Erwartungen nach und darüber, was Sie bereit sind, zu ihrer Heilung beizutragen. Heilung manifestiert sich in den verschiedensten Formen; manchmal auch auf unerwartete oder uns unverständliche Weise. Für den Heilungsprozess ist es wichtig, aufgeschlossen zu sein, uns unserem Willen zu beugen und gnädig zu uns selbst zu sein. Das folgende Beispiel zeigt auf, wie die Wesenheiten arbeiten:

Karen hatte Migräne und bat darum, von ihrem Schmerz geheilt zu werden. Seit ihrer Kindheit hatte sie häufig an Cluster-Kopfschmerzen mit Erbrechen gelitten. Die Wesenheit (Dr. Augusto) sagte ihr, dass ihr geholfen werden würde, ohne sich auf einen bestimmten Zeitraum festzulegen. Bei ihrem zweiten Besuch, ein Jahr später, trat sie wieder vor die Wesenheit und bat um Hilfe wegen ihrer Migräne. Die Wesenheit sah sie an und sagte: „Ich weiß, dass diese *filha* tatsächlich schon ihr ganzes Leben lang unter Kopfschmerzen leidet. Ich werde ihr helfen.“ Er legte seine Hand auf ihren Kopf und schickte sie in den Current. Seit diesem Tag hatte sie nie wieder Migräne. Während der Zeit zwischen diesen beiden Besuchen waren ihre Kopfschmerzen schlimmer geworden. Sie hatte mehrere gesundheitliche Krisen und war damit beschäftigt, sich um viele Probleme in ihrem Leben zu kümmern, bis sie schließlich bereit war, physische Heilung zu empfangen.

Wenn Sie mit der Bitte um Heilung vor die Wesenheit treten, werden diese versuchen Ihnen zu helfen. Sie werden Ihnen aber auch klarmachen, dass ihr Karma nicht durch Heilung allein wieder hergestellt werden kann. Der Zeitrahmen für eine Heilung ist bei jeder Person unterschiedlich. Jemand, der Krebs hat, kann sich den Luxus, auf eine physische Operation zu warten, nicht leisten. Jeder Mensch kann das durch seinen eigenen, freien Willen beeinflussen.

Das spirituelle Karma, unsere Einbildungskraft und das Schicksal beeinflussen und verzerren unser physisches Wohlbefinden. Heilung bedeutet die Entzerrung des Ganzen, sodass unser Körper in der Lage ist, göttliche Signale und Botschaften zu empfangen.

Die folgenden Beispiele zeigen, wie unterschiedlich Heilung in der Casa erfahren werden kann:

Ein Mann ist krank und alles, woran er denkt, ist: „Ich habe Bauchschmerzen; ich habe eine Frau und fünf Kinder; ich kann meine Farm nicht bewirtschaften; sie werden hungern! Heilen Sie mich“. „Die Wesenheiten werden sich in diesem Fall nicht auf ein höheres Niveau der Heilung begeben. Ihr Ansinnen ist es, diesen Mann von seinen Schmerzen zu befreien, sodass er sein Leben wieder aufnehmen, seine Farm bewirtschaften und seine Familie ernähren kann. Die Wesenheiten wissen, dass das nicht das Ende aller Schmerzen in seinem Leben bedeutet. Es wäre möglich, dass er seine Hand bei der Arbeit verletzt, eines seiner Kinder könnte krank werden und sterben. Der Mann sucht in diesem Moment keine Erleuchtung. Er möchte nur, dass sein Bauch aufhört so zu schmerzen und er wieder arbeiten und seine Familie versorgen kann.

Ein anderer Mann tritt mit den gleichen Symptomen vor die Wesenheit und sagt: „Heilen Sie mich!“ Dieser Mann weiß, woher seine Bauchschmerzen kommen. Er hält Spannungen und Wut in seinem Bauch fest. Er weiß, dass er eine tiefere Heilung braucht. Diese Art Schmerz lässt sich von den Wesenheiten nicht so leicht bearbeiten, wie der des ersten Beispiels. Die Heilung hängt hier vom Karma des Patienten ab. Wir lernen nicht durch den Schmerz selbst – wir lernen daraus, wie wir mit ihm umgehen! In diesem

> Fall werden die Wesenheiten das Karma und das Bewusstsein des Mannes in Augenschein nehmen. Sie werden mit seinem höchsten Selbst arbeiten, um seine tiefste Intension zu verstehen. Die Wesenheiten sind niemals manipulativ. Sie würden nie bewusst Schmerzen im Körper eines kranken Menschen erhalten, um ihm den „Kick" für die nötige Aufmerksamkeit zu geben. Sie co-kreieren Heilung mit den Wesenheiten. Wenn Sie aufrichtig bereit sind, ihren Körper und ihre Seele auf allen Ebenen zu heilen und ihre Aufmerksamkeit genau darauf richten, werden die Wesenheiten Ihnen gleichtun und Sie dabei unterstützen.[18]

Die Wesenheiten und Medium João weisen uns immer wieder darauf hin, dass die Heilung, die sie vollbringen, in Verbindung mit der traditionellen Medizin steht. Sie halten uns dazu an, laufende Behandlungen nicht abzubrechen und die Passiflora-Kapseln einfach zusätzlich zu anderen Medikationen und nicht statt derer einzunehmen. Sie betonen ausdrücklich, dass „Erdärzte" auch Boten Gottes sind.

Gelegentlich kommen Menschen in die Casa, die sich bereits im Endstadium einer Krankheit befinden. Ihre Organe sind zu schwach, um die Energie einer physischen Heilung aushalten zu können – was weder als Misserfolg noch als Urteil über den Willen oder die Fähigkeit des Menschen, Heilung zu empfangen, gewertet werden sollte. Heilung findet nicht nur auf der körperlichen Ebene, sondern auch auf der spirituellen und der karmischen Ebene statt. Die Seele erhält große Unterstützung in der Vorbereitung auf den Übergang in das nächste Leben. Viele Familienmitglieder, die nach dem Besuch bei João de Deus einen geliebten Menschen verloren haben, berichten, dass sie Gefühle der Abgeklärtheit und der Gelassenheit mit dieser Per-

---

[18] Auszug aus einer Sitzung mit Barbara Brodsky.

son geteilt haben und die komplette Familie an der Heilung teilnahm. Ein solcher Fall traf auch auf eine junge Frau zu, deren Körper vom Krebs zerstört war und die schwer morphiumabhängig war, als sie in der Casa ankam. Sie war völlig dehydriert und wurde ins Krankenhaus gebracht. Zum Ausgleich für die fehlende Körperflüssigkeit und die Mineralstoffe in ihrem Körper legte man ihr dort eine Infusion. Sie wurde kräftiger und war nach ein paar Tagen schmerzfrei. Ruhig, gelassen und mit klarem Kopf kehrte sie nach Amerika zurück. Von ihrer Familie erfuhren wir, dass sie sehr friedlich gestoben sei und die Familie selbst dabei große Unterstützung empfunden hatte.

Medium João sagt, dass einem äußerst kranken Menschen am besten geholfen werden kann, indem er zuerst ein Foto zu den Wesenheiten sendet. Die Wesenheiten werden der Person dann sagen, ob sie stark genug für eine Reise nach Abadiânia in die Casa ist oder nicht. Sie werden die Person hinsichtlich der Behandlungsmethode beraten und ihr entweder Passiflora-Kapseln, gesegnetes Wasser oder vielleicht eine Stellvertreter-Operation verordnen. Eine dieser Anwendungen wird Heilung mit sich bringen und die Person wird erfahren, wann sie stark genug für eine Reise nach Brasilien ist. Leider gibt es auch Krankheitsfälle von Menschen, die sich im Endstadium ihres Lebens befinden und die Reise in die Casa mit dem Vorsatz antreten, nicht nach Hause zurückzukehren. Solche Fälle sind sehr heikel und enden häufig in verfahrensrechtlichen und gesetzlichen Schwierigkeiten für die Casa und das Medium João.

Die Wesenheiten setzen voraus, dass wir den Heilungsprozess in der Casa ernst nehmen, was bedeutet: viel gesegnetes Wasser zu trinken; sich reichlich Zeit zu nehmen, um sich auszuruhen; sich an die Ernährungsanweisungen zu halten; Casa-Suppe zu essen und sich für vierzig Tage nach der Operation von keinem anderen Heiler behandeln zu lassen. Spirituelle Operationen haben eine starke Heilwirkung. Auch wenn Sie sich nicht so fühlen, als wären Sie operiert worden, sollten Sie sehr umsichtig sein und sich nicht überanstrengen. Wandern Sie nicht zum Wasserfall, nehmen Sie sich ein Taxi; heben Sie keine schweren Gegenstände; unternehmen Sie keine Wanderungen oder lange Spaziergänge. Solche Aktionen führen häufig nachweislich (durch Röntgenaufnahmen und MRIs) zur Beschädigung innerer Nähte, die am Körper selbst unter Umständen nicht sichtbar sind.

Heather berichtet von einem post-operativen Vorfall:
Ich gab vier Personen die üblichen post-operativen Anweisungen, was unter anderem bedeutet, sich vierundzwanzig Stunden auszuruhen. Ich war überrascht, drei von Ihnen am Nachmittag vor dem Hotel spazieren gehen zu sehen. Sie sagten, sie hätten keine Schmerzen und waren überzeugt davon, sich nicht ausruhen zu müssen. Ich schickte sie umgehend zurück in ihre Betten, aber schon bis zum frühen Abend hatten sich alle drei mehrfach übergeben. Sie waren überzeugt davon, dass die Ursache dafür eine Lebensmittelvergiftung gewesen sei. Ich wollte mich von der Ursache ihrer Symptome überzeugen und bat die Wesenheit um die Erlaubnis, diese Personen zu ihr zu bringen (eigentlich sollen wir nach einer Operation für mindestens vierundzwanzig Stunden nicht in den Current zurückzukehren, weil das aurische Feld des Körpers offen ist und die Menschen somit energetisch verwundbar sind). Die Wesenheit deutete auf drei von ihnen und sagte, dass sie schlicht die Auswirkungen der spirituellen Operation zu spüren bekommen hätten und dass sie sich ins Bett legen sollten. Zur vierten Person sagte sie: „Sie werden sich etwa vier Tage lang schlechter fühlen als vorher, aber Sie werden Abadiânia geheilt verlassen." Es geschah genau, wie die Wesenheit es gesagt hatte. Die vierte Person war mit Myasthenia Gravis, einer seltenen neurologischen Erkrankung mit belastungsabhängiger Muskelschwäche in die Casa gekommen – seit dem Casa-Besuch ist sie gesund und symptomfrei.

Dr. med. Carlos Appel ist ein Casa-Medium und zog vor kurzem aus dem Süden Brasiliens nach Abadiânia. Seine Tochter Tânia ist abwechselnd für die Leitung des 1. Currents und für die Assistenz im Operations-Raum zuständig. Dr. Carlos ist ein guter Freund von Medium João und dient der Casa und der angrenzenden Gemeinde als Arzt. Wir sind ihm für seine Dienste sehr dankbar. Kürzlich schrieb er diesen Artikel:

> Das primäre Heilmittel der Casa de Dom Inácio de Loyola ist die Anwesenheit von Dom Inácio (St. Ignatius) und anderer hochentwickelter Wesenheiten, welche die Transformation von Energien in Licht unterstützen. Die Befähigung hierfür erhalten sie durch den „Current" (Energiestrom). Der Current wird von Teilnehmern, die im Current-Raum meditieren und dadurch ein hohes Niveau an schwingungsfähigen Frequenzen schaffen, erzeugt. Er schützt João de Deus' Körper, Geist und Seele und gibt ihm Kraft für den anstrengenden Prozess der Inkorporation. Die meditierenden Teilnehmer haben davon den Vorteil, dass diese höheren Frequenzen niedrigere Frequenzen innerhalb ihrer Körper umwandeln.
>
> Es ist für die meisten Wesenheiten relativ schwierig, auf unsere niedrige Schwingungsebene zu gelangen, und die Behandlung unserer physischen und seelischen Beschwerden verbraucht enorm viel Energie. Viele „Brüder" und „Schwestern" versäumen es, dieses Opfer der Wesenheiten zu schätzen, und halten sich nicht an ihre Anweisungen oder ihren Rat – besonders dann nicht, wenn dieser Rat eine Änderung des Lebensstils oder grundlegende persönliche Veränderungen verlangt.
>
> Die Heileigenschaften der Passiflora-Kapseln, die für jede Person individuell mit Energie angereichert werden, verlangen eine grundlegende psychologische und diätetische

Lebensweise, um wirken zu können. Für einige Menschen ist es fast nicht zu bewerkstelligen, ihren Lebensstil und ihre körperlichen, emotionalen oder geistigen Gewohnheiten zu ändern und den geistigen Rat, den sie erhalten haben, zu befolgen. Dennoch erwarten sie eine „Wunderheilung". Aus Mangel an persönlicher Beteiligung werden sie keine Heilung empfangen können.

Manchmal findet eine physische Heilung nicht statt, weil die Zielsetzung der Wesenheiten eine andere als unsere eigene ist. Ihr Fokus für die Heilung liegt im Bereich der unsterblichen Seele und der Erhebung der Seele, um sie in Einklang und Harmonie mit dem göttlichen Gesetz zu bringen. In solch einem Fall ist eine Krankheit von Nutzen für den Geist. Das Gesetz hält den Körper schwach, um schlimmere Krankheiten, die zu einem ständigen seelischen Schmerz führen oder im zukünftigen Leben Schmerzen verursachen können, fernzuhalten. Viele aufgeklärte Menschen begreifen, dass Schmerz und Leiden die wirksamste Medizin für eine geistige Ausheilung sein können. Wir sind für unsere eigene Gesundheit oder Krankheit, unsere Heiterkeit oder unsere Schwermut verantwortlich. Jeder von uns muss seine Heilung selbst in die Hand nehmen. [19]

LEITFADEN FÜR DEN CURRENT-RAUM

KLEIDUNG

Wie im letzten Kapitel beschrieben, ist es der Wunsch der Wesenheiten, dass jeder Besucher weiße Kleidung trägt, da die Farbe Weiß die Sichtbarkeit des aurischen Feldes erhöht.

---

[19] Dr. med. Carlos Appel, Abadiânia, February 4, 2006.

AUGEN GESCHLOSSEN

Halten Sie ihre Augen während einer Sitzung immer geschlossen, egal in welchem Current-Raum Sie sitzen. Es ermöglicht den Wesenheiten, den Energiestrom beständig aufrecht zu erhalten.

ARME UND BEINE

Um den Strom stark zu halten, verschränken Sie weder Arme noch Beine. Die Wesenheiten können so die Heilenergie besser abrufen. Wenn wir unsere Arme oder Beine im Current-Raum verschränken, kann die Energie nicht entweichen, sie staut sich in unserem Körper und wir unterbrechen den Energiefluss. Der Strom wird schwächer, sobald nur eine Person ihre Arme oder Beine verschränkt oder ihre Augen öffnet. Die Wesenheiten sind in diesem Punkt empfindlich und reagieren sehr sensibel auf den entsprechenden Energieabfall des Stroms.

VERBINDUNG ZUM „CURRENT" HALTEN

Die Autorin und weltweit bekannte Schamanen-Lehrerin Sandra Ingerman hält Vorlesungen und lehrt Menschen, mit persönlichen und umweltbedingten „Toxinen" umzugehen. Sie lehrt Menschen, negative Überzeugungen, Haltungen und Energien, die von Emotionen generiert werden, in positive Strukturen umzuwandeln.

Der folgende Ausschnitt aus ihrem Buch *Medizin für die Erde* ist eine gute, unserer Meinung nach sehr nützliche Anleitung, um die Energie des Stroms aufrecht zu erhalten:

Um die Erde durch Transmutation (Umwandlung) heilen zu können, müssen Sie bereit sein, ihre Gottheit anzurufen und zusammen mit ihrer Glaubensgemeinschaft diese heilige, göttliche Energie zu erzeugen. Die wichtigsten Bausteine dieser

Transmutation lauten: Intension (Absicht), Liebe, Harmonie, Einklang, Fokus, Konzentration und Vorstellungskraft.

Intension: Sie müssen die klare Absicht haben, ihre Gefühle der Abschottung beiseitezulegen und ihre spirituelle Energie darauf verwenden, Heilung und Transformation im heiligen Raum zu schaffen.

Liebe: Sie müssen sich selbst, ihre Mitmenschen und alle Wesen lieben, um göttliche Energie zu empfangen.

Harmonie: Ihre Energie muss mit dem spirituellen Teil von sich selbst und der spirituellen Energie anderer harmonieren.

Einklang: Wenn Sie ihrer spirituellen Energie erlauben, sich mit der spirituellen Energie anderer zu verbinden, erschaffen Sie eine dritte Energie: das Gotteskind. Aus dieser dritten Energie kann die Umwandlung erwachsen.

Fokus: Die Transformation von Energie in einer Gruppe bedarf besonderer Fokussierung.

Konzentration: Sie müssen sich darauf konzentrieren, ihre Intension – den Menschen Liebe, Harmonie und Einklang zu bringen – nicht aus den Augen zu verlieren.

Vorstellungskraft: Sie müssen an ihre Vorstellungskraft appellieren und daran glauben, dass Sie tatsächlich ein Bestandteil der Erschaffung dieses „Heilraumes" sind.[20]

---

[20] Sandra Ingerman, Medicine for the Earth (New York: Three Rivers Press, 1994).

DER WASSERFALL

Als Teil der Heilbehandlung verordnen die Wesenheiten oft eine Tour zum heiligen Wasserfall. Alle Wasserfälle sind heilig, wie auch die Natur selbst. Die Natur spiegelt die höchste Wahrheit dessen wieder, wer wir sind.

Dichter schreiben Poesien über die Schönheit der Natur und rufen uns damit immer wieder ins Gedächtnis, uns auf die Natur zu besinnen und darin Schutz zu suchen. Ruhiges Wasser, hohe Berggipfel und tiefe, üppige Wälder trösteten einst Menschen. Heute werden wir durch High-Speed-Kommunikationstechnik, Unterhaltungsmedien und andere Technologien mit Bildern und Tönen überschwemmt, die uns unsere angeborene und vertraute Verbindung zu den Elementen der Natur vergessen lassen.

Der Casa-Wasserfall, bekannt als Cachoeira de Lázaros, ist einen knappen Kilometer von der Casa entfernt – ein Spaziergang. Der Wasserfall selbst ist klein und liegt am Ende eines bewaldeten, abschüssigen Pfads, auf beiden Seiten flankiert durch glatte, graue Steine. Der Wasserfall erhält seine Kraft von den *Devas* (Geistwesen der Natur) und durch Engel, die durch die Arbeit von João de Deus von diesem Gebiet angezogen werden. Stellen Sie sich auf die große schwingungsfähige Kraft ein, wenn Sie an diesen heiligen Ort gehen. Nehmen Sie bewusst an der geistigen Reinigung teil. Ein Besuch des Wasserfalls bietet Ihnen Gelegenheit, ihren Körper und ihr Bewusstsein zu erfrischen. Die Wesenheiten bitten Sie darum, sich an wenige, einfache Regeln zu halten:

- ▲ Besuchen Sie den Wasserfall nur mit der Erlaubnis der Wesenheiten.
- ▲ Gehen Sie nie alleine. Beschränken Sie ihre Zeit auf weniger als fünf Minuten – denken Sie an diejenigen, die warten.

- ▲ Hinterlassen Sie weder Kerzen noch andere Gegenstände am Wasserfall.
- ▲ Verunreinigen Sie das Wasser nicht mit Seife oder anderen Flüssigkeiten.
- ▲ Entfernen Sie weder Steine noch Kristalle vom Wasserfall.
- ▲ Respektieren Sie diese heilige Stätte und hinterlassen Sie keinen Abfall.
- ▲ Männer und Frauen sollten getrennt voneinander gehen, vorzugsweise in Gruppen.
- ▲ Tragen Sie Badebekleidung.
- ▲ Fotografieren Sie nicht, während Sie sich am Wasserfall aufhalten.
- ▲ Ruhen Sie sich nach einer Operation achtundvierzig Stunden aus und gehen Sie in den ersten drei Tagen nach einer Operation nicht zum Wasserfall.
- ▲ Fahren Sie bis zu ihrer postoperativen Kontrolle mit dem Taxi zum Wasserfall.
- ▲ Besuchen Sie den Wasserfall nicht nach 17 Uhr.

Heather berichtet:
Ich habe am Wasserfall schon mehrere Male Schlangen gesehen. Ich erzähle Ihnen das nicht, um Ihnen Angst zu machen, sondern um Sie darauf hinzuweisen. Lassen Sie uns nicht vergessen, dass wir diesen Raum mit der ganzen Natur teilen. Achten Sie darauf, wo Sie laufen, bleiben Sie auf den Wegen und gehen Sie nach Anbruch der Dunkelheit nicht zum Wasserfall. Besuchen Sie den Wasserfall immer in Begleitung einer anderen Person.

Schlangen sind außergewöhnliche Wesen; sie möchten uns nicht verletzen. Sie sind ein Symbol der Transformation. Wie die Schlange sehnen wir uns danach, unsere alten Gewohnheiten, unsere „dicken Häute" abzulegen, um Leichtigkeit zu erfahren und zu leben. Wir können die Macht der Schlange anrufen, uns bei dieser lebenslänglichen Aufgabe zu helfen.

Obwohl wir ausdrücklich gebeten werden, am Wasserfall nicht zu fotografieren, bat die Wesenheit (Dr. Augusto) Karen dorthin zu gehen: „Mach' sieben Fotos. Nicht mehr und nicht weniger. Es wird ein Geschenk für dich werden." Als Karen der Wesenheit die Bilder zeigte, wies diese auf die feine Anwesenheit des Geistes auf jedem Foto hin. Alles hat eine bestimmte Schwingungsfrequenz und Bilder können ein kraftvolles Werkzeug für die Heilung sein. Die Bilder in diesem Buch können uns nicht nur helfen, mit der göttlichen Resonanz der Casa, sondern auch mit unserem eigenen geistigen Wesen in Verbindung zu treten. Dies schafft ein Kraftfeld der Heilenergie, welches uns Auftrieb gibt und uns dabei hilft, uns zu verändern und uns weiterzuentwickeln.

CASA-KRISTALLBEHANDLUNGEN

Das Kristallbett ist eine Heilmethode, die sich der Anordnung besonders geschliffener und angestrahlter Quarzkristalle bedient. Eine Kristallbett-Behandlung wird von den Wesenheiten oft zur Wiederherstellung, Ausrichtung und zur Vorbereitung der weiteren Heilarbeit verschrieben. Diese Sitzungen helfen, das Gleichgewicht und die energische Grundlage des Körpers wiederherzustellen.

Eine Kristallbettsitzung dauert etwa zwanzig Minuten. Die behandelte Person legt sich auf eine Liege, schließt die Augen und entspannt sich, während sie in der Energie der Kristalle badet. Die sieben *Chakren* werden als Hauptenergiezentren des Menschen angesehen und befinden sich nach der *Chakrenlehre* entlang der Wirbelsäule bzw. in der senkrechten Mittelachse des Körpers. Die farbigen Lichter entsprechen den sieben *chakras*, welche die Energie durch unser energetisches und unser Meridian-System leiten. Licht und Farben scheinen in einem wechselnden Muster durch jeden Kristall und steigern die Lebensenergie. *Chakra* ist das sanskritische Wort für Rad, Diskus oder Kreis. Die *Chakras* drehen sich und halten die Lebensenergie (Prana/Chi/Qi/Ki) in unserem Körper im Gleichgewicht. Das *Meridian-System* besteht laut der chinesischen Medizin aus Kanälen, durch die die Lebensenergie Qi fließt. Nach diesen Vorstellungen gibt es zwölf Hauptmeridiane. Jeder Meridian ist einem Organ bzw. Organsystem zugeordnet. Verschiedene Meridiantherapien sollen den Patienten beim Gesundbleiben oder –werden helfen.

Kristalle sind in der Lage, Energie zu übertragen, zu speichern und zu modulieren. Die Anordnung der Quarzkristalle erlaubt Photonen („Bausteine" oder „Lichtteilchen" elektromagnetischer Strahlung), sich frei zu bewegen und in anderen Formen verdichtet zu werden. Aufgrund dieser Eigenschaften verwendet man Kristalle, um Licht und Energie auf spezifische Weise anzuwenden. Die gesundheitsfördernden Effekte der Kristalltherapie resultieren aus den Vibrationen, die mit dem Wasser in unserem Gewebe und unseren Zellen mitschwingen. Strukturiertes (reines) Wasser hat eine erhöhte Oberflächenspannung und bindende Eigenschaften. Gesunde Zellen enthalten dieses reine Wasser. Krebszellen und fremde, ungesunde Zellen enthalten unstrukturiertes Wasser. Die durch die Casa-Kristallbett-Behandlungen verstärkten Schwingungsmuster äußern sich in höheren Ebenen der Ordnung, der Harmonie und des Bewusstseins. Häufig kann die Anwesenheit der Wesenheiten während dieser Behandlungen wahrgenommen werden.

GESEGNETES WASSER

Wasser ist eines der primären Elemente unseres Körpers. Der menschliche Körper besteht, zusammen mit den Elementen Erde, Feuer, Luft und Äther, zu etwa 70 Prozent aus Wasser. Dieses Wasser füllt unsere Zellen mit lebenspendendem Prana/Chi/Qi/Ki und nährt uns. Dehydration bedeutet einen schnellen Verlust von Lebenskraft, der durch die Gabe von reinem Wasser schnell wieder ausgeglichen werden kann. Nährstoffe und Toxine werden von unserem Blut überall im Körper transportiert. Ein Zitat aus Masaru Emotos Buch *Das heimliche Leben des Wassers* lautet: „Wasser hat ein Gedächtnis und transportiert in diesem unsere Gedanken und Gebete. Da Sie selbst Wasser sind, erreichen ihre Gebete, egal wo Sie sich befinden, den Rest der Welt."

Das Casa-Wasser ist durch die Wesenheiten energetisch angereichert worden, um uns zu helfen, gesund zu werden. Teil des Gesundheitsplans ist das Trinken des gesegneten Casa-Wassers, während wir in Abadiânia und auch zuhause sind. Da Besucher einen extremen Entgiftungsprozess durchmachen, während sie in der Casa sind, müssen sie zwei oder mehr Liter pro Tag trinken, um einer Dehydration vorzubeugen. Die Wesenheiten verschreiben häufig nur Wasser und keine Kapseln. Dabei legen sie Wert darauf, dass das Wasser aus einem Glas und nicht direkt aus der Flasche getrunken wird. Nehmen Sie gesegnetes Wasser mit nach Hause, wenn Sie die Casa besuchen oder anderswo an einer Veranstaltung mit João de Deus teilnehmen, um den Heilungsprozess fortzusetzen und zu unterstützen.

Der Casa liegen viele Zeugnisse für die immense Heilwirkung des Casa-Wassers vor. Ein Beispiel ist eine Frau, die in die Casa kam, um Hilfe für ihren Vater zu erbitten. Ihr Vater lag zu der Zeit im Sterbebett. Die Wesenheit sagte ihr, sie solle eine Flasche Casa-Wasser mitnehmen und direkt ins Krankenhaus fahren. Sie sollte seine Augenlider und die Lippen mit

Casa-Wasser befeuchten. Am nächsten Tag stand ihr Vater vom Sterbebett auf – er lebte auch acht Jahre danach noch.

Kathy Clifford kam im Juli 2005, ausgezehrt von Kummer wegen Knochen-Krebses, in der Casa an. Zu diesem Zeitpunkt war sie so fragil, dass sie nur noch in ihrem eigenen Spezial-Trampolin-Bett schlafen konnte. Man gab ihr Wattetupfer und eine Flasche Casa-Wasser und wies ihre Freundin Margret an, ihre Wirbelsäule mit Wasser abzutupfen und sich dabei das Wasser als flüssiges Licht vorzustellen. Ihre Schmerzen wurden sofort weniger und sie schlief ein. Kathy setzte diese Behandlung jede Nacht, die sie in Brasilien verbrachte, fort. Als sie später im selben Jahr nach Abadiânia zurückkam, hatte sie fast vier Kilo zugenommen und brauchte ihr Spezialbett nicht mehr. Die ausführliche Geschichte über die heilsamen Erfahrungen von Kathy Clifford mit João de Deus ist in Kapitel 10 beschrieben.

Eine andere Frau, die extensive Operationen in den USA hinter sich hatte, behandelte die eine Hälfte ihrer großen Narbe und die Hämatome mit Casa-Wasser und die andere Hälfte nicht. Es gab einen erstaunlichen Unterschied im Heilungsprozess der verschiedenen Seiten. Die mit gesegnetem Wasser behandelte Seite heilte fast sofort. Die Narbe und die blauen Flecken der Seite, die nicht mit gesegnetem Wasser behandelt worden war, heilte sehr viel langsamer.

MEDIUM DER CASA

Von Natur aus sind wir alle Medien, aber gelegentlich erklärt die Wesenheit jemanden zu einem offiziellen „Medium der Casa“. Die Person wird im Casa-Büro registriert und bekommt einen Ausweis, der von Medium João unterzeichnet wird. Diese Anerkennung bringt die Verantwortung mit sich, Dienst zu tun. Einige der Dienste werden nachfolgend genannt:

1. Machen Sie sich vertraut mit den Regeln der Casa, befolgen Sie die Regeln und informieren Sie andere darüber.
2. Helfen Sie denjenigen, die in die Casa kommen. Praktizieren Sie Nächstenliebe, Mitgefühl, Rücksicht, Vergebung, Demut und Güte. Sie schaffen dadurch eine friedvolle und harmonische Umgebung für alle.
3. Halten Sie sich an die Regel des Schweigens im Großen Saal und dem Current-Raum während Casa-Sitzungen.
4. Helfen Sie während Casa-Sitzungen, wann immer notwendig, die Wartereihen im Großen Saal zu bilden und erinnern Sie Besucher daran, ihr Schweigen nicht zu brechen. Halten Sie die Augen geschlossen und verschränken Sie weder Arme noch Beine.
5. Halten Sie sich an die Öffnungszeiten des Current-Raums: 7: 45 Uhr und 13:45 Uhr. Betreten Sie den Current-Raum immer durch den 1. Current, nicht durch den Operation-Raum. Seien Sie pünktlich und nehmen Sie am Eröffnungsgebet teil. Informieren Sie andere über Sitzungszeiten im Current-Raum.
6. Treten Sie schweigend in einer Reihe in den Current-Raum ein. Lassen Sie Behinderten den Vortritt.
7. Erweitern Sie ihren intellektuellen und geistigen Horizont, indem Sie die Schriften von Chico Xavier und Allan Kardec sowie die Casa-Bücher lesen.
8. Helfen Sie dabei, Menschen zum Wasserfall zu begleiten und achten Sie darauf, dass die Regeln eingehalten werden.
9. Vermeiden Sie es, Medium João zu stören und ihn zwischen Sitzungen übertrieben oft in seinem Büro aufzusuchen. Es ist wichtig, seine Privatsphäre zu achten und zu respektieren. Denken Sie daran, wie wichtig es für Medium Joãos Gesundheit und sein Wohlbefinden ist, sich in diesen Pausen auszuruhen.

PRAYERS

Danken Sie Gott jeden Morgen, wenn Sie aufstehen, dafür, dass Sie leben. Wenn Sie nicht beten, rufen Sie sich für ein paar Minuten Gedanken der Gelassenheit und des Optimismus' in Erinnerung, bevor Sie zur Arbeit übergehen.

– The Entity Andre Luiz, channeled by Chico Xavier

Medium Joãos Lieblingsgebet ist das Gebet von Caritas. Er beginnt jede Sitzung damit, dass er die ersten Zeilen dieses Gebets spricht, bis er inkorporiert. Sie finden nachfolgend das vollständige Gebet von Caritas in einer alten aramäischen Version des Vaterunsers, wie es geschrieben wurde, bevor es ins Griechische, Römische und das Gebet der Gottesmutter übersetzt wurde.

DAS GEBET VON CARITAS

Herr,
lass die Güte sich über alle deine Werke und Kreaturen ausbreiten.
Erbarmen, Herr, für alle diejenigen, die dich nicht kennen,
Hoffnung für die, die leiden.
Lass durch deine Güte die trostbringenden Geister überall Frieden,
Hoffnung und Glauben verbreiten.

Herr,
ein Strahl, ein Funke deiner Liebe bringt die Erde zum Glühen,
lass uns an der fruchtbaren und unendlichen Quelle der Güte trinken,
und alle Tränen werden getrocknet, alle Schmerzen werden gelindert.

Ein einziges Herz, ein einziger Gedanke steigt zu dir
wie ein Schrei der Erkenntnis und der Liebe.

Wie Moses auf dem Berg
erwarten wir dich mit ausgebreiteten Armen:

Oh Macht!
Oh Güte!
Oh Schönheit!
Oh Vollkommenheit!

Und wir hoffen, auf irgendeine Weise dein Erbarmen zu verdienen.

Gott, gib uns die Kraft zur Unterstützung des Fortschritts,
um dadurch zu dir zu gelangen.

Schenke uns die reine Nächstenliebe, die Demut.
Gib' uns Glaube und Vernunft, schenke uns die Einfachheit,
die aus unseren Seelen den Spiegel erstellen wird,
der dein göttliches Antlitz reflektieren wird.
Amen.[21]

CARITAS

VATER UNSER

(Die Version aus dem Matthäusevangelium, Kapitel 6; Vers 9 – 1, kommt hier dem ursprünglichen Text aus dem Aramäischen am nächsten)

Unser Vater im Himmel, dein Name werde geheiligt,
dein Reich komme, dein Wille geschehe
wie im Himmel, so auf der Erde.

Gib uns heute das Brot, das wir brauchen.
Und erlass uns unsere Schulden,
wie auch wir sie unseren Schuldnern erlassen haben.

---

[21] Dieses Gebet wurde am Weihnachtsabend 1873 (25.12.1873) durch den Medium W. Krill, in Bordeaux, Frankreich, geschrieben. Quelle: *The Casa Prayer Book*, Casa de Dom Inácio, Abadiânia, Brasilien.

Und führe uns nicht in Versuchung,
sondern rette uns vor dem Bösen.

Denn wenn ihr den Menschen ihre Verfehlungen vergebt,
dann wird euer himmlischer Vater auch euch vergeben.

Wenn ihr aber den Menschen nicht vergebt,
dann wird euch euer Vater eure Verfehlungen auch nicht vergeben.

HEILIGE MUTTER GOTTES

Heilige Mutter Gottes, dein Leib ist die Erde,
geheiligt werde dein Dasein, deine Früchte mögen wachsen.

Dein Wille geschehe wie in unseren Städten,
so auch in der Natur.

Hab Dank für unser tägliches Brot, die Luft und das Wasser.

Vergib uns unsere Sünden gegen die Erde,
wie auch wir es lernen mögen, einander zu vergeben.
Und führe uns nicht ins Verderben, sondern befreie uns von unseren Sünden.

Denn dein ist die Schönheit und die Kraft und alles Leben –
von der Geburt bis zum Tod, vom Anfang bis zum Ende.

So sei es für immer. Gesegnet seist Du.
Amen.

POSTCHIRURGIE-RICHTLINIEN

Die Casa-Richtlinien werden regelmäßig aktualisiert. Fragen Sie das Casa-Personal oder ihren Tour-Guide nach zusätzlichen Instruktionen.

DIÄTETISCHE RICHTLINIEN

Während der Einnahme der Kapseln ist eine strenge Diät zu befolgen, um der Heilarbeit nicht entgegenzuwirken und den vollen Nutzen der Behandlung zu gewährleisten:

- keinerlei Schweinefleisch/Schweinefleischprodukte (Speck, Schinken, Salami, Wurst und z.B. Erbswurstsuppe)
- keine scharfen Gewürze wie Pfeffer, Chili, Paprikagewürz (Paprika in Rohform ist erlaubt).
- kein Alkohol

SEXUELLE AKTIVITÄTEN

Nach einer Operation ist eine 40-tägige Ruhephase erforderlich. Anstrengende Aktivitäten wie Joggen, Power-Walking, Gewichtheben und Yoga sollten vermieden werden. Vierzig Tage nach der ersten Operation und acht Tage nach jeder weiteren Operation ist der Verzicht auf Geschlechtsverkehr zwingend erforderlich. Unsere Körper brauchen diese Lebensenergie, um zu heilen. Jede anstrengende Bewegung könnte tiefgelegene chirurgische Nähte beschädigen.

SPIRITUELLE VERBINDUNG UND „BESITZERGREIFUNG“

Spirituelle Verbindung und Besitzergreifung von Personen durch „verirrte“ Geister sind normale Vorfälle in der Casa. Die meisten Menschen sind sich dessen nicht bewusst und davon nicht betroffen. Diese Geister sind so mit dem irdischen Planeten vertraut, dass sie darüber hinaus vergessen, dass sie ihren Körper verlassen haben. Die Wesenheiten befreien diese Geister mit liebevoller Anteilnahme, so dass sie in der spirituellen Welt dort hingehen können, wo sie hingehören. Geleitet von einer Schar von Wesenheiten arbeiten besonders ausgebildete Medien (bekannt als *Transportmedien*) in den Current-Räumen und unterstützen die Wesenheiten bei ihrer Aufgabe.

Diese Art der Befreiung heilt unter anderem auch den Menschen, der mit dem verirrten Geist belegt war. Einer der Gründe dafür, warum es so wichtig ist, unsere Augen in den Current-Räumen geschlossen zu halten, während wir meditieren, ist, uns selbst zu schützen, um so die Arbeit der Wesenheiten zu unterstützen. Es ist immer wichtig, zu beten und uns von negativen Gefühlen zu befreien, da dies unser Energiefeld stärkt und „verwirrte" Geister kein Interesse am aurischen Feld eines positiven, liebenden und glücklichen Menschen haben. Geradeso, wie eine Infektion nicht in unser Immunsystem eindringen kann, wenn es gesund und stark ist. Über dem Casa-Gelände und der Casa liegt ein Schutz, der jeden von schlechten Schwingungen und „verwirrten" Geistern beschützt.

VERABSCHIEDUNG VON DER CASA

Da freitags viele Menschen aus der Casa abreisen ist, der Zeitdruck, jeden vor seiner Abreise zu empfangen, oft immens. Medium Joãos Körper ist müde und die Wesenheiten möchten, dass die Nachmittag-Sitzung so reibungslos wie möglich verläuft. Manchmal wird die Wesenheit ärgerlich und sagt: „Diese Person war schon heute Morgen hier, sie hat keinen Grund, noch einmal zu kommen. Sie sollte im Current sitzen!"

Achten Sie am Ende der Sitzung auf den Leiter des Current-Raumes. Er wird die Einladung zur Verabschiedung von den Wesenheiten ankündigen. Bei dieser Gelegenheit werden Sie ihre Verordnungen erhalten. Diese Einladung ist *nur* für Personen, welche die Wesenheiten *nicht* schon am Vormittag konsultiert hatten. Bleiben Sie bitte sitzen, bis Sie in die Reihe gerufen werden. Der Energiefluss des Stroms wird unterbrochen, wenn jeder zur gleichen Zeit aufsteht. Bewegen Sie sich immer ruhig und umsichtig. Wenn Sie schon am Morgen vor die Wesenheiten getreten sind, können Sie diese Gelegenheit nutzten und sich im Gebet dankbar zeigen. Visualisieren Sie, bevor Sie abreisen, ihre neue Abgeklärtheit, ihre innere Reinigung und die Reinigung der anderen Menschen im Raum. Die Wesenheit wird ein oder zwei Medien bitten, das Schlussgebet zu rezitieren. Sie werden uns bitten, an einem Gebet der spirituellen Reinigung für die Welt, für Abadiânia, für die Casa und für jede einzelne Person des Tages teilzunehmen. Das Schlussgebet wird zum Schutze aller und zu unserem eigenen fortwährenden Schutz gesprochen.

8

REISEN

Warum werde ich nicht in die Krankenhäuser gerufen?
Ich könnte den Menschen dort ebenso helfen.
– Dr. Oswaldo Cruz, April 2006

Medium João hat viele Länder bereist. Die Wesenheiten bitten ihn darum und João reist, getreu seinem Versprechen, wohin auch immer die Wesenheiten ihn führen. Diese kurzen und sehr intensiven Reisen, bei denen er tausende von Menschen pro Tag sieht, sind sehr anstrengend für Medium João. Die Arbeit ist physisch ermüdend. João stellt, was seine Dienste an der Menschheit anbelangt, sehr hohe Ansprüche an sich selbst. Er geht – als Medium João – seiner Mission mit unglaublicher Hingabe nach und doch kann man seine Menschlichkeit nicht übersehen.

Medium João ist Brasilianer. Er hat Spaß, wohin auch immer er geht. Er sieht sich gerne Sehenswürdigkeiten an, möchte aber selbst nicht als solche gelten. Für ihn selbst steht im Vordergrund, dass es seinem Personal gut geht, es sich wohl fühlt und dass es gut versorgt ist. Er selbst zieht es vor, in seinem Hotelzimmer zu bleiben und lädt stattdessen abends Freunde und Vertraute zu sich zum Essen ein. Es wird gelacht, geredet und es werden Geschichten erzählt. Manchmal legt er Musik auf und tanzt Samba, manchmal ist er übermütig wie ein Lausbub – er liebt schelmische Streiche, aber sein Humor ist nie böswillig oder beleidigend. Eines Tages, nachdem er in Deutschland etwa 3 000 Menschen behandelt hatte, erzählte João eine erstaunliche Geschichte aus seiner Kindheit. Er kann nachts oft nicht schlafen und ist bis zur Morgendämmerung wach. Es kommt sehr oft vor, dass er seine spirituelle Arbeit nachts gegen 2 Uhr ausübt. Diese Sitzungen dauern häufig mehrere Stunden.

Wenn die Wesenheit an anderen Orten arbeitet, sagt sie häufig zu Menschen: „Ich möchte dich in Brasilien sehen“ oder „Um an dir arbeiten zu können, musst du nach Brasilien kommen.“ Obschon der Current überall aufgebaut werden kann, haben diese temporären Currents nicht dieselbe Stärke wie die Currents in Abadiânia. In Brasilien kann Medium João freier operieren und die Menschen erhalten dort eine tiefere geistige Energie. Der Casa-Current schafft ein starkes, durch die Konzentration der erfahrenen Casa-Medien gebildetes, Kraftfeld. Dieses starke Energiefeld beruht auf einem größeren Fundament: Die Energie, welche vom Land selbst ausgeht. In Abadiânia, wie auch an vielen anderen heiligen Stätten gibt es einen Energiestrom, der die geistige Arbeit unterstützt. Wenn die Wesenheiten einer Person raten, für profundere Heilung in die Casa zu kommen, geschieht dies, weil dieser Mensch dieses Energiefeld selbst erleben und spüren muss.

Auch wenn Medium João nicht darüber spricht, ist die Inkorporation durch die Wesenheiten wegen des Wandels, den die Menschheit durchlebt, notwendig. Er ist wie eine Quelle, die das Licht des Bewusstseins auf der Erde verbreitet. Jede Hand, die er berührt, und jeder flüchtige Blick trägt diese beschleunigte Übertragung des Lichtes, der Nächstenliebe und der Gnade in sich. Wie eine „Quelle des Lichts“ tragen diejenigen, welche berührt werden, dieses Licht, wohin auch immer sie gehen, und das Licht multipliziert sich mit jedem, den sie treffen.

DIE PHALANGE IN PERU

Während ihrer Arbeit im Current-Room dachte Heather darüber nach, wie sie Fakten für das Buch zusammentragen konnte – insbesondere über Joãos Reise nach Peru. Die Wesenheit (Dr. Valdivina) rief sie zu sich und sagte: „*Filha*, geh' in den Casa-Bookstore und kaufe dir das Buch von Liberato Povoa. Er war mit Medium João in Peru. In dem Buch wirst du die Antworten auf deine Fragen finden. Du kannst dieses Buch verwenden." Heather kaufte das empfohlene Buch, und schon während sie es las, konnte sie die Energie der Wesenheiten durch das schriftliche Wort fühlen. Richter Povoa ist ein erfolgreicher Gerichtsschreiber und Richter am obersten Gerichtshof. Als ein häufiger Besucher der Casa und als Medium ist er ein enger Freund und Vertrauter von Medium João.

Medium João reiste 1991 zum ersten Mal nach Lima, Peru. Er wurde von Luis Rosello gesponsert, einem Regierungsbeamten, der die Casa besucht hatte und von einem Herzleiden geheilt worden war. Medium João wurde von einer Delegation von Medien, Rechtsanwälten und Krankenschwestern begleitet. Die Medizinische Vereinigung Perus fühlte sich durch Medium João und seine geistigen Fähigkeiten als Heiler bedroht und sorgte dafür, dass er festgenommen und inhaftiert wurde. Viele der bereits von ihm geheilten Menschen reagierten darauf mit Massendemonstrationen. Mediziner und Ärzte verbürgten sich für die Authentizität Joãos und er wurde umgehend freigelassen.

Es wird berichtet, dass mehr als zwanzigtausend Menschen während dieses Besuchs geheilt wurden. Die große Mehrheit derjenigen, die Heilung suchten, litt an der damals grassierenden Cholera-Epidemie. Präsident Fujimori selbst suchte die Wesenheiten während dieser Reise auf und wurde von einem Muskelproblem in seinen Händen geheilt. Sein Sohn, der an einer mentalen Störung litt, wurde ebenfalls geheilt. Medium João bekam daraufhin von der peruanischen Regierung die Tapferkeitsmedaille verliehen.

Liberato Povoa wurde von Medium João eingeladen, ihn auf der nächsten Mission nach Peru 1994 zu begleiten. Sein Buch *João de Deus, Fenomeno de Abadiânia* ist in wunderschönem Portugiesisch verfasst und wir möchten Richter Povoa ehren, indem wir Medium Joãos denkwürdige Reise nach Peru direkt aus diesem Buch zitieren und übersetzen:

Am 18. Januar 1994 flogen wir bei Tagesanbruch vom internationalen Flughafen in Lima ab. Es hatte sich bereits eine große Menschenmenge versammelt. Sie sang und rief Medium Joãos Namen. Die Polizei war gekommen, um das Gebiet abzusperren und João vor der Menge zu schützen. Das Fernsehen, Journalisten und Radioreporter drängten sich um Medium João.

Wir waren auf dem Weg zu unserem nächsten Bestimmungsort, an welchem der Präsident der *Casa de Dom Inácio von Puno* uns erwartete. Während einer kurzen Zwischenlandung in Arequipa durften wir zwar nicht auschecken, konnten aber die Menschenmenge auf dem Innenhof des Flughafengeländes deutlich sehen. Die Menschen hofften darauf, den berühmten Heiler kurz mit eigenen Augen sehen zu können. Da es in Puno keinen Flughafen gibt, landeten wir in Julaica. Da das Terrornetzwerk „Sendero Luminoso“ zu dieser Zeit in diesem Gebiet sehr aktiv war, wartete ein Empfangskomitee auf uns. Wir mussten sehr strenge Sicherheitsmaßnahmen befolgen. Um Ihnen eine ungefähre Vorstellung vom Stellenwert von Medium Joãos Besuch in Peru zu geben, müssen Sie wissen, dass die Behörden von Puno mehrere Hundertschaften einer militärischen

Eliteeinheit, welche von mehreren Offizieren und zwei Generälen (Luiz Paz Cardenas und Luciano Cesar Ramirez Vinatea) befehligt wurde, antreten ließ. Diese Gefolgschaft beschützte uns vierundzwanzig Stunden am Tag – nicht nur vor der Terroristengruppe, sondern auch davor, von den Menschenmassen überrannt zu werden. Von den vielen Menschen, die sich so sehr danach sehnten, gesegnet zu werden, dass sie sogar versuchten, nach Joãos Kleidung oder irgendetwas zu greifen, woran sie als einer Reliquie festhalten konnten. Die Veranstalter hatten den *Clube de Tiro de Puno* (ein namhafter Country Club mit großem Schießstand auf dem Land) für die Wesenheiten vorbereitet, wo diese sich der Menschen annehmen konnten.

Im Laufe der fünf Tage empfing João ca. 20.000 Menschen. Er führte mehr als 1.000 physische und spirituelle Operationen durch. Auf seiner vorherigen Reise nach Peru hatte es Widerstand durch die medizinischen Behörden gegeben. Auf dieser Reise traf er mehrere Sicherheitsvorkehrungen und bestand auf die Anwesenheit medizinischer Fachleute und des Ministers, um die Operationen zu bezeugen. In Puno waren permanent Ärzte, das Militär und Bürger anwesend, um die spirituelle Arbeit Joãos mit eigenen Augen zu sehen.

Außerdem waren ein Abgesandter der medizinischen Fakultät sowie ein Vertreter der Staatsanwaltschaft Puno zugegen. Die Sitzungen fingen um 8 Uhr an und wir kehrten am späten Abend in unser Hotel zurück. Die Arbeit beschränkte sich natürlich nicht nur auf dieses Zeitfenster. Schon um 6 Uhr morgens hatten sich hunderte von Menschen in Reihen aufgestellt und warteten geduldig außerhalb des Hotels. Dasselbe Bild bot sich uns, als wir am Abend zurückkehrten. Wir fanden eine Menschenmenge vor, die hinter den Sicherheitslinien wartete. Medium João bestand darauf, sich jeder Person – einer nach der anderen – anzunehmen. Wenn wir Glück hatten, waren wir gegen 2 Uhr fertig. Da es nur Frau Dr. Neidi und mich gab, um aus dem Spanischen ins Portugiesische zu übersetzen, waren wir am Ende des Tages völlig erschöpft. Es bedeutete zudem, dass wir während der ganzen Reise permanent an der Seite der Wesenheiten präsent sein mussten.

Die Höhe machte uns zu schaffen. Puno liegt ca. 3 800 Meter über dem Meeresspiegel und zählt eine Bevölkerung von 400 000 Menschen. Unser Hotel lag am Titicacasee. Als Heilmittel gegen die Höhenkrankheit reichte man uns Tee, der aus den Blättern der Kokapflanze gewonnen wird. Die Luft war so dünn, dass es uns schwer fiel, zu atmen. Nachts schliefen wir bei offenem Fenster. Starke Energien und die leichte Brise des Sees halfen uns, wieder zu Kräften zu kommen.

Ich war erstaunt darüber, wie Medium João das aushielt. Morgens beschränkte er sich auf ein Glas Papaya-Saft und aß erst wieder spät abends. Während der Sitzungen aß er nichts. Nachdem er sich der Menschen vor dem Hotel angenommen hatte, behandelte er die Menschen, die im Klub auf ihn warteten. Männer, Frauen, Kinder, Alte, Junge, Verkrüppelte und Blinde. Menschen mit den verschiedensten Krankheiten. Menschen, die den ganzen Tag in schneidender Kälte bei minus 8 °C ausharrten. Viele von ihnen hatten bereits zwei Nächte bei diesen eiskalten und regnerischen Bedingungen ausgeharrt und sogar in der Wartereihe geschlafen. Der Unterschied zwischen den wohlsituierten, gut gekleideten Menschen und den verarmten, die lediglich Kleidung aus schlechter Baumwolle *(zorba)*, Hosen und Hemden trugen, war schockierend. Medium João, dessen Gerechtigkeitssinn Bevorzugung nicht zulässt, besteht grundsätzlich darauf, dass Reich und Arm zusammen warten. Ich habe nirgendwo gastfreundlichere Menschen erlebt. Ich glaube, Peruaner werden nicht nur dazu erzogen, sondern haben einen angeborenen Sinn für Freundlichkeit. Sogar die Kinder, die kaum sprechen konnten, schenkten uns eine freundliche Geste oder ein nettes Wort. Während der langen

Wartezeiten kauften wir Süßigkeiten und Schokolade, um sie an die Kinder zu verteilen, die für die Kälte ungenügend gekleidet waren. Viele Mütter trugen ihre Kinder auf dem Rücken, wie es in der Bevölkerung Brauch ist. Die tiefe Dankbarkeit, die aus ihren Augen sprach und die einfachen aber aufrichtigen Worte „Gracias Senhor“ bewegten uns ungemein.

Es blieb nicht eine einzige Flasche Wasser in Puno zurück, die noch von den Wesenheiten hätte gesegnet werden können – dies nur, um Ihnen eine Idee vom Ausmaß der Menschenmengen zu geben. Am letzten Tag beobachteten wir Menschen, die Plastikbeutel trugen, welche sowohl klares Regenwasser als auch das meistens trübe Flusswasser enthielten. Da Peru für Choleraepidemien bekannt ist, hatte die Situation etwas Besorgniserregendes. Puno hat offene Abwasserkanäle. Es ist ein Wunder, dass es während der zweiten Peru-Mission Joãos keinen Cholera-Ausbruch gab. Schließlich brachten Lastwagen in Flaschen abgefülltes Wasser aus der nächsten, etwa 550 km entfernten Stadt. Medium João ist strikt dagegen, dass sein Name jemals kommerzialisiert wird. Er lehnte alle Angebote von Wassergesellschaften ab, die während seines Aufenthaltes in Peru die Rechte an seinem Namen erwerben wollten.

Die Berichterstattung der Medien lockte Karawanen von Menschen aus anderen peruanischen Städten, aus Bolivien, aus Chile und Venezuela an. Sie alle kamen nach Puno. Journalisten kamen in Scharen aus allen Nachbarstaaten in der Hoffnung, das brasilianische Medium interviewen zu können.

Unter der strengen Beobachtung von Abgesandten des Ministeriums und der Medizinischen Vereinigung Perus wurden hunderte von physischen Operationen durchgeführt. Einige der Ärzte und der Regierungsbeamten ließen sich sogar selbst operieren. Unzählige außergewöhnliche Heilungen fanden statt. So z.B. auch die eines etwa vierzehnjährigen Mädchens, welches Folkloretänzerin in Cusco gewesen war. Seit einem Autounfall konnte es nur noch an Krücken gehen. Die Wesenheit massierte ihre Beine und sagte dann zu ihr: „Geh! Du bist geheilt!“ Vor den ungläubigen Augen hunderter von Menschen warf er ihre Krücken dramatisch zu Boden – der Aufprall hallte wider. Das Mädchen begann nach anfänglichen Schwierigkeiten, unterstützt durch den brüllenden Beifall der Menge, zu gehen. Später sahen wir sie im Kreise ihrer Familie fast gänzlich normal gehen. Sie weinte vor Dankbarkeit.

Es gab viele Fälle, bei denen Krücken „flogen“. Fernsehteams und Journalisten wurden durch das öffentliche Aufsehen auf die Vorfälle aufmerksam und eilten sofort an den Ort des Geschehens. Viele von ihnen waren außer Stande ihre eigenen Gefühle zurückzuhalten, während sie die Personen interviewten, die geheilt worden waren. Während einer Morgensitzung wurden auf den ausdrücklichen Wunsch General Cardenas’, des Kommandanten des Militärs in Puno, fast eintausend Militärs und ihre Familienangehörigen von den Wesenheiten empfangen.

In dieser Gruppe war ein Junge, der an einer Verkrüppelung litt und nur unter großen Mühen an Krücken gehen konnte. Die Wesenheit „befahl“ ihm zu gehen. Kaum jemand glaubte, dass dies möglich sein würde, weil man wusste, dass der Junge von Spitzenkrankengymnasten und Orthopäden ohne Ergebnisse behandelt worden war. Da es sich um eine prominente Familie der Region handelte, wurde der Fall des Jungen publik gemacht und überall veröffentlicht. Man nahm dem verkrüppelten Jungen die Krücken ab und er begann zu gehen. Die Menge, die das Wunder bezeugte, war sprachlos. Selbst General Paz, der sonst nie die Fassung verlor, konnte seine Tränen nicht zurückhalten.

Ein alter Mann trat in Begleitung seiner Familie vor João. Laut seiner Familie war er seit vielen Jahren auf beiden Ohren taub. Die Wesenheit legte seine Handflächen auf die Ohren des alten Mannes. Nach wenigen Augenblicken fragte sie die Familie: „Wie lautet sein Name?" Nachdem man ihr gesagt hatte, sein Name sei *Vicente*, wies die Wesenheit eine Person an, sich etwa zwei oder drei Meter hinter den tauben Mann zu stellen und ihn in normaler Lautstärke anzusprechen. Die Familienmitglieder, die wussten, dass er taub war wie ein Stein, schauten einander zweifelnd an. Als er seinen Namen hörte, drehte sich Vicente nach dort um, wo die Stimme herkam. Sofort sagte jemand anderes seinen Namen und er drehte sich wieder in die Richtung, aus der die Stimme gekommen war, um der Person, die ihn angesprochen hatte, in die Augen zu sehen. Er konnte alles hören, was zu ihm gesagt wurde. Der Mann und seine Familie gaben noch ein letztes Interview und reisten tränenüberströmt ab.

Später an diesem Tag trat eine Frau mit ihrem zwölfjährigen Sohn vor die Wesenheit. Sie schluchzte vor Dankbarkeit. Sie sagte uns, dass ihr Sohn seit seiner Geburt an einer schweren mentalen Störung gelitten hatte. Er habe oft eine Zwangsjacke tragen oder angeschnallt werden müssen und sei außer Stande gewesen, ein normales Leben zu führen. Aufgrund der Schwere seiner mentalen Störung war es nicht möglich gewesen, ihn privat zu unterrichten oder ihn in einer entsprechenden Einrichtung unterzubringen. Auf Medium Joãos vorheriger Reise nach Peru waren nicht nur Präsident Fujimori und sein Sohn geheilt worden. Zweifellos war auch dieser Junge von seinem Wahnsinn befreit worden. Dieses Mal hatte die Mutter mit ihrem Sohn zwei Tage unter den eiskalten Bedingungen im Nieselregen ausgeharrt – nicht weil sie um weitere Heilung bitten wollte – sondern weil sie ihr bewegendes Zeugnis ablegen und sich dafür bedanken wollte, dass die Wesenheit ihren Sohn geheilt hatte. Mit seiner eigenen klaren Stimme sagte der Junge uns, dass er in Lima eine normale Schule besuche und bemerkenswerte Fortschritte mache.

Der Kommandant der nationalen peruanischen Polizei, Mario Garcia Noe, war Opfer eines Terroristenangriffs geworden.

Eine Verletzung der Wirbelsäule hatte eine Querschnittslähmung von der Hüfte abwärts zur Folge. Die Wesenheit gab ihm Energie und er saß während allen Sitzungen im Current. Als wir am letzten Tag nach Lima aufbrachen, war Kommandant Mario bereits im Stande, aus seinem Rollstuhl aufzustehen. Zwar brauchte er noch Hilfe, aber die Aussicht auf Rehabilitation gab ihm Kraft und er beschloss, nach Brasilien zu kommen und seine Behandlung fortzusetzen.

Vor seiner Abreise aus Puno wurde Medium João durch ein Armeekorps des Staates geehrt. Das Militär marschierte trotz des strömenden Regens in Paradeuniform an ihm vorbei und salutierte. Diese Art der militärischen Huldigung ist normalerweise Staats- und Regierungschefs vorbehalten.

JOÃOS BESUCH IN ATLANTA, GEORGIA, USA

Im Frühling 2006 erreichte die Welt der Wesenheiten etwas, das einem kollektiven Hilfeschrei gleichkam. Menschen aus der ganzen Welt und von überall aus Amerika pilgerten nach Atlanta, Georgia. Menschen in Sorge, einsame Menschen, kranke Menschen und Menschen im Rollstuhl strömten in das Konferenzzentrum Atlantas.

João de Deus beendete seine Arbeit in der Casa am Vorabend seiner Abreise gegen 18 Uhr. Seine Frau Ana hatte den Flug so geplant, dass sie am frühen Samstag, einen Tag vor der ersten Sitzung, in Amerika ankommen würden. João de Deus geht seiner Mission unermüdlich nach, und auch wenn er körperlich durch die vielen Stunden Arbeit täglich oft sehr erschöpft ist, liebt er seine Arbeit. Er freute sich auf die etwa 2 500 Amerikaner, die gekommen waren, um ihn und die Wesenheiten zu sehen.

Nach ihrer Ankunft in Atlanta ruhte sich João aus, während er auf Heather wartete. Sie sollte gemeinsam mit ihm die Volontäre treffen, sich mit den Örtlichkeiten vertraut machen und den Grundstein für die Arbeit am nächsten Tag legen. Heather war während des dreitägigen Aufenthaltes in Atlanta Joãos persönliche Assistentin, Übersetzerin und die Übersetzerin für die Wesenheiten während der Sitzungen.

Die Vorhalle glich jeden Morgen während des dreitägigen Ereignisses einem Meer aus Weiß. Die Freiwilligen instruierten die Menschen, die warteten, eine Reihe zu bilden, um sie dann in die temporäre „Große Halle" zu führen. João de Deus betrat das Gebäude und bedankte sich bei jedem, einschließlich der amerikanischen Behörden, die ihm den Aufenthalt in Atlanta ermöglicht hatten. Dann drehte er sich um und ging durch die Vorhänge in seinen Current-Raum. Er hielt Heathers Hand, verließ seinen Körper und inkorporierte. Tausende *filhos* wurden empfangen; einer nach dem anderen. Einige kamen ehrfürchtig; andere waren skeptisch. Einige Menschen wussten nicht, was sie erwartete und schienen verwirrt, weil sie nur für wenige Augenblicke an der Wesenheit vorbeigeführt wurden. Sie verstanden nicht, wie ihre Heilung durch einen kurzen, flüchtigen Blick, eine kleine Handbewegung oder durch die Worte „Ich werde an dir arbeiten" oder „Komm nach Brasilien und ich werde die Arbeit an dir vollenden" stattfinden sollte. Viele Menschen konnten die allgegenwärtige Energie des Stroms spüren und vertrauten darauf, dass ein solch kleines Zeitfenster doch gleichzeitig ein unendlicher Moment in anderen Dimensionen sein konnte und die Heilung ihrer Beschwerden oder Probleme bereits begonnen hatte.

Einmal nahm die Wesenheit einer Frau den Gehstock aus der Hand, warf ihn auf den Boden und sagte zu ihr, sie solle gehen – sie läuft noch immer ohne Gehstock. Gottes Liebe heilte die Menschen. Viele von ihnen fingen spontan an zu weinen – überwältigt von tiefen Gefühlen der Dankbarkeit. Sie gewannen ihren Glauben an Gott wieder und ihre Zweifel verschwanden. Die größte Heilung, die Heilung der Seele, wurde denjenigen zuteil, die darum gebeten hatten.

Während der drei Tag in Atlanta filmte und interviewte John Quinones vom Fernsehsender *Prime Time Live* João. Die Wesenheit sprach freundlich und sanftmütig und machte Herrn Quinones hinsichtlich seiner *eigenen* Verbindung zu Gott Mut. Auf die Frage, warum er nach Amerika und besonders nach Atlanta gekommen sei, antwortete die Wesenheit, es liege am starken Glauben und der Liebe, die hier zu spüren sei. Er war dankbar dafür, dass sich so viele Menschen auf die Reise gemacht hatten, um ihn zu sehen.

Medium João sagte zu Quinones: „Ich bin nicht hier, um die Menschen zum Narren zu halten. Ich bin hier, weil Gott hier ist. Wir sind hier, um die Energie und den Atem Gottes zu erhalten. Ich selbst gehöre keiner Religion an, aber ich bin gläubig und glaube an einen universalen Gott, der die Liebe selbst ist. Jeder, der Vertrauen in einen Glauben hat, ist mein Bruder, weil wir alle an einen Gott glauben, der unser Vater ist. Ich predige keine Religion, aber ich predige die allgegenwärtige Liebe und den Glauben an den Schöpfer der Welt." Auf die Frage, warum einige Menschen geheilt werden und andere nicht, antwortete die Wesenheit: „Ich bin hier um zu heilen, das Leben selbst kommt durch Gott."

Während der Mittagspause und am Abend entspannten João und seine Frau sich, trafen sich mit Freunden oder João schaute zur Ablenkung fern – am liebsten Westernfilme. Manchmal schlief er kurz auf dem Sofa seines Hotelzimmers ein. Nach der Morgensitzung ruhte er sich für ein oder zwei Stunden aus und nahm ein leichtes Mittagessen zu sich, nachdem er sich vergewissert hatte, dass sein Personal gut versorgt war. Danach bereitete er sich auf die bevorstehende Arbeit vor oder ruhte sich noch einmal für einen Moment aus.

Am letzten Tag in Atlanta endeten die Sitzungen am Dienstag gegen 17:30 Uhr. João de Deus reiste umgehend nach Brasilien ab, um keinen Tag in seiner Gemeinde in Abadiânia zu versäumen. Er verließ Atlanta um 20 Uhr Dienstagabends und war am Mittwoch um 14 Uhr wieder in der Casa in Abadiânia, um die Wesenheiten zu empfangen.

Die Wesenheiten, die sich in Atlanta zu erkennen gaben, waren folgende: Dr. José Valdivino, St. Francis Xavier und Dr. Oswaldo Cruz. Dr. Cruz fragte, ob es Mediziner gebe, die mit ihm sprechen wollten. Dr. Cruz war ein brillanter Bakteriologe. Im Alter von 19 Jahren hatte er seinen Abschluss an der medizinischen Hochschule gemacht und am Pasteur-Institut in Paris studiert. In seiner Eigenschaft als Wesenheit sprach er mit einigen der medizinischen Ärzte, die ihn aufsuchten. (Weitere Informationen über Dr. Cruz s. Kapitel 9)

Linda Hamilton (Teilnehmerin in Atlanta) schildert ihre Erfahrungen:

Etwa zu der Zeit, als meine Tochter 1996 geboren wurde, bekam ich Arthritis in der Hüfte. Mein Zustand wurde zunehmend schlechter und seit ungefähr zwei Jahren brauche ich einen Gehstock. Vor der Erkrankung war ich Turnerin, Tänzerin und begeisterte Eiskunstläuferin.

Gemeinsam mit meiner Freundin Anne ging ich nach Atlanta, um João de Deus zu sehen. Ich traf ihn letzten Juli in der Casa, in die wir beide mit Heather gereist waren. Das erste Mal, als ich vor die Wesenheiten trat, war ich verängstigt. Ich hatte gehört, dass sie manchmal Wunderheilungen vor den Augen der Menge durchführte. Ich wollte nicht, dass so etwas mit mir gemacht wurde. Etwas in mir sträubte sich noch immer gegen die Heilung, aber ich genoss die Erfahrungen in der Casa und war voller Hoffnung, dass ich geheilt würde.

In Atlanta war meine geistige Verfassung eine andere. Die

sechsmonatige Einnahme von Passiflora-Kapseln und die spirituellen Operationen hatten Einfluss auf meine Seele genommen und meine Lebenseinstellung zum Positiven verändert. Ich hatte nach dem ersten Casa-Besuch viel mehr Energie, aber ich hatte noch immer Schmerzen und Entzündungen und meine linke Hüfte und das linke Knie waren noch sehr steif. Ich war noch immer auf meinen Gehstock angewiesen.

Zwei Wochen, bevor ich nach Atlanta reiste, hatte ich mitten in der Nacht „Besuch“. Ich wachte ungefähr um 2 Uhr auf und merkte, dass jemand bei mir war. Es war kein Traum. Ich war zwar etwas beunruhigt, aber ich wusste, dass die Besucher die Wesenheiten waren. Damals dachte ich noch, dass es João selbst sei. Die Wesenheiten baten mich, meine Augen geschlossen zu halten, während sie begannen, an mir zu arbeiten. Nach dieser Erfahrung besann ich mich mehr auf meine geistige und emotionale Energie, um mich auf Atlanta und auf meine Heilung einzustellen. Ich sagte Anne, dass die Wesenheiten bereits in den Vereinigten Staaten seien, um uns auf dieses Ereignis vorzubereiten.

Wir fuhren nach Atlanta. Dort trafen wir uns mit meiner achtzigjährigen Mutter, die mit uns kommen wollte, um Medium João zu treffen. Sie konnte nicht nach Brasilien reisen, aber sie konnte in ihren Geburtsort Georgia reisen. Ich war so glücklich, dass sie mit uns ging, denn ich wusste, dass es unsere komplette Familie positiv verändern würde.

Anne war in der Reihe vor mir, meine Mutter hinter mir. Ich sah, wie Heather für die Wesenheit dolmetschte. Ich fühlte so viel Liebe und Dankbarkeit für Medium João, die Entitäten, Heather und die anderen Casa-Guides, weil sie den Menschen so viel gaben. Ich empfand der Wesenheit gegenüber große Zärtlichkeit. Ich flüsterte leise: „Freund Gottes.“ Für mich war er ein Freund Gottes. Ich war eine Freundin Gottes. Gott ist unser Freund. Diese Betrachtungsweise machte den ganzen Unterschied. Es geschah wirklich: Ich sah in Gottes Augen. Ich liebte ihn von ganzem Herzen. Im Gegenzug sah er mich an und sprach mitfühlend und liebevoll zu mir: „Brauchst du diesen Stock wirklich?“

Ich verstand, dass ich ihn nicht brauchte, und folgte Gottes Willen. „Ich werde ihn weglegen“, sagte ich.

Die Wesenheit nahm meinen Stock und bat die Menschen, die im Strom saßen und in der Reihe standen, einschließlich meiner Mutter, ihre Augen zu öffnen und das Wunder Gottes bei der Arbeit zu sehen. Er sagte mir, ich solle im Zimmer auf und ab gehen. Ich bewegte mich wie ein Hummer auf eine schlingernde, schiefe Weise, aber ich ging ohne Schmerzen. Ich war wie benommen und begriff nicht wirklich, was vor sich ging. Es war, als würde ich neu geboren. Es war mein eigenster Moment.

Die Wesenheit gab mir die Anweisung, mich in den Current zu setzen. Wenige Augenblicke später kam ein anderer Mann herein, der auch seinen Stock „bei Gott abgegeben hatte“. Meine Mutter und Anne gingen weiter, um für sich selbst den Segen oder eine spirituelle Operation zu erhalten

Ich trat in Atlanta nur ein einziges Mal vor die Wesenheiten. Ich war zu erschöpft und aufgewühlt. Manchmal schmerzte mein Bein so sehr, dass ich nicht gehen mochte. Manchmal war ich stark gut genug, um ohne Stock gehen zu können. Seit meiner Rückkehr habe ich mein Haus renoviert und meinen Haushalt reduziert, um mich besser – häufig allein – bewegen zu können. Die Hälfte der Zeit brauche ich noch immer meinen Gehstock, aber häufig gehe ich ohne – besonders wenn ich renoviere! Ich glaube fest daran, dass ich völlig genesen werde, weil Gott mein Freund ist und ich eine Freundin Gottes bin. Ich freue mich darauf, die Wesenheiten und João de Deus wieder zu besuchen und ich bedanke mich bei ihm für seine Opfer im Auftrag der Menschheit. Seinetwegen weiß ich, dass Gott heute unter uns ist und seine Arbeit in der Welt verrichtet.

9

SPIRITISMUS UND DIE WESENHEITEN

Ein Medium zu sein bedeutet, Gott mehr als alles andere zu lieben,
seine Mitmenschen zu lieben als sich selbst
und einen Glauben an eine höhere Macht zu haben.
– John of God

„Nome de Deus! (Im Namen Gottes!)", erklang die Stimme von Medium João, als er den Current-Raum betrat. Hunderte von Menschen aus allen Teilen der Welt hatten sich zur Vorbereitung für die Heilarbeit des Tages versammelt.

In stiller Meditation saßen sie mit geschlossenen Augen da. Mit einem Ruck verließ Medium João seinen Körper und inkorporierte mit einer Wesenheit. Sein eigenes Bewusstsein würde sich jetzt in einem schlafähnlichen Zustand ausruhen, bis die täglichen Sitzungen abgeschlossen waren.

Wer oder was sind diese Wesenheiten, die für die spirituelle Mission Medium Joãos so zentral sind? Die spirituelle Arbeit in der Casa beruht auf den Grundsätzen des Spiritismus: Einer Doktrin, die sich mit der Beziehung zwischen physischen und nichtphysischen Welten befasst. Physische Wesen verkörpern die sichtbare oder leibhaftige Welt, während nicht physische Wesen die Geisterwelt repräsentieren. Die nicht physischen Wesen (Wesenheiten) sind hochentwickelte Wesen, die sich aus der spirituellen Welt in die physische Welt „einschalten“, um in dieser das Leid zu lindern. Diese Mission wird durch die Bereitwilligkeit Medium Joãos, seinen Körper als Mittel für diese Arbeit zur Verfügung zu stellen, erleichtert.

Es gibt eine geistige Hierarchie in der Casa de Dom Inácio. An erster Stelle stehen das Bewusstsein und die Einstellung zu Gott – sie sind die Kräfte, die alles leiten. Als nächstes kommt die Wesenheit, bekannt als *König Salomon*, gefolgt von St. Ignatius mit einer „Phalanx von Geistwesen“. Dann gibt es die Wesenheiten, die in ihrem vorherigen Leben Ärzte gewesen waren: Dr. Augusto de Almeida, Dr. Oswaldo Cruz und Dr. José Valdivino. Außerdem gibt es jene namenlosen Wesenheiten, die sich durch die Worte: *„Sei gegrüßt, Dr. Augusto”* zu erkennen geben, während sie inkorporieren. Sie gehören entweder der Phalanx an oder sie sehen in Dr. Augusto ihren Mentor. Andere sagen wenig oder nichts über sich selbst, stehen aber jedem mit ebensoviel Liebe, Güte und Hilfe zur Seite. Eine dieser Wesenheit sagt, ihr Name sei „José“, eine andere nennt sich „Liebe“, eine weitere sagt, sie sei nicht würdig, vor St. Ignatius niederzuknien. Diese Wesenheit, ein Mitglied der Phalange von St. Ignatius, ruft uns ins Gedächtnis, wie glücklich wir uns schätzen können, dass wir die Möglichkeit haben, vor St. Ignatius zu treten, während er Medium João inkorporiert. Während die Mission der Wesenheiten dazu dient, uns zu heilen, darf man nicht vergessen, dass ihr Einsatz zu ihrer eigenen Weiterentwicklung in der spirituellen Welt beiträgt.

Die folgenden Beschreibungen sind Kurzbeschreibungen der bekanntesten Wesenheiten, die in der Casa arbeiten.

ST. IGNATIO DE LOYOLA (1491 – 1556)

Erzählungen zufolge war der heilige Ignatius von Loyola (auch bekannt als Dom Inácio de Loyola) ein ungewöhnlicher Heiliger:

Ein Mann, der ein leidenschaftliches Leben lebte, in welchem es an schönen Frauen, Essen und Alkohol nicht mangelte.

Historiker berichten von ihm als einem sehr attraktiven, eitlen, unglaublich sturen, ungestümen und anspruchsvollen Mann. Und doch erfuhr auch er, der zuweilen mit Selbsthass und der Angst, dass Gott ihn wegen seiner Sünden nicht lieben könnte, erfüllt war, die Liebe und Gnade Gottes.

Iñigo de Oñaz y Loyola wurde 1491 in einer baskischen Adelsfamilie als jüngstes von dreizehn Kindern geboren. Er verbrachte große Teile seiner Jugend mit wohlhabenden Verwandten am Hofe König Ferdinands von Spanien und eignete sich dort das Wissen um die feineren Dinge des Lebens an. Nach dem Tod von Ferdinand trat Iñigo der spanischen Armee bei. Im Rahmen der Belagerung 1521 zeichnete sich der Offizier Iñigo López de Loyola durch unnachgiebigen Durchhaltewillen aus, trotz militärisch aussichtsloser Lage. Beim anschließenden Beschuss seiner Bastion wurde er lebensgefährlich verletzt. Während der langen Genesungszeit entschloss er sich, sein Leben radikal zu ändern, und gründete die Gesellschaft Jesu. Ein neues Leben der Demut, Armut und Wohltätigkeit gab ihm seinen inneren Frieden. Den letzten Teil seines Lebens verbrachte er damit, andere Menschen dazu zu inspirieren, sich ernstlich mit ihrem spirituellen Wachstum auseinanderzusetzen.

Seine Eitelkeit veranlasste Iñigo dazu, mehrere schmerzhafte Operationen über sich ergehen zu lassen, in der Hoffnung, sein deformiertes Bein wiederherzustellen. Doch es heilte nie vollständig. Er hinkte für den Rest seines Lebens (wenn Medium João von St. Ignatius inkorporiert wird, hinkt er sichtlich beim Gehen). Sein Heilungsprozess war lang und schmerzhaft und Iñigo flüchtete sich in die Welt der Bücher. Nachdem er fast alle Bücher der Familienbibliothek gelesen hatte, blieben ihm nur zwei Bücher zur Wahl: ein Buch über das Leben Christi und ein anderes über das Leben der Heiligen. Geschichten von

Elend, dem Glauben und dem Dienst an Gott regten Iñigo dazu an, sein Leben zu überdenken; Wachträume des Heldentums und der Ritterlichkeit erdrückten ihn und ließen ihn bitter, leer und einsam zurück. Reue und Gewissensbisse erfüllten die Seele von Iñigo und so reiste er 1522 zum Heiligen Schrein der Schwarzen Madonna in Montserrat. Diese Reise unterschied sich von den vielen Reisen, die er zuvor als tapferer Ritter unternommen hatte und auf denen er um Segen und Schutz für zukünftige Schlachten gebeten hatte. Am Altar der Madonna legte Iñigo sein Schwert und sein Schild nieder, bekannte seine Sünden und blickte auf zur Kathedrale von Manresa. Für den Jesuitenorden hat Manresa eine besondere Bedeutung: Der spätere Ordensgründer, Ignatius von Loyola, verbrachte hier einige Monate in Einsamkeit, in denen er sich äußerster Armut aussetzte und sich beständig ins Gebet vertiefte. Am Cardener (Fluss durch Manresa) hatte er eine Erleuchtung, die ihn im spirituellen Sinne für sein ganzes Leben prägte. Mit dem Ende seiner Zeit in Manresa wurde Ignatius zum Pilger. Er pilgerte nach Jerusalem und über viele weitere Stationen bis nach Rom.

Iñigo nutzte diese Gelegenheit, um seine Ausbildung zu vertiefen, bereiste ganz Spanien und Frankreich und beschäftigte sich mit den klassischen Werken dieser Zeit. Er studierte Kunstwissenschaften an der Universität in Paris, machte seinen Abschluss und nahm einen neuen Namen an: *Ignatius von Loyola*. Auf seinen Reisen ergriff er jede Gelegenheit, sich mit anderen über seine spirituellen Erfahrungen auszutauschen und wurde nicht selten wegen seiner Ansichten festgenommen. Und doch ließ er sich, trotz fortwährender Nöte und Krankheit, nicht von seinem festen Glauben an den gerechten Plan Gottes für die Menschheit abbringen. Die letzten Jahre seines Lebens verbrachte er damit, andere zu lehren; eine Aufgabe, die auf die Gründung des Jesuitenordens (auch bekannt als „Gesellschaft Jesu“) 1540 hinauslief. Bis zu seinem Tod 1556 nahm er sich in seiner Mission der spirituellen und materiellen Bedürfnisse der Armen an.

Ignatius schrieb zu Lebzeiten mehrere Abhandlungen, die sich auf seine eigene spirituelle Auseinandersetzung bezogen. Die Abhandlung *The Spiritual Exercises of Saint Ignatius* (Die geistigen Übungen von St. Ignatius; übersetzt von Adolf Haas; Neuausgabe 1999) entstand aus dem Wunsch nach einem Handbuch von Direktiven für diejenigen, die ihr Leben nach Gott ausrichten wollten. Darin veröffentlichte St. Ignatius eine genaue Anleitung für Gebete, Beichten und Meditationen für eine vierwöchige Phase des spirituellen Hinterfragens und des spirituellen Wachstums. Noch heute finden die grundlegenden Prämissen dieser Abhandlung an drei Tagen der Woche in der Casa Anwendung, während wir uns dem Göttlichen durch Meditation und das Gebet hingeben. Ignatius, der Schutzpatron der Casa de Dom Inácio, schreibt:

> *„Je mehr wir uns mit Ihm (unserem Herrn) vereinigen, desto mehr öffnen wir uns selbst, um Gnade und Geschenke von Seiner göttlichen und höchsten Güte zu erhalten.“* [22]

ST. IGNATIUS IN DER CASA

St. Ignatius inkorporiert immer an seinem Todestag. Seine Energie ist so stark, dass er seine Anwesenheit auf zwanzig Minuten beschränkt, um Medium Joãos Körper durch die Hochfrequenz-Vibrationen nicht allzu sehr zu belasten. Medium Joãos Körper wirkt anders, wenn er von St. Ignatius inkorporiert wird. Es scheint, als ob der obere Rumpf von Medium Joãos Körper durch die starken und ausgedehnten Vibrationen der Wesenheit zusammenpresst würde und dieser damit kämpfte, für so viel Licht und Energie Raum zu finden.

---

[22] St. Ignatius de Loyola: „Die geistigen Übungen von Saint Ignatius“ S. 29.

Während der Inkorporation am 31. Juli 2005 fiel St. Ignatius vor dem Stuhl der Wesenheit auf die Knie, während eine Welle der Energie sichtbar durch jeden pulsierte, der sich in unmittelbarer Nähe befand. Die Wesenheit schaute himmelwärts und sagte: „Ich werde auf eine andere Ebene emporgehoben." Medium Joãos Körper erzitterte, als St. Ignatius ihn verließ und Dr. Augusto inkorporierte. Dr. Augusto erklärte, dass die Vibrationen des St. Ignatius eine solch hohe Frequenz hätten, dass es für jedes Medium der Welt schwierig sei, den Geist des St. Ignatius zu inkorporieren. Danach reichte er einer Frau, die ursprünglich mit der Diagnose „inoperable Krebserkrankung" in die Casa gekommen war, eine Rose. Die Frau war seit Jahren ein Casa-Medium. Dr. Augusto sagte, dass er ihr jedes Jahr während der Festtage des St. Ignatius zum Gedenken an ein weiteres Lebensjahr eine Rose überreiche. Dieses Mal fragte er sie vor allen Anwesenden, wie viele Rosen sie denn schon erhalten habe. Schluchzend sagte sie: „Diese Rose ist die achte."

Am Freitag, den 28. Juli 2006, feierte die Casa den Festtag des St. Ignatius.[23] Die Planung dieses außergewöhnlichen und vielversprechenden Festes nimmt viele Monate in Anspruch. Zahlreiche ehrenamtliche Casa-Helfer sind damit beschäftigt, alles für die Massen von Brasilianern und Fremden vorzubereiten, die kommen werden, um den Schutzpatron der Casa zu ehren.

Die Vormittagssitzung schien länger zu dauern als üblich. Die Medien standen still und konzentrierten ihre Energien darauf, den Current zu halten, und dankten im Gebet für die Präsenz der Wesenheit. Als der Geist von St. Ignatius Medium Joãos Körper inkorporierte, bemerkte Heather die physische Veränderung von Joãos Äußerem: Seine Brille war ihm abge-

[23] Der tatsächliche Geburtstag ist der 31. Juli, aber das Fest findet an einem Tag statt, an dem die Casa geöffnet ist.

nommen worden und seine Frisur hatte sich verändert. Sein Haar war jetzt nach vorn gekämmt. Es gab auch einen erkennbaren Unterschied in der Beschaffenheit seines Haars: Durch die energischen Verschiebung im Körper des Mediums schimmerte es jetzt hochglänzend. Jetzt gänzlich inkorporiert sprach die Wesenheit: „*Ich bin der mit dem lahmen Bein.*" Wie üblich an diesem Tag umarmte St. Ignatius alle, die vor ihn traten. In Ehrfurcht vor der extremen Energie, die von Joãos Körper ausging, erwiderten sie die Umarmung. Die Inkorporation dauerte ungefähr zehn Minuten. Dann inkorporierte Dr. Augusto. Er saß im Stuhl der Wesenheit und sprach die folgenden Worte:

Dom Inácio ist das Licht, das zu uns durchscheint.
Glaube und Konzentration lässt die Energie zu Licht werden.
Dom Inácio beaufsichtigt alle Operationen, die in der Casa durchgeführt werden.
Er betreut und schützt alles, was passiert.
Sie alle (er deutete auf alle Anwesenden) bewirken durch den Current einen Kreis der Konzentration. Es ist einfach, diesen Lichtkreis zu erschaffen, und doch hat er große Wirkung, denn er spendet das Licht für das Wirken Gottes.

Nach diesen Worten nahm der Tag der Heilungen und des Feierns seinen Lauf.

ST. FRANCIS XAVIER (1506–1552)

St. Francis Xavier wird häufig „der Apostel der Westindischen Inseln und Japans" genannt. Ein frommer Mann, der sein Leben der Erlösung von Seelen widmete und sein Leben lang in die entlegensten Länder und Orte reiste, um das Wort Gottes zu verbreiten. Historiker schreiben den missionarischen Erfolg von Xavier seinem außergewöhnlichen Verhandlungsgeschick zu. Man sagt ihm ein sanftes Gemüt und tiefen Respekt gegenüber den einfachen Leuten nach, die er die Grundsätze des Glaubens lehrte.

Francis Xavier wurde am 07. April 1506 am Hofe von Xavier in einer Adelsfamilie geboren. Seine Mutter war eine Thronerbin und sein Vater war Berater des Königs von Navarre. Es stellte sich schon in sehr jungen Jahren heraus, dass Francis Xavier sehr begabt war. Er besuchte das St. Barbara College in Paris. Dort lernte er St. Ignatius de Loyola kennen. Sie wurden Freunde und schon bald teilte er die Vision Loyolas: die Hingabe, Gott zu dienen. Er half bei der Gründung der „Gesellschaft Jesu", wurde 1537 Priester und trat dem Orden bei. Drei Jahre später wurde er vom König Portugals zum Beauftragten für die Menschen der Westindischen Inseln ernannt.

Im Laufe der nächsten zehn Jahre gründete St. Francis Xavier zahlreiche Missionen in Gebieten Indiens, Chinas und Japans, die von der katholischen Kirche als zu fremd und zu gefährlich angesehen worden waren. Xavier genoss es, zu reisen, sprach die jeweilige Sprache schnell fließend und kümmerte sich um die Bedürfnisse aller Menschen, sowohl reich als auch arm. Er geriet in große Notlagen und wurde für seine ehrliche Meinung zur Ausbeutung der Eingeborenen durch portugiesische Kolonisten politisch verfolgt.

St. Francis starb im Dezember 1552 auf einer chinesischen Insel. Nach seinem Begräbnis wurde der Leichnam von St. Francis Xavier aus drei verschiedenen Anlässen dreimal exhumiert und von unzähligen Ärzten und Klerikern untersucht. Sein Körper befand sich bei jeder dieser Exhumierungen in einem makellosen Zustand. Die Nachricht verbreitete sich schnell unter den Menschen und man sprach von einem Wunder. Zahlreiche Länder versuchten bezüglich des Verbleibs des Körpers von St. Francis Xavier auf die Gesellschaft Jesu Einfluss zu nehmen. Nach reichlicher Überlegung verfügte die Gesellschaft Jesu 1614, dass die rechte Hand von Xavier – die er häufig für das Ritual der Taufe, für Heilungen und um Wunder zu bewirken verwendet hatte – von seinem Körper getrennt und nach Rom gebracht wurde. Die Hand ist nie verwest und gilt als eine Reliquie dieses Heiligen. Die sterblichen Überreste seines mumifizierten Körpers befinden sich in einem Schrein in einer Kirche in Goa.

ST. FRANCIS XAVIER IN DER CASA

Wir erinnern uns an eine bemerkenswerte Operation im November 2001, die vom Casa-Personal aufgezeichnet wurde. St. Francis Xavier inkorporierte während eines Stromausfalls. Er arbeitete im Schein einer Taschenlampe und führte viele außergewöhnliche Operationen durch. Eine Frau aus Heathers Gruppe klagte über starke chronische Zahnschmerzen. Xavier durchstieß ihre rechte Backe mit einer Metallsonde, machte einen kleinen Einschnitt im Gaumen und schloss die Wunde mit einem einzigen Stich. Er zog die spitze Metallsonde aus ihrer Backe. Es war weder eine Einstichwunde noch sonst eine Wunde zu sehen. Während der gesamten Operation war kein einziger Tropfen Blut geflossen. Das Casa-Video zeigt, wie sie völlig aufrecht und ruhig dasteht, ohne Schmerzen zu empfinden. Vor dem Verlassen des Körpers streckte die Wesenheit seine rechte Hand aus und ein Casa-Medium erkannte in ihm St. Francis Xavier.

Bei einer anderen Gelegenheit inkorporierte St. Francis Xavier und nahm mehreren Menschen, die vor ihn traten, die Krücken ab. Während die Krücken noch zu Boden fielen, hob er eine Person aus dem Rollstuhl und sagte, sie solle aus dem Zimmer *gehen*. Danach kam er von der Bühne, schritt die Wartereihe entlang und sprach einigen Menschen die Botschaft der Heilung persönlich aus. Als er sich Heather näherte, streckte er seinen rechten Arm mit seiner Handfläche zu ihr gewandt aus und fragte sie: „*Filha*, wer bin ich?" Aus ihrem Mund kamen die Worte „Francis Xavier". Später erzählte Xavier Geschichten von wundersamen Heilungen, die er mit seiner rechten Hand vollbracht hatte, während er sich in ärztlicher Untersuchung befand.

Am 29. April 2006 gab eine Besucherin der Casa bekannt, dass sie Geschenke für die Wesenheit habe. Das erste war eine Statue der Santa Rita vom Kloster in Cascia. Als nächstes wickelte sie ein wunderschönes Gemälde von Francis Xavier aus, das sie aus der Kapelle in Rom gebracht hatte, wo dessen Hand ausgestellt ist. Die Wesenheit veränderte sich und Francis Xavier wurde erkennbar. Das Gemälde gefiel ihm und Heather fragte ihn, ob er finde, dass es ihm ähnelte. Er lächelte entzückt und sagte, dass es das tatsächlich tue. Dann erkundigte er sich, ob irgendjemand wisse, was in jenem Leben mit seinem Arm geschehen sei. Xavier stand von seinem Stuhl auf und deutete auf die Stelle an seinem Arm, an der dieser unter dem Ellbogen abgetrennt worden war. Er bedankte sich dann bei der Frau und bat sie darum, das Gemälde hinter seinen Stuhl an die Wand zu hängen.

KÖNIG SALOMON

König Salomon wurde im Jahr 1 000 v. Chr. als der zehnte Sohn von König David und Bathsheba geboren. Seine vierzigjährige Regierungszeit über die Israeliten ist im 1. Buch der Könige und im 2. Buch der Chroniken dokumentiert. Während dieser Zeit konzentrierte Salomon seine Anstrengungen auf die Erweiterung der Grenzen seines Königreichs. Sein größtes Werk war die Vollendung des salomonischen Tempels, eines Denkmals, das errichtet wurde, um die Gesetzestafeln, welche Moses auf dem Berg Sinai von Gott erhalten hatte, zu bewahren. Der Tempel galt als heiliger Ort, zu dem Juden pilgerten und entsprechend ihrem religiösen Brauchtum frei mit Gott kommunizierten. Aus diesem Grund wurde der Tempel nach religiösen, politischen und kommerziellen Kriterien als Gipfel des Erfolgs betrachtet.

Salomon wird nachgesagt, das Buch der Sprichwörter und das Buch Ekklesiastes geschrieben zu haben. Viele weltliche Geschichten berichten über den Verstand und die Fairness Salomons in seiner Zeit als Herrscher. Einer der populärsten Fälle beschreibt zwei Frauen, die zu Salomon kamen und ihn um sein Urteil in einem Streitfall baten. Die beiden Frauen stritten um ein kleines Kind; jede behauptete, sie sei die rechtmäßige Mutter. Er entschied: „Schneidet das lebende Kind entzwei und gebt jeder eine Hälfte." Daraufhin gab die leibliche Mutter ihren Anspruch auf das Kind auf, um es zu schützen. Die andere bestand auf der Teilung. Salomon hatte beide angehört und befahl: *„Gebt jener das lebende Kind und tötet es nicht; denn sie ist seine Mutter."*

Der Verweis auf Salomon als dem „klügsten aller Männer" rührt wahrscheinlich aus einer biblischen Passage im 1. Buch der Könige. Salomon, zwölf Jahre alt, wird von Gott gefragt, was er sich als neu ernannter König Israels wünsche. Salomon bittet um ein weises und verständiges Herz und Gott spricht zu ihm:

> *„Weil du solches bittest und bittest nicht um langes Leben noch um Reichtum noch um deiner Feinde Seele, sondern um Verstand, Gericht zu hören, siehe, so habe ich getan nach deinen Worten. Siehe, ich habe dir ein weises und verständiges Herz gegeben, das seinesgleichen vor dir nicht gewesen ist und nach dir nicht aufkommen wird. Dazu, was du nicht gebeten hast, habe ich dir auch gegeben, sowohl Reichtum als Ehre, da deinesgleichen keiner unter den Königen ist zu deinen Zeiten."*[24]

[24] Erstes Buch der Könige, 3:11-13

Vielleicht war es dieses weise und verständige Herz, das an jenem denkwürdigen Tag Ende der 50er Jahre im „Spiritist Center of Christ the Redeemer“, an dem Medium João sich zum ersten Mal mit der Wesenheit des Lichts vereinigte, mehr als 40 Menschen heilte.

ST. RITA DE CASCIA (1381–1457)

Die heilige Rita von Cascia musste in ihren Rollen als Frau, Mutter, Witwe und als unter härtesten Bedingungen lebende Augustiner-Nonne viel Leid ertragen. Aus diesem Grund wird sie häufig als die „Heilige des Unmöglichen“ von denjenigen – meistens Frauen – angebetet, die außergewöhnlich drückende Lasten in ihrem Leben ertragen müssen.

Rita Lotti wurde als einzige Tochter ältlicher, frommer und katholischer Eltern in dem kleinen Dorf Roccaporrena in Italien geboren. Ritas größter Wunsch war es, Gott zu dienen. Rita Lotti besuchte häufig das Kloster der Augustinerinnen in Cascia und hoffte, sich der Ordensgemeinschaft anschließen zu können, aber ihre Eltern hatten andere Pläne für ihre Zukunft und verheirateten sie mit einem Mann, von dem sie glaubten, er werde ihr ein sicheres, glückliches Zuhause bieten. Rita war bitter enttäuscht, kam aber zu dem Schluss, dass diese Heirat Gottes Wille war. Sie ging in die Ehe mit der Einstellung, sich ernsthaft und von ganzem Herzen auf ihre neuen Aufgaben als Frau und Mutter einzulassen. Leider erwies sich ihr Mann als übellaunig und gewalttätig. Gebet und Geduld füllten ihre Tage dieses schwierigen und grausamen Lebens.

Erst nachdem sowohl ihr gewalttätiger Gatte ermordet worden war und ihre beiden Söhne, die Blutrache gefordert hatten, an der Pest gestorben waren, konnte sie ihrem ursprünglichen Wunsch folgen. Sie widmete ihr Leben karitativen Aufgaben und bat die Nonnen des Augustiner-Klosters sie aufzunehmen. Diese lehnten zunächst ab, vielleicht weil sie den Skandal fürchteten, der den Tod ihres Mannes begleitete; vielleicht weil sie die Regel nicht außer Kraft setzen wollten, die besagt, dass Novizen Jungfrauen sein müssen. Im Laufe der Zeit gelang es Rita jedoch, die Nonnen davon zu überzeugen, sie in ihren Orden aufzunehmen. Manche sagen, dass es Rita gelungen sei, die am Tod ihres Mannes beteiligten Familien zu versöhnen; andere sagen, dass Rita – versunken im Gebet – vor den Toren des Klosters gesessen sei. Eines Morgens fanden die Nonnen Rita innerhalb der Klostermauern. Sie konnten sich nicht erklären, wie es ihr gelungen war, durch die geschlossenen Tore ins Kloster zu gelangen. Unabhängig von allen Erzählungen wird angenommen, dass Rita die Ordenstracht 1413 verliehen bekam.

Ihre Meditationen und Gebete zeigten eine einzigartige Hingabe zum Leiden, welches Jesus am Kreuz erfahren hatte. Eines Tages, während sie betete, erschien an der Stelle, an der die Dornenkrone Jesus gesessen hatte, ein Wundmal auf ihrer Stirn. Man sagt, dass dieses Wundmal über fünfzehn Jahre zu sehen gewesen sei. In den letzten Tagen ihres Lebens wurde Rita krank und bettlägerig. Es wird erzählt, dass Rita eines Winters eine Frau, die sie besuchte, gebeten habe, ihr eine Rose aus ihrem Garten zu bringen. Als die Frau in den Garten in Roccaporrena ging, war sie überrascht. An einem Rosenstrauch, der eigentlich abgestorben war, fand sie tatsächlich eine einzige blühende Rose. Um dieses Wunders zu gedenken, werden in allen Kirchen des Augustinerordens jedes Jahr Rosen an die Gläubigen verteilt.

Die heilige Rita von Cascia starb 1457 und wurde im Jahr 1900 heilig gesprochen. Diese geliebte spirituelle Person, welche für ihre Nachsicht bekannt war, erschien Medium João zum ersten Mal in seiner Jugend in Mato Grosso und inspirierte ihn dazu, sein Leben in den Dienst Gottes zu stellen.

DR. BEZERRA DE MENEZES (1831 – 1900)

Dr. Bezerra de Menezes wurde am 28. August 1831 in Ceara, Brasilien, geboren. Im Jahr 1856 schloss er sein Medizinstudium ab und begann kurz darauf eine politische Karriere, die fast dreißig Jahre dauerte. Er war bekennendes Mitglied der Liberalen Partei Brasiliens und ein erfolgreicher Geschäftsmann. Dr. Bezerra gründete die Eisenbahngesellschaft Macahe & Campos.

Als Mitglied der Spiritistischen Bewegung verbreitete Dr. Menezes zusammen mit seinen Freunden und Kollegen Caibar Schutel und Eurípides Barsanulfo die „gute Nachricht", dass es den Tod als solchen nicht gäbe, dafür aber einen Übergang von der materiellen in die spirituelle Welt. Im Jahr 1894 wurde er zum Präsidenten der brasilianischen Spiritismus-Vereinigung ernannt. Dr. Menezes wird liebevoll „Allan Kardec Brasiliens" und „Arzt der Armen" genannt.

Dr. Menezes schrieb mehrere spirituelle Bücher und ist für sein karitatives Engagement bekannt. Er verlangte kein Honorar für seine medizinischen Dienstleistungen und wies nie irgendjemanden ab. Zitat: „Ärzte, die es aus welchem Grund auch immer ablehnen – besonders aber aus finanziellen Gründen –, Menschen in Not zu helfen, sind des Titels *Doktor der Medizin* unwürdig." Dr. Menezes kam aus einer wohlhabenden Familie, starb aber am 12. April 1900 als armer Mann, der sein Vermögen dafür ausgegeben hatte, Kranken und Armen zu helfen.

DR. AUGUSTO DE ALMEIDA (1908)

Zu glauben alleine reicht nicht. Wichtig ist, den Glauben zu leben und als Beispiel mit Güte und Toleranz voranzugehen.

– Dr. Augusto de Almeida

Dr. Augusto ist eine der am häufigsten inkorporierenden Wesenheiten in der Casa de Dom Inácio. Er sagt von sich, dass er in seinem vorherigen Leben, bevor er Arzt wurde, in verschiedenen Berufen z.B. beim Militär oder als Kautschuk-Sammler gearbeitet habe. Wenn Dr. Augusto inkorporiert, erkennt man ihn an seiner entschlossenen und manchmal etwas autoritären Art. Er arbeitet schnell und konzentriert, wird nicht gern unterbrochen und erwartet Ordnung und Respekt. In seinem Leben als Arzt erlebte er viel Leid und Schmerzen. Er erzählte, dass es damals noch keine Anästhesie gegeben habe und seine Patienten den Schmerz der Operation bekämpft hätten, indem sie auf ein Stück Holz oder ein Stück dicken Stoff bissen. Als Wesenheit widmet er sich der Linderung von Schmerz und Leid. Dr. Augusto ist ein äußerst liebenswürdiger Charakter und jeder in der Casa verehrt ihn.

2004 rief Dr. Augusto Martin Mosqueira und Heather zu sich und erzählte ihnen, dass es 96 Jahre her sei, seit er gestorben sei. Zu der Zeit hatte er in einer kleinen Gemeinschaft in Jacunda, im Staat Para gelebt und zusammen mit einer Gruppe von Europäern in einem Projekt in einer Goldmine gearbeitet. „Dann ging alles schief", sagte er. Er schien für ein paar Minuten gedankenverloren. „Bis heute gibt es dort eine sehr kleine Kapelle, aber sie steht inzwischen fast gänzlich unter Wasser." An Ostern 2003 gab Dr. Augusto bekannt, dass er auf eine andere Ebene berufen worden und jetzt „Sheriff" dieses besonderen spirituellen Gebietes sei.

DR. OSWALDO CRUZ (1872–1917)

Dr. Oswaldo Cruz wurde am 5. August 1872 in São Paulo geboren. Er begann sein Studium an der medizinischen Fakultät Rio de Janeiros im Alter von vierzehn Jahren und schloss fünf

Jahre später sein Medizinstudium durch seine These „Die Fortbewegung von Mikroben durch Wasser" mit Auszeichnungen ab. Danach spezialisierte er sich auf das Fachgebiet Bakteriologie am Pasteur-Institut in Frankreich.

Er war Mitgründer des *Bundesinstituts für Serotherapie* (jetzt bekannt als das *Oswaldo Cruz Institut*), das Impfstoffe gegen die Beulenpest, das Gelbfieber und die Pocken herstellte. Die brasilianische Regierung bat das Pasteur-Institut in Paris, einen Spezialisten zu schicken, um bei der Bekämpfung dieser Epidemien zu helfen. Die Antwort des Pasteur-Instituts war, dass Brasilien bereits den besten verfügbaren Mann habe: Dr. Oswaldo Cruz. Er leitete überall in Brasilien sehr erfolgreiche Hygiene-Kampagnen zur Bekämpfung der Epidemien in Rio de Janeiro und anderen Städten und rettete dadurch Tausende von Leben.

Dr. Cruz wurde 1903 zum Generaldirektor des Gesundheitswesens ernannt. Dr. Carlos Chagas, einer seiner Studenten, entdeckte den einzelligen Parasiten, der als Erreger der *„Chaga-Krankheit"* große medizinische Bedeutung hat. Dieser Parasit trägt den Namen Cruz': *Trypanosoma cruzi.*

Während des 14. internationalen Kongresses für Hygiene und Demographie in Berlin wurde Dr. Cruz 1907 für seine Leistungen mit einer Goldmedaille ausgezeichnet. Nach seiner Zeit als Gesundheitsminister konzentrierte er sich im Ruhestand ab 1909 auf sein Forschungsinstitut „Oswaldo Cruz" in Manguinhos, Rio de Janeiro. Dort organisierte er wissenschaftliche Expeditionen in das Landesinnere Brasiliens, welche wichtige Informationen über die einheimische Bevölkerung lieferten. Desweiteren führte er 1912 zahlreiche Gesundheits- und Hygieneprogramme in Belém (im Amazonastal im Staat Para) ein.

Da er an einer Nierenkrankheit litt, zog er sich im Jahr 1916 von seiner medizinischen Karriere zurück und kehrte in die

Stadt Petropolis in Rio de Janeiro zurück. 1916 wurde er zum Ehrenbürgermeister der Stadt ernannt. Er starb am 11. November 1917 im Alter von fünfundvierzig Jahren.

In der Casa ist Dr. Cruz als sehr direkt und unverblümt, gleichzeitig aber als sehr freundlich und mitfühlend bekannt. Er hat die schönsten Augen, die man sich vorstellen kann. Sie scheinen jedem gegenüber vorbehaltlose Liebe auszustrahlen. Er gibt sich selten namentlich zu erkennen, aber man erkennt ihn an seiner Art und an seinem Interesse an schwierigen Viruserkrankungen. Er bittet Besucher häufig darum, ihre Armbanduhren abzunehmen, weil diese seinen Energie-Strom stören.

Heather berichtet von einem Vorfall, bei dem Dr. Cruz einen Freiwilligen bat, ihm seine Armbanduhr zu geben. Die Person war sehr stolz auf seinen edlen importierten Chronometer und gab ihn Dr. Cruz. Später an diesem Tag bemerkte der Mann, dass seine Uhr stehen geblieben war. Er brachte sie zum Juwelier, um die Batterie ersetzen zu lassen. Als dieser die Uhr öffnete, fand er das Uhrwerk verbogen und verdreht vor. Einige Monate später fragte ihn die Wesenheit (Dr. Cruz), ob er seine Uhr noch immer trage. Der Mann bejahte, in der Hoffnung, dass ihn die Wesenheit abermals darum bäte, um sie vielleicht zu reparieren. Dr. Cruz lächelte und fragte den Mann, ob er sich von der Uhr trennen würde. Der Mann bejahte. Dr. Cruz hielt die Uhr kurz in seiner Hand und gab sie dann einer anderen Person. Die Armbanduhr funktionierte augenblicklich wieder und begann völlig normal zu ticken.

Bei einer anderen Gelegenheit empfing die Wesenheit (Dr. Cruz) Menschen im Süden Brasiliens. Die Wesenheit bat einen einfachen Mann, die Casa für weitere Behandlungen aufzusuchen. Dieser antwortete, er könne es sich nicht leisten, zur Casa zu reisen. Die Wesenheit (Dr. Cruz) nahm Medium Joãos Uhr von dessen Handgelenk und gab sie dem Mann und sagte:

„Verkaufen Sie diese Uhr und Sie werden mehr Geld haben, als Sie für die Reise zur Casa brauchen."

DR. JOSÉ VALDIVINO

Es gibt eine Fotographie im Operations-Saal der Casa, auf der die Wesenheit Dr. José Valdivino zu sehen ist, wie sie sich fast gänzlich mit dem Körper von João vereinigt und dieser nahezu völlig von der Wesenheit überschattet wird. Es ist nur sehr wenig über Dr. Valdivino bekannt. Fragt man ihn, so gibt er einem die einfache Antwort ein „Beschützer der Familien" zu sein.

Medium João glaubt, dass Dr. Valdivino zu Lebzeiten Richter war. Er hat ein äußerst sanftes und liebevolles Gemüt und verfügt über eine Energie, die in der Heilung von Paraplegie besonders wirkungsvoll ist. Die einfache Berührung seiner Hand, der Befehl zu *gehen* oder ein betroffenes Körperglied zu bewegen, heilten schon viele Menschen auf wundersame Weise.

ANDRE LUIZ

Andre Luiz war zu Beginn des zwanzigsten Jahrhunderts praktizierender Arzt in Rio de Janeiro, Brasilien. Diese Weseneheit ist für ihre wertvollen Beiträge für das Leben nach dem Tod bekannt. Seine denkwürdigsten Fälle wurden durch das Medium Francisco C. Xavier psychographiert und ins Englische übersetzt. Das erste Buch heißt *Nosso Lar: A Spiritual Home (Ein spirituelles Zuhause)* und ist die erste ausführliche Darstellung des Lebens in der spirituellen Welt. Es reflektiert sein Leben, seine Erfahrungen nach dem Tod und die Kämpfe, die er mit sich selbst dahingehend ausgefochten hat, seine Ansichten über den Tod zu überdenken. Die Arbeitsbeziehung mit Xavier ging während dieser Zeit weiter. In diesem Buch teilt Andre Luiz viele seiner Standpunkte und Einblicke mit dem Leser. In seinem zweiten Buch *And Life Goes On... (Das Leben geht weiter)* teilt Luiz seine Beobachtungen im Bezug auf die Bedeutung der Liebe und der Freundschaft und der verschiedenen Rollen mit, die diese Komponenten im geistigen Wachstum einer Person spielen.

SISTER SHEILA

Schwester Sheila war Krankenschwester während des Zweiten Weltkriegs. Sie wurde in Deutschland geboren und half den deutschen Opfern während dieser Zeit unermüdlich. Sie starb kurz vor Kriegsende bei einem Luftangriff. Wenn diese Wesenheit oder der Geist von Schwester Sheila in der Casa sind, kann man den starken Duft von Rosen riechen.

EURÍPIDES BARSANULFO (1880–1918)

Eurípides wurde in der Stadt Sacramento in Minas Gerais, Brasilien, geboren und verbrachte sein ganzes Leben dort. Er war Politiker, Journalist und Pädagoge. Eurípides hatte einen Ruf als ein einfühlsamer und hingebungsvoller Lehrer und war Mitgründer einer Primar- und einer Sekundarschule in seiner Heimatstadt.

Eurípides wurde streng katholisch erzogen, begeisterte sich aber dann für die Schriften und Lehren von Allan Kardec. Er war zwölf Jahre lang Leiter eines spiritistischen Zentrums und gründete dann 1907 die berühmte Allan-Kardec-Universität. Seine Heil- und medialen Eigenschaften waren international bekannt. Eurípides war ein ergebener Anhänger der Lehren und der Grundsätze Jesu und stellte sein Leben in dessen Dienst. Während der spanischen Grippe-Epidemie arbeitete er unermüdlich und half Tausenden. Erschöpft und geschwächt von der langen Anstrengung starb er am 18. November 1918 im Alter von achtunddreißig Jahren.

FRANCISCO CÂNDIDO XAVIER (1910 – 2002)

Francisco Cândido Xavier wurde am 2. April 1910 in der Stadt Pedro Leopoldo in Minas Gerais, Brasilien, geboren. Überall in Brasilien und Lateinamerika liebevoll bekannt als Chico Xavier, gilt er in Brasilien als einer der erfolgreichsten Schriftsteller der spiritistischen Bewegung, als Allen Kardec des zwanzigsten Jahrhunderts. Er ist bekannt für seine erstaunlichen paranormalen Fähigkeiten als Medium, am meisten aber für die Technik, die als *Psychographie* bezeichnet wird. *Psychographie* bedeutet in seinem Fall, einem Medium durch „Channeln" ein Buch zu „diktieren", welches auf den Kenntnissen und den Erfahrungen einer verstorbenen Person basiert. Wir wissen nicht sicher, ob Chico eine der vielen inkorporierenden Wesenheiten der Casa ist. Sicher ist aber, dass er ein Mentor und geliebter Freund Medium Joãos war.

Chico hat mehr als vierhundert Bücher, die ein breites Themenspektrum abdecken, psychographiert. Die bemerkenswertesten Bücher sind die, die in Zusammenarbeit mit seinen Guides Emmanuel und Andre zustande kamen: Emmanuel – ein hoch entwickeltes Wesen, welches seine Vision von einer neuen Form des Christentums teilte; Andre Luiz – ein Arzt und Dichter, der sich über das Leben nach dem Tod äußerte. Von seinen Büchern wurden mehr als 25 Millionen Kopien verkauft und alle Gewinne kamen wohltätigen Zwecken zugute. Zusätzlich zu seiner Arbeit als Medium widmete Chico Xavier sein Leben Jesus, war ein begeisterter Vertreter des Humanitätsgedankens und nutzte seine psychischen Fähigkeiten dazu, andere zu beruhigen und ihnen zu versichern, dass es ein Leben nach dem Tod gibt.

Chico Xavier sagte voraus, dass Brasilien an seinem Todestag mit Feiern beschäftigt sein würde. Er starb am 30. Juni 2002 im Alter von zweiundneunzig Jahren. An diesem Tag wurde Brasilien zum fünften Mal Fußballweltmeister und das komplette Land war tatsächlich mit Feiern beschäftigt. Brasilien betrauert noch immer den Verlust seines geliebten Chico. Es wird geschätzt, dass ihm während der zweitägigen Totenwache stündlich ca. 2500 Menschen die letzte Ehre erwiesen. Unter den Pilgern waren amtierende brasilianische, islamische, jüdische und christliche Weltmachtführer. Die Bücher von Chico sind sehr umfassend, aufschlussreich und sehr nützlich, falls Sie vorhaben, die Casa zu besuchen. Die Werke wurden übersetzt und können auf der Internetseite *www.sgny.org* bestellt werden.

EMMANUEL

Das erleuchtete Wesen, das uns als Emmanuel bekannt ist, war der geistige Führer und Mentor von Chico Xavier. Laut Chico war Emmanuel Senator „Publius Sentulus" im Römischen Reich. Eine seiner zahlreichen Inkarnationen war 1517 in Portugal als Manuel de Nobrega, ein wichtiger Führer der Jesuitenbewegung. Nobregas Aufgabe war die Bekehrung der Einheimischen Brasiliens und Universitäten und Schulen zu schaffen. Er war hinsichtlich der Gründung der Stadt São Paulo eine prominente Figur in der brasilianischen Geschichte. Chico berichtete auch von einem Leben Emmanuels als Professor an der Sorbonne. Emmanuel gibt sich selten zu erkennen, aber er ist eine der Wesenheiten, die Medium João inkorporieren.

Als Emmanuel Chico das erste Mal erschien, um ihn auf seine Mission vorzubereiten, fragte er Chico, ob er für diese Aufgabe bereit sei. Emmanuel versprach, ihn nie zu verlassen, und gab Chico drei Regeln, die er auf seiner geistigen Mission befolgen sollte:

1. Disziplin

2. Disziplin

3. Disziplin

SPIRITISMUS
Spiritismus und Spiritualismus teilen beide den Glauben daran, dass eine Verständigung mit den Verstorbenen möglich ist. Man setzt sich durch Medien mit den Geistern der Toten in Verbindung. Die Medien kommunizieren direkt mit diesen Geistern und übermitteln Botschaften, Unterstützung, Anweisungen und Lehren. Spiritualismus folgt keiner besonderen Doktrin. Spiritismus ist eine Sammlung von Doktrinen und Lehren von hoch entwickelten Geistern wie z.B. Jesus. Diese Lehren umfassen die Philosophie und die Praxis des Spiritismus, die als die *spiritistische Doktrin* bekannt ist.

ALLAN KARDEC (1804–1896)

Geboren zu sein, zu sterben, immer wieder neugeboren zu werden und sich ständig weiterzuentwickeln.
– Allan Kardec

Allan Kardec wurde 1804 als Hippolyte Léon Denizard Rivail in Lyon, Frankreich, geboren. Ein war ein sehr gebildeter Mann, der sein frühes Leben mit dem Studium der klassischen Fächer wie Medizin, Jura, Philosophie und Theologie verbrachte. Um 1850 begann sich das Interesse Kardecs auf das übernatürliche Phänomen der Geisterkommunikation zu konzentrieren: Die angebliche Fähigkeit von Geistern, ihre Anwesenheit physisch erkennbar zu machen. Fasziniert von diesem Thema erstellte Kardec eine Liste von Fragen und begann, mit berühmten Medien und Channelern in einem Versuch diese Phänomene wissenschaftlich zu dokumentieren. Am 18. April 1857 veröffentlichte Rivail auf Bitte der Wesenheiten und unter dem Pseudonym Allan Kardec das *Buch der Geister*, das erste Buch seiner Sammlung und bis heute ein wesentliches Werk des Spiritismus. Es beinhaltet 1019 Fragen und Antworten bezüglich Kardecs Auffassung über Wesenheiten und deren Beziehung zur irdischen Welt und vielem mehr. Später folgten vier weitere Bücher: *Buch der Medien, Evangelium nach dem Spiritismus, Himmel und Hölle* und *Die Genesis*. Diese Werke stellen zusammen Kardecs spiritistische Lehre dar. Ergänzt wurden die in diesen Büchern enthaltenen Informationen durch die Zeitschrift *Revue Spirite*, die Kardec bis zu seinem Tode monatlich veröffentlichte. Kardecs Lehre fand seinerzeit große Beachtung und überzeugte viele namhafte Größen des gesellschaftlichen Lebens. So wurde Kardec z.B. von Napoleon III zu philosophischen Gesprächen geladen.

Es gibt einige Vertreter der dualistischen Weltanschauung, die der Meinung sind, dass die physische Wirklichkeit das Gebiet der Wissenschaft ist und alles andere unter „Religion“ fällt. Der Spiritismus bemüht sich, diese Differenzen durch eine andere Perspektive auf den Zusammenhang beider Bereiche beizulegen. Kardec ging davon aus, dass alle amtlichen Einrichtungen, Wissenschaft und organisierte Religion unfähig zu objektiven Studien von paranormalen Phänomenen seien, weil beide zu sehr dem jeweiligen Dogma unterstellt seien. Seine

Absicht war es, die Beziehung *zwischen* den beiden Welten, der physischen und der geistigen, zu verstehen. Basierend auf der These, dass die Seele unsterblich sei, baute seine Forschung darauf auf, den Zustand der Seele während jeder Inkarnation zu veranschaulichen. Seine Forschung bildete die Basis der spiritistischen Doktrin, die daran festhält, dass nur die direkte Kommunikation mit der Welt der Geistwesen objektive Antworten auf die Frage bietet, wie man ein moralisches und ethisches Leben lebt. Die kompletten Leitsätze sind in einer fünfteiligen Buchserie zusammengefasst, die uns wertvolle Einblicke über den Sinn und den Zweck unseres Lebens bietet.[25]

In seinem grundlegendsten Sinn befasst sich die spiritistische Doktrin mit der Existenz der Seele und ihrem Zustand nach dem Tod. Sie beginnt mit der These, dass eine Wesenheit oder ein Geist eine intelligente Kraft mit einem eigenen Willen ist. Die direkte Kommunikation mit diesen Geistern wird einzig aus dem Grund geführt, unsere eigene geistige und kollektive Entwicklung voranzubringen. Zur *Übung* bietet die Doktrin ein genaues Instrumentarium und Richtlinien an, die wir verwenden können, um Kommunikationen dieser Art entweder zu bezeugen oder selbst in erfolgreiche Kommunikationen mit diesen Geistern einzutreten. Das Ziel derjenigen, die sich mit solchen Kommunikationen (Medien) beschäftigen, ist, ihre medialen Fähigkeiten auf eine direkte und nützliche Weise zu verwenden.

Die *philosophischen* Untermauerungen der Doktrin umfassen die wirklichen Lehren der Geistwesen. Wie wir sind diese Geistwesen auf dem Weg, höhere und reinere Bewusstseinsebenen zu erreichen. Aus diesem Grund bieten sie uns die Lektionen und Lehren an, die sie gelernt haben. Lehren, die schlussendlich dazu da sind, die Beziehung zwischen Gott und uns selbst zu klären. Diese Beziehung wird gewöhnlich die Leere

[25] Siehe Bibliographie und Literaturempfehlungen, Bücher von Allen Kardec.

oder der Mangel in der spiritistischen Doktrin genannt. Zitat Kardec:

> *Es ist die spiritistische Doktrin, die diesen Mangel füllt. Sie zeigt uns, dass alle Dinge, vom Anfang bis zum Ende miteinander verbunden sind; dass eine Vielzahl von Wesen auf unendlichen Ebenen die Leere zwischen Gott und uns selbst füllt und dass diese Wesen Geister wie wir selbst sind, jeder einzelne an einem individuellen Punkt auf dem Weg der Entwicklung.* [26]

Für diejenigen von uns, die nach Abadiânia reisen, wird diese Leere durch die Liebe und die Einfühlsamkeit der Wesenheiten in der Casa de Dom Inácio de Loyola gefüllt werden. Medium João, der sein Leben in den geistigen Dienst gestellt hat, ist das Mittel, durch das uns allen Heilung zuteil wird – unabhängig davon, wie weit wir auf unserer eigenen geistigen Reise fortgeschritten sind.

[26] Allan Kardec, The Spirits' Book, 31

10

WUNDERHEILUNGEN

Heilung verlangt: Geduld, Durchhaltevermögen, Beharrlichkeit und Glaube.
– Dr. Augusto de Almeida

Über einen Zeitraum von zwölf Monaten wurden für dieses Buch mehr als hundert Zeugnisse von Heilungen gesammelt. Die Berichte stammen von Menschen, die wir persönlich kennen, in der Casa getroffen haben oder von Menschen, zu denen uns die Wesenheiten geschickt haben, um mit ihnen zu sprechen. Leider war es uns aus Platzgründen nicht möglich, alle Geschichten und Schicksale in diesem Buch festzuhalten. Wir sind jedem dankbar, der sich Zeit genommen hat, um uns von seinen Heilerfahrungen zu berichten. Dass wir diese Erfahrungen nun wiederum mit Ihnen teilen dürfen, genau so wie sie uns erzählt wurden, sehen wir als ein Privileg und als große Ehre an.

▲
AUFRUF ZUR HEILUNG
Phillip C. Bechtel, Neurochirurg

Ich bin seit 30 Jahren praktizierender Neurochirurg in Fort Worth, Texas. Mein Interesse gilt alternativen Heilmethoden. Ich versuche diese mit der Schulmedizin zu verbinden oder nach Gemeinsamkeiten beider Heilmethoden zu suchen.

Im Laufe der Zeit zog es mich immer mehr nach Südamerika und schließlich hörte ich von einem Mann namens *João de Deus*. Im Februar 2002 reiste ich zum ersten Mal mit einer Gruppe von Heather Cumming nach Brasilien. Während der nächsten zwei Jahre reiste ich insgesamt elfmal nach Abadiânia.

Bei meinem ersten Besuch beobachtete ich, wie João de Deus Menschen operierte, ihnen Ablagerungen von den Augen schabte oder ihnen eine Klemme in die Nase einführte. Diese Menschen schienen dabei keine bedeutenden Schmerzen zu empfinden. Die Wunden infizierten sich nicht und es gab keine oder nur sehr geringe Blutungen. Zwangsläufig stellte ich mir die Frage, wie das möglich sein konnte. Die Tatsache, dass ich mir diese Frage stellte, öffnete mein Bewusstsein dafür, dass es mehr geben könnte als nur einen Weg zur Heilung.

Während meiner ersten Woche in der Casa wurde ich von der Wesenheit nach vorne gerufen und gefragt, was ich mit geschlossenen Augen riechen würde. Zunächst glaubte ich Parfüm zu riechen, aber dann platzte ich mit „Pfirsich-Rose!" heraus. Damit gab mir die Wesenheit zu verstehen, dass sie mich lehren würde, diese Arten der Operationen durchzuführen. Sie beauftragte mich, mir einen goldenen oder silbernen Kugelschreiber zu besorgen und damit wieder vor sie zu treten. Die Wesenheit nahm den Kugelschreiber, hielt ihn für eine Minute in der Hand und gab ihn mir zurück. Sie sagte, sie habe ihn energetisiert und ich dürfe ihn für meine Arbeit verwenden, allerdings nur für meine schwierigsten Fälle.

Ich hatte weder eine Ahnung, wie ich den Kugelschreiber selbst noch wie ich die Energie verwenden sollte. Ich entschied mich schließlich dafür, den Kugelschreiber zu verwenden, wann immer ich einen besonders kranken Patienten hatte. Ich begann, einigen meiner Patienten von João de Deus und dem Kugelschreiber zu erzählen. Ich fragte sie, ob sie wollten, dass ich den Kugelschreiber zum Einsatz brächte. Kein Patient lehnte jemals ab. Ich saß dann mit dem Patienten im Warteraum vor dem OP, hielt den Kugelschreiber in einer Hand und legte meine andere Hand auf die Stelle, die ich operieren würde. Die Energie entstand jedesmal und übertrug sich von meiner Hand auf den Patienten. Nach einer Weile hörte ich auf und wir besprachen die üblichen Dinge, die hinsichtlich einer Operation zu beachten sind. Ich habe diese Technik nie als eine Alternative zur schulmedizinischen Behandlung in meiner Praxis verwendet. Ich habe sie eher als eine Ergänzungsmethode gesehen. Über die Zeit sammelte ich Erfahrungen in der Anwendung des Kugelschreibes. Ich schätze, der Kugelschreiber kam bei etwa 800 Sitzungen zum Einsatz.

Bei jedem meiner Aufenthalte in Brasilien wurde ich in den Current geschickt. Von Zeit zu Zeit bekam ich die Anweisung, mit einer bestimmten Person zu arbeiten. Die erste dieser Personen war eine querschnittgelähmte Frau aus Frankreich, die an multipler Sklerose erkrankt war. Ich wurde angewiesen, meine Hand in ihr Genick zu legen und zwei Stunden in dieser Position zu verharren. Die Wesenheit sagte, dass an einem bestimmten Punkt „etwas“ in mich „eintreten“ würde. Sie wies mich darauf hin, dass ich eventuell das Bewusstsein verlieren würde. Falls ich fiele, stünde aus diesem Grund ein weiteres Medium hinter mir, um mich aufzufangen. Wie Sie sich denken können, wirkte das eher furchterregend als beruhigend.

Ich traf mich mit der Frau und folgte den Instruktionen der Wesenheit.

Nach ungefähr einer Stunde und fünfzehn Minuten geschah es tatsächlich. Etwas trat in mich ein. Es war die Art Energie, die ich früher schon einmal während eines indianischen Heilrituals, bei dem man eine Maske verwendet, gespürt hatte. Jetzt wurde mir klar, dass die Heilenergie der Wesenheiten transkulturell ist. Bevor ich nach dieser Sitzung abreiste, sagte João de Deus zu mir: „Jetzt, wo du weißt, wie die Energie funktioniert, arbeite damit!"

Zusätzlich zu meinen Reisen nach Brasilien gab es unzählige Gelegenheiten, bei denen ich die Arbeit der Wesenheiten zuhause in Texas (gewöhnlich nachts) spürte. Lange Zeit hatte ich Träume, in denen ich mit João de Deus sprach. Er stellte mir Fragen und ich antwortete. Ich wachte auf und spürte ungefähr eine Stunde lang eine unglaublich intensive Energie, danach schlief ich wieder ein. Drei oder vier Mal wachte ich durch starke Schmerzen in einem meiner Beine auf. Der Schmerz war so intensiv, dass ich ihn kaum ertragen konnte. Ich fragte mich, ob die Wesenheiten gerade an mir arbeiteten. Kaum hatte ich mir diese Frage gestellt, verschwanden die Schmerzen umgehend. Ich glaube, dass mein Körper physisch verändert wurde, um dessen Leitvermögen dem Energiefluss anzupassen. Mit der Zeit war ich im Stande, immer mehr Energie ohne übermäßige Nebenwirkungen außer vorübergehenden Konzentrationsstörungen und Müdigkeit, die etwa 20 Minuten anhielten, aufzunehmen.

Bei meiner letzten Reise nach Brasilien schien es, als ob die Wesenheiten mit mir, wenigstens im Bezug auf die Besuche in der Casa, fertig wären. Sie benahmen sich, als ob ich gar nicht da wäre und hatten keine weiteren Instruktionen für mich. An diesem Punkt kam mir intuitiv die Erkenntnis, dass meine spirituelle Arbeit in Brasilien beendet war. Bei meinem letzten Besuch in Brasilien vor zwei Jahren fragte ich João de Deus:

„Wann soll ich wiederkommen?“ Er antwortete: „Wann immer du denkst.“ Viele der Antworten, die er mir gab, hatten doppelte Bedeutungen und in diesem Fall war die Botschaft, dass es ausreichend war, mich gedanklich auf Brasilien zu konzentrieren, um dorthin zurückzukehren.

Mit dem Ende meiner Brasilienreisen hörte ich auch auf, den Kugelschreiber zu verwenden. Ich legte ihn in ein Lederetui und begann, nur mit meinen Händen zu arbeiten. Manchmal hatte ich den Kugelschreiber bei mir. Ich kam zu dem Schluss, dass der Kugelschreiber mit Stützrädern an einem Fahrrad vergleichbar war. Sie sind sehr nützlich, um das Fahrradfahren zu lernen. An einem Punkt jedoch nimmt man die Stützräder ab und man merkt, dass man auch ohne sie weiterfährt. So war das auch mit der Energie und meinen Händen. Ich habe meine Arbeit immer fortgesetzt und die Energie war da, wann immer ich in eine Situation kam, in der ich sie brauchte. Zu einem gewissen Grad spüre ich diese Energie immer. Wenn ich sie benötige, rufe ich sie mit einem einfachen Gebet an und sie steht mir zu Diensten. Es gab nur eine Gelegenheit, bei der sie nicht erschien. Damals arbeitete ich mit einer Frau, die im Sterben lag, und es war mir unmöglich, die Energie abzurufen. Ich wertete diese Tatsache als Zeichen, mich nicht in die Ereignisse einzumischen, und nicht als einen Misserfolg meiner Arbeit.

Ich verwende die Energie auf eine sehr einfache Weise: Ich halte die Hand des Patienten, stelle mit meinen Knien eine Berührung her und verwende gesegnetes Wasser und eine kleine Kerze. Ich spreche ein Gebet, in welchem ich Gott bitte, meine Hände in die seinen zu legen, so dass es seine Hände sind – die Hände Gottes, die den Patienten berühren. Dieses Gebet beinhaltet die Summe aller Heilkräfte von João de Deus. Wenn ich dieses Gebet spreche, kommt die Energie sofort. Sie hält für eine unbestimmte Zeit an, gewöhnlich für zwanzig bis dreißig Minuten und zieht sich dann plötzlich ohne mein Zutun zurück.

Ich weiß nicht, was diese Energie ist oder wie sie arbeitet. Tatsächlich wurde mir im Current-Raum gesagt, dass ich das nicht zu wissen bräuchte und dass mir diese Aussage als Antwort genügen müsse. Ich habe bemerkt, dass die Energie ein angenehmes Vibrieren in der Person auslöst, deren Hand ich halte. Das wirft die Frage auf, ob ich eine Kraft innerhalb des Patienten auslöse, welche die Heilung erzeugt. Ich bin zu dem Schluss gekommen, mich aus diesen Fragen herauszuhalten und lediglich als Leiter dieser Energie zu dienen. Ich glaube fest, dass die Quelle, aus der die Energie kommt, viel besser als ich weiß, was zu tun oder zu lassen ist und wie der Person, an der ich arbeite, geholfen werden kann. Deshalb versuche ich die Energie weder in ihrer Richtung noch in ihrer Funktion innerhalb des Patienten zu beeinflussen.

Obwohl der größte Teil meiner Arbeit in direktem Kontakt mit Menschen stattfand, gab es viele Beispiele, bei denen ich mit Menschen auf Entfernung in genau derselben Weise gearbeitet habe. Sie berichteten von Erfahrungen, welche den physischen Erfahrungen der direkten Arbeit gleichkommen. Ich habe diese Art der Behandlung an Orten, die ebenso weit entfernt waren wie Brasilien, angewendet: Costa Rica, Kalifornien, Washington, Kanada und New Mexico.

Ich arbeite in erster Linie mit Menschen, die Krebs haben. Ich kann nicht sagen, dass ich diese Menschen geheilt habe, aber ich habe einen wesentlichen Beitrag dazu geleistet, die Schmerzen derjenigen mit bösartigen Gehirntumoren zu lindern und ihr Leben zu verlängern. Gestorben sind letztendlich leider alle. Das Unglaubliche an der Arbeit war für mich die Verbindung, die ich zu meinen Patienten hatte. Sie ist eine der tiefsten und intimsten menschlichen Erfahrungen, die ich jemals gemacht habe.

Ich bin der Meinung, dass es an dieser Stelle wichtig ist, zu betonen, dass diese Arbeit sehr wenig mit dem Heiler selbst zu tun hat. João de Deus sagt oft, dass er nur ein einfacher Mann sei und Gott selbst derjenige sei, der heilt. Menschen, die krank sind, tendieren dazu, den Teil von sich selbst, der krank und bedürftig ist, auf den Heiler zu projizieren. Wenn ich für irgendetwas dankbar sein kann, dann für die Erfahrungen, die ich in Brasilien gemacht habe, und für die Beziehung, die diese mir zu meinen eigenen Patienten ermöglicht haben. João de Deus erweist der Menschheit einen enormen Dienst durch seine Arbeit in der Casa. Es geht bei dem, was João de Deus tut, nie um ihn selbst. Es geht um Energie, Kraft, die Wesenheiten und das kollektive Unbewusste, hinter dem sich Gott verbirgt. Genau darum geht es hier. Diese Dinge öffnen unser Bewusstsein für das Machbare. Ich glaube, dass uns unsere Einbildungskraft im Alltag dabei oft im Weg steht.

▲

GOTT GREIFT EIN

Marcelene Da Silva Oliveira

Im September 2003 sah Marcelene Da Silva Oliveira keine andere Möglichkeit mehr, als sich ihren deformierten Arm amputieren zu lassen. Zwei Jahre zuvor wurden ihr an diesem Arm Krebsgeschwülste entfernt, die Wunde heilte jedoch nicht. Die offene Wunde roch übel und begann zu faulen. Bei der letzten Operation war die Sehne durchtrennt worden. Seitdem hing ihr Arm unbeweglich und schlaff an ihrem Körper herunter.

Anfang Oktober 2003 wurde Heather von Sebastian gebeten, die Geschichte von Marcelene zu übersetzen. Einen Monat vorher hatte er ihren Arm fotografiert. Sebastian traute seinen Augen nicht, als er sah, dass eine umfassende Heilung eingesetzt hatte. Die Wunden waren fast abgeheilt und gesundes Gewebe begann sich zu bilden. Während Marcelene uns ihre Geschichte erzählte, zeigte uns Sebastian das Foto. Das Foto war so grauenhaft, dass es für uns fast unerträglich war, es anzusehen. Das faulende Fleisch war klar abgebildet.

Marcelene erzählt ihre Geschichte:
Als die Ärzte mir sagten, dass die Beulen auf meinem Arm Krebsgeschwülste seien und dass ich sterben müsste, wenn sich die Krankheit bis zu meinem Gehirn ausbreiten würde, stimmte ich einer Operation zu. Bei der Entfernung des Geschwürs durchtrennten sie den Nerv und die Sehne meiner Hand. Seitdem hängt mein Arm nutzlos an meinem Körper herunter. Ich kann ihn weder auf noch ab bewegen. Wie man auf dem Foto sehen kann, hatte ich eine fast drei Zentimeter breite, übel riechende Wunde. Ich hatte wahnsinnige Schmerzen und litt an Depressionen. Die Ärzte sagten mir, dass die einzige Möglichkeit, weitere Infektionen zu verhindern, die Amputation meines Armes sei. Die Operation sollte am folgenden Montagmorgen stattfinden.

Am Freitag bestand ein Freund, der in der Casa arbeitet, darauf, dass ich João de Deus den Arm zeigte, bevor er mir abgenommen wurde. Ich lebe nur zwei Stunden von Abadiânia entfernt, aber ich wusste nichts über João de Deus und die Wesenheiten. Eigentlich konnten wir uns die Reise nicht leisten, aber mein Bruder holte mich ab und brachte mich zur Casa.

Heather fährt fort:
Das gesamte Casa-Personal wunderte sich über Marcelenes Erholung in gerade einmal dreißig Tagen. Es bestätigt einmal mehr die Wirkung eines Besuchs bei der Wesenheit und die Heilkraft der Kapseln. Es war für uns alle wie eine Glaubenserneuerung und versetzte uns für den restlichen Tag in Hochenergie und positive Spannung.

Marcelene bat mich, sie vor die Wesenheit zu begleiten. Sie war schüchtern, aber sie wollte der Wesenheit unbedingt ihre

Ehre erweisen und sich bei ihr bedanken. Sie stand vor der Wesenheit und zeigte ihr ihre Arme und das wunderbare Ergebnis, das allein der Einnahme der Passiflora-Kapseln zu verdanken war. Die Wesenheit lächelte mit dem einfühlsamen Wissen, das in die dunkelsten Ecken unserer Herzen reicht, und sagte: „Operation. Heute Nachmittag. Ich werde an dir arbeiten." Dann griff er an Marcelene vorbei zu ihrem Bruder und sagte: „Und du – du hast ein Problem hier". Er massierte ihren Bruder für einen Augenblick dort, wo sich die Leber befindet. „Deine Leber. Ich werde heute an dir arbeiten und danach gehst du zu deinem Arzt und bringst die Behandlung zu Ende." Wir gingen zum OP-Zimmer. Marcelens Bruder war weiß wie eine Wand. Er hatte bereits einen Termin für eine Ultraschallaufnahme seiner Leber und zur Gallenblasenentfernung im Krankenhaus vereinbart.

Karen und ich warteten nach der OP auf Marcelene und begleiteten sie und ihren Bruder zu ihrem Auto. Karen nahm den Videorekorder und Marcelene begann, ihre Geschichte zu erzählen. Plötzlich begriff sie, dass sie ihren Mund mit ihrer linken Hand berührte, die seit zwei Jahren gelähmt gewesen war! Sie schrie unter Tränen: „Mein Gott! Mein Arm und meine Hand bewegen sich!" Ihre Bewegungen waren langsam und steif, als sie aber eine Woche später zur Revision kam, konnte sie den Arm schon gut bewegen. Marcelene wunderte sich, dass ihr Arm reagierte und sich ohne die Sehne und trotz des durchtrennten Nervs bewegte. Für den weiteren Heilungsprozess kehrte sie einmal monatlich in die Casa zurück. Da Marcelene nicht arbeiten kann und es sich nicht leisten könnte, die Casa regelmäßig zu besuchen, fährt sie ihr Bruder, der ein Taxi besitzt. Finanziell wird sie von uns unterstützt. Wir bezahlen ihr den Transport im Voraus, damit sie die Casa regelmäßig besuchen und ihre Behandlung fortsetzen kann. Sie engagiert sich in der Casa und unterstützt ihre Familie und Freunde, die

Hilfe benötigen, indem sie diese in die Casa bringt. Marcelene ist mutig und freundlich. Sie hat einen unbeirrbaren Glauben. Dieser Glaube und Geschichten wie ihre geben uns Kraft für unser eigenes Handeln.

„Ich werde wiederkommen, um Danke zu sagen und werde meinen Onkel, meinen Vetter und meine Nichte mitbringen", sagt Marcelene. „Mein Onkel hatte dieselbe Art von Tumoren an seinem Arm. Sie sind alle durch die Wesenheit entfernt worden. Es dauerte nur ein paar Minuten; es blutete nicht und die Narben sahen aus wie Kratzer, im Vergleich zu den tiefen Narben, die ich davongetragen habe. Sein Leistenbruch ist noch immer zu sehen, aber er hat keine Schmerzen mehr. Meine Nichte hatte häufig epileptische Anfälle, aber schon nach einem Besuch geht es ihr gut. Mein Vetter hatte starke Magenprobleme, auch ihm geht es besser. Der Dank für all die Liebe, die wir hier empfangen, lässt sich nicht in Worte fassen. Ich werde, so oft ich kann, zurückkehren, um im Current zu sitzen und für all diejenigen zu beten, die hierher kommen, um geheilt zu werden."

▲

OHNE STÜTZAPPARAT UND KATHETER

Ana Lucia

Ana Lucia kam 1985 mit einem Spaltwirbel (Spina Bifida) und einer Fehlstellung der Hüfte zur Welt. Von Geburt an reichten ihre Beine über ihren Kopf hinaus und berührten ihre Ohren. Sie konnte weder auf ihren Beinen stehen, noch konnte sie diese wie ein normales Kind ausstrecken. Die Ärzte brauchten eineinhalb Monate, um ihre Beine zu strecken. Bis zu ihrem vierten Lebensjahr wurde sie bereits acht Mal operiert.

Ana Lucia beginnt zu erzählen:
Ich weiß nicht, warum manche Kinder mit dieser Krankheit

geboren werden. Ich weiß nur, dass ich Glück hatte, weil meine Gehirnfunktionen, abgesehen von einem Nerv, der meiner Blase fehlte und so eine normale Harnfunktion verhinderte, nicht beeinträchtigt waren. Als ich neun Jahre alt war, hörte meine Familie vom „Haus des St. Ignatius". Im ersten Jahr war ich physisch zu schwach für die lange Reise nach Abadiânia, deshalb ließen wir einen Freund mein Foto bei den Wesenheiten vorlegen. Ich erhielt Passiflora-Kapseln, die ich sorgsam einnahm. Es war, als würde mich die Wesenheit ohne meine physische Anwesenheit behandeln.

Als ich zehn Jahre alt war, baten die Wesenheiten mich, zur Casa zu kommen. Ich kam mit meiner Familie. An meinen Beinen trug ich zwei Hüftgelenksorthesen, die bis zu meinen Hüften reichten, ich lief an Gehhilfen und trug Windeln. Als ich vor die Wesenheit trat, bat ich nicht darum, geheilt zu werden, sondern sagte ihr, dass ich weit weg im Süden Brasiliens lebte und nicht im Abstand von vierzig Tagen zurückkommen könne. Die Wesenheit sagte, „Meine Tochter, du kannst auch alle neunzig Tage kommen und wenn ich dich nicht heile, hänge ich meinen Beruf an den Nagel."

In den nächsten zwei Jahren reiste ich alle drei Monate achtunddreißig Stunden mit dem Bus, um die Wesenheit zu sehen. Sie schrieb mir ein Rezept für die Kapseln aus und ich ging nach Hause zurück. Sie sagte nie irgendetwas zu mir. Ich befolgte die Anweisungen genauestens. Nach zwei Jahren fragte ich die Wesenheit, wann meine Blase wieder normal funktionieren würde. Dr. Augusto sagte mir, dass er mich informieren werde, wenn ich dafür bereit sei, den Urinbeutel und den Katheter entfernt zu bekommen. Zwei Tage später reiste ich mit dem Bus ab. Ich hatte eine Blasenentzündung. Ich entfernte den Katheter, um ihn zu wechseln, konnte ihn aber wegen der Entzündung nicht mehr anschließen. Ich hielt siebenundzwanzig Stunden aus, ohne in die Windel zu machen. Als ich nach

Hause kam, fühlte ich plötzlich einen unglaublichen Druck in der Blasengegend und ging auf die Toilette. Ich urinierte zum ersten Mal in meinem Leben „normal" – ohne Katheter! Die Ärzte sagten, dass ich auf Dauer nicht ohne den Katheter leben könne, weil die Gefahr eines Urinrückflusses bestehe, der meine Nieren ernsthaft schädigen könnte. Ich rief Sebastian in der Casa an und erzählte ihm davon. Er trat vor Dr. Augusto, der ihm sagte, dass er mir helfen werde. Ich traf die Entscheidung, es ohne den Katheter zu versuchen. Ich fühlte mich geistig und physisch darauf vorbereitet. Ich war mir völlig im Klaren darüber, dass ich die Verantwortung für meine Entscheidung zu tragen hatte.

Vier Monate später kehrte ich in den Schulferien für drei Monate in die Casa zurück. Dr. Augusto bat mich, auf die kleine Bühne zu gehen und über meine Heilung zu berichten. Dann rief er einen Arzt aus dem Current-Raum, damit dieser später bezeugen könnte, wie er mir eine meiner Krücken abnahm und sie mit Schwung zu Boden warf. Dr. Augusto sagte mir dann, ich solle *gehen*. Ich machte einige Schritte und fiel hin, weil ich es gewohnt war, zwei Krücken zu haben. Dr. Augusto wies mich an, aufzustehen. Er sagte, ich würde mit Heilenergie erfüllt und könne daher selbst, ohne fremde Hilfe, aufstehen. Von diesem Moment an ging ich nur noch an einer Krücke und meinen Orthesen.

Im Januar 2002 hatte ich eine Vorsorgeuntersuchung mit außergewöhnlichen Ergebnissen. Die riesigen Orthesen wurden endlich entfernt und durch kleinere und leichtere ersetzt. Begeistert ging ich an einem Freitag in die Casa und übergab die großen Stützapparate der Wesenheit. Am nächsten Mittwoch entfernte ich selbst die beiden kleinen Orthesen. Ich hatte begriffen, dass ich sie nicht mehr brauchte. Ich schenkte sie der Casa. Meine Blase ist völlig geheilt: keine Windeln, kein Katheter. Ich gehe nur noch an kleinen Krücken, aber ich kann meine Beine frei bewegen. „Schau mal, ich kann sogar Fahrrad fahren!“

Ana Lucia sprang auf ihr Rad und fuhr in Richtung ihres Hotels davon. Sie winkte und kicherte fröhlich.

Zur der Zeit des Interviews (2003), war Ana Lucia neunzehn Jahre alt und studierte im ersten Jahr an der Universität. Ihr Ziel ist es, ganz ohne Krücken gehen zu können.

▲

BESCHÜTZT DURCH DR. CRUZ

Tião Passarinho

Am Ende einer Nachmittagssitzung im Februar 2005 wollte Sebastian Heather unbedingt seinen *xara* (Namensvetter) vorstellen. Er wollte, dass sie der Geschichte von Sebastião Pereira Dos Santos, liebevoll auch Tião Passarinho oder Sebastião genannt, zuhörte. „Zeig‘ ihr zuerst deine Narben von den Schusswunden“, drängte er, „dann erzähl‘ ihr deine Geschichte.“ Tião hob sein Hemd und die Narben von vier Schusswunden waren deutlich zu sehen. Eine direkt über dem Herzen, eine im Gebiet der Milz, eine andere auf dem rechten Brustkorb und eine in der Magengegend.

Tião Passarinho beginnt zu erzählen:

Am 14. Oktober 1994 holte ich meinen Sohn am frühen Nachmittag von der Schule ab. Ich werde diesen Tag nie vergessen. Wir fuhren in meinem Taxi nach Hause. Ich musste anhalten, weil das Auto vor mir stehen geblieben war. Der Fahrer stieg aus und begann, mich anzuschreien. Mein Sohn saß neben mir auf dem Beifahrersitz. Ich stieg nicht aus, weil ich um unser Leben fürchtete. Ich kannte diesen Mann; wir hatten über geschäftliche Dinge gestritten. Außer ihm bemerkte in noch einen weiteren Mann in einem hellgelben Hemd und einer brauner Hose, der auf der Beifahrerseite dieses Autos stand. Ich dachte, er gehöre zu dem aufgebrachten Mann. Der Fahrer des Wagens war jetzt nur ungefähr einen Meter von mir entfernt. Er zog eine Pistole und feuerte fünf Schüsse auf mich ab. Vier der Schüsse trafen meinen Körper. Die Narben, die du siehst, sind von den Schusswunden. Eine Kugel landete im Auto. Ich wurde in ein Krankenhaus gebracht, in dem ich siebzehn Tage blieb. Ich habe Glück, dass ich noch lebe. Sobald ich entlassen wurde, ging ich zur Casa.

Sebastian berichtet:
Und jetzt hör' dir das an: Ich war mit der Wesenheit auf der Bühne, während sie operierte. Die Wesenheit drehte sich zu mir um und sagte, „Geh' und hole den *filho*, der dein Freund und *xara* ist. Er ist gerade angekommen." Noch während ich den Gebets-Saal durchquerte, wusste ich, wen die Wesenheit meinte, aber ich hatte keine Ahnung gehabt, dass Tião in der Casa war. Ich hatte weder eine Ahnung davon, was geschehen war, noch von Tiãos Krankenhausaufenthalt. Ich fand ihn vor dem Saal und brachte ihn zur Wesenheit. Die Wesenheit stellte sich als Dr. Oswaldo Cruz vor, legte Tião die Hand auf die Schulter und sagte: „*Filho* erinnerst du dich an den Tag, an dem auf dich geschossen wurde? Da war ein Mann in einem hellgelben Hemd und einer braunen Hose, der beim Auto stand. Das war ich, Dr. Oswaldo Cruz."

Tião erzählt weiter:
Ich lebe noch, weil Dr. Oswaldo Cruz die Kugeln davon abhielt, tiefer in meinen Körper einzudringen. Stelle dir fünf Schüsse aus einer Entfernung von einem Meter vor. Die Wesenheit beschützte mich. Ich verdanke ihr mein Leben, davon bin ich überzeugt.

Ursprünglich kam ich 1980 in die Casa, weil mein Vater unter sehr intensiven Kopfschmerzen litt. Der Schmerz war permanent so stark, dass er zur Beobachtung ins Krankenhaus von Santa Casa de Misericordia eingewiesen worden war. Die Ärzte führten dreiundzwanzig Tage lang Tests durch, aber sie konnten die Ursache seiner Migräne nicht finden. Ich hatte von João de Deus gehört und ging ins Krankenhaus und bat die Ärzte um die Erlaubnis, meinen Vater für einen Tag mitnehmen zu dürfen. Da die Ärzte die Testreihe fortsetzen wollten, wurde meiner Bitte nur unter der Bedingung entsprochen, dass ich meinen Vater noch am selben Abend wieder ins Krankenhaus zurückbrachte.

Ich fuhr mit meinem Vater sofort in die Casa und begleitete ihn vor die Wesenheit. Diese legte ihre Hand auf den Kopf meines Vaters und sagte ihm, er solle am Nachmittag für eine Operation wiederkommen. Mein Vater suchte sich draußen im Garten ein ruhiges Plätzchen und begann zu schluchzen. Er sagte mir, dass er eine starke Energie gefühlt habe, als die Wesenheit ihre Hand auf seinen Kopf legte und dass sein Kopfweh sofort verschwunden sei. Er blieb bis zur Operation und am Abend brachte ich ihn zurück ins Krankenhaus. Ich erzählte den Ärzten, was geschehen war, und dass mein Vater kein Kopfweh mehr hatte. Der Arzt ordnete ein Ultraschallbild an. Auf der Aufnahme waren an der unteren Seite seiner linken Schläfe, obwohl es keine äußerlichen Zeichen eines Eingriffes gegeben hatte, klar und deutlich Nähte zu sehen. Mein Vater hat seit dieser Operation vor so vielen Jahren nie wieder Kopfschmerzen gehabt.

Wann auch immer ich ein neues Taxi kaufe, bringe ich die Schlüssel zur Wesenheit, bevor ich eine Person darin befördere. Er nimmt diese in seine Hand und segnet mich mit Sicherheit. Taxifahrer zu sein ist ein gefährlicher Job, besonders nachts. Ich wurde dreimal überfallen, aber ich bin jedes Mal ohne Schaden davongekommen und wurde nie verletzt. Die Casa ist ein Haus Gottes und ich werde immer hierher kommen.

▲
HEPATITIS B NACH NUR EINEM BESUCH GEHEILT

Susan Schinstine

Im Juli 2002 stellte ich einen Antrag auf Krankenversicherung. Im August erhielt ich eine Absage von der Versicherungsgesellschaft. Sie lehnte es ab, mich zu versichern und sagte mir stattdessen, ich solle zu meinem Arzt gehen und mir Blut abnehmen lassen, weil meine Leberwerte erhöht seien. Mein Arzt machte eine Reihe von Tests und es stellte sich heraus, dass ich Hepatitis B hatte. Er überwies mich zu einem Endokrinologen, um zu beurteilen, was man für mich tun konnte. Ich war am Boden zerstört und fiel in eine Depression. Ich war krank, wirklich krank und was es noch schlimmer machte, war, dass ich keine Idee hatte, wo ich mich infiziert haben könnte. Vielleicht hatte ich mich während eines Urlaubes in Ägypten angesteckt.

Ich war zu dieser Zeit in Akupunkturbehandlung, aber ich musste meiner Bekannten sagen, dass sie mich nicht mehr behandeln könne. Sie wollte, dass ich an einem ihrer Workshops über Heilung teilnahm. Aus irgendeinem Grund war es ihr sehr wichtig, dass ich dort war. Während des Workshops begann sie, von João de Deus zu sprechen – jetzt verstand ich, warum die Teilnahme an ihrem Workshop für mich so lebenswichtig gewesen war. Ich musste mehr über ihn erfahren.

Ich wusste, dass ich nach Brasilien gehen musste, um diesen Heiler zu sehen. Meine Freundin stellte den Kontakt zu Heather Cumming her. Heather ist eine *filha* der Casa und Reiseführerin. Im Februar 2003 ging ich mit einer Gruppe nach Brasilien, um João de Deus zu treffen. Ich wusste, dass er mir helfen würde. Wir kamen an einem Montag an. Heather traf uns am Flughafen und brachte uns nach Abadiânia. Sie begleitete uns und erzählte uns, was uns erwartete und was wir tun mussten.

In der ersten Woche gingen wir am Mittwoch zur Casa. Als ich an der Reihe war, trat ich vor die Wesenheit und sagte ihr meine Diagnose. Ich bat die Wesenheit, mir bei meiner Heilung zu helfen. Sie sah mich mit gütigen Augen an, lächelte sanft und versprach, mir zur helfen. Ich solle am nächsten Morgen für eine Operation zurückkommen.

Am nächsten Morgen saß ich im OP-Zimmer. Die rechte Hand auf meinem Herzen, die linke in meinem Schoß. So würden die Wesenheiten wissen, dass ich jede Hilfe akzeptierte, von der sie glaubten, dass ich sie bräuchte. Im Gebet bat ich sie, mir zu helfen. Ich fühlte eine leichte Bewegung durch meinen Körper gehen, es fühlte sich an, als liefe ein Kitzeln durch meinen Rumpf. Es lief entlang meines Halses bis zu meinem Ohr. Ich erinnere mich daran, dass ich dachte: *Großartig – sie heilen mein Ohr!* Ich hatte ihnen nichts von den Ohrenschmerzen gesagt, die ich hatte, wenn ich auf meiner linken Seite lag.

Nach der Operation ging ich auf mein Zimmer zurück und legte mich auf die linke Seite, um zu schlafen. Ich hatte keinerlei Schmerzen mehr in meinem Ohr. Ich verbrachte den Rest meiner zwei Wochen in Brasilien damit, im Current zu sitzen, Energie zu geben und zu empfangen. In meinem Herzen wusste ich, dass ich geheilt worden war.

Im Juni ging ich zu meinem Hausarzt. Er war verärgert darüber, dass ich nicht beim Facharzt gewesen war. Ich sagte meinem Arzt, dass ich den Spezialisten nicht mochte, woraufhin er mich zu einem anderen schickte. Die Wartezeit für einen Termin bei dem neuen Arzt betrug sechs Monate. Es war inzwischen Januar 2004. Ich sagte dem neuen Arzt, dass ich nicht glaubte, dass ich noch krank sei, aber er testete mich erneut auf alle Hepatitis-Viren. Er fragte mich, was ich getan habe. Ich erzählte ihm, dass ich zu João de Deus, dem Heiler, gegangen sei und dass dieser mich geheilt habe. Nicht wirklich überzeugt, führte er einen sehr teuren Test durch, der sogar die kleinsten Spuren des Virus im

Blut finden würde. Auch dieser Test war negativ. Der Arzt sagte, dass in meinem Blut noch nicht einmal die Rückstände zu finden seien, die grundsätzlich nach einer behandelten Hepatitis zu finden seien. Er sagte, ich solle in drei Monaten zur Kontrolle kommen, und falls ich Schmerzen in der Leber hätte, früher. Die Kontrolle drei Monate später war wieder negativ.

Mein Mann und ich kehrten im Mai 2004 nach Brasilien zurück. Ich ging wieder vor die Wesenheit, um mich für meine Heilung zu bedanken. Die Wesenheit sagte, dass kein Grund mehr zur Beunruhigung bestehe. Ich sei von der Hepatitis geheilt und bräuchte nicht zurückzukehren, es sei denn, ich wollte es. Selbstverständlich bin ich jedes Jahr zurückgekommen und werde dies fortsetzen, so lange ich kann. Ich fühle mich in der Casa zuhause und vermisse den Kontakt zu den Menschen, wenn ich nicht dort bin. Ich gehe jetzt in die Casa, um anderen Energie zu geben, und weil ich weiß, dass es immer etwas noch Höheres gibt, was ich für mich selbst erreichen kann. Ich bete dafür, dass ich anderen helfen kann, indem ich den Current für sie halte, so wie es für mich getan wurde.

▲

EINE PARTY FÜR ALLE

Roger Kitzis

Roger war Kieferorthopäde und arbeitete auf Long Island in der Praxis seines Vaters. Er war ein lebenslustiger Mensch, der sich über nichts Sorgen machte und sein Leben in vollen Zügen genoss – bis er begann, zu erblinden. Das Letzte, an was er dachte, war multiple Sklerose. Er war sein Leben lang selten krank gewesen. Warum sollte sich das jetzt ändern? Die Diagnose schockierte ihn, aber er beschloss, sich von der Krankheit nicht unterkriegen zu lassen. Er begann nach ganzheitlichen Heilmethoden zu suchen.

Roger erzählt seine Geschichte:
Als ich im September 2001 vor João de Deus trat, war ich überzeugt davon, dass ich sofort geheilt würde.

Dem war nicht so. Zu allem Überfluss sprach die Wesenheit nicht mit mir. Anderen, die vor sie traten, wies sie hingegen an, sich in den Current zu setzen oder zum Wasserfall zu gehen. Mich winkte sie einfach durch, ohne mich eines Blickes zu würdigen. Jetzt saß ich also drei Tage im Current-Raum. Ich war völlig irritiert und perplex. Meine Einstellung entsprach der typischen Mentalität eines New Yorkers: *Ich bin New-Yorker und ein New Yorker weiß, wie der Hase läuft!* Ich betrachtete die Angelegenheit wie den Besuch eines Vergnügungsparks: *Ok, auf geht's, lasst uns Rollercoaster fahren!* Ich dachte: *Na, kommt schon, heilt mich!* Kein Wunder, dass mich die Wesenheit keines Blickes würdigte.

Das zweite Mal, als ich in die Casa ging, fühlte ich mich bis zum letzten Tag gänzlich ignoriert. Ich fand keine Erklärung dafür. Ich saß im Current und wiederholte dieselbe Bitte immer und immer wieder. Ich wollte geheilt werden, um möglichst schnell zu meinem alten Lebensstil zurückkehren zu können, um wieder Partys zu schmeißen und auszugehen. Ich hatte nichts verstanden. Dann hatte ich einen Wachtraum. Heather sagte mir, dass dies bedeute, dass ich an einem Wendepunkt angelangt sei. Wir gingen vor die Wesenheit und ich bedankte mich bei ihr für den Traum. Zum ersten Mal überwältigte mich ein Gefühl der tiefen Dankbarkeit. Die Wesenheit, die ich heute „Vater" nenne, lächelte und sagte: „Das ist es, worauf ich gewartet habe; geh' jetzt an die Arbeit." Ich setzte mich wieder in den Current-Raum und meditierte.

Bei meinem dritten Besuch bat ich um eine sichtbare Operation. Mein wissenschaftlicher Verstand forderte sichtbare Beweise. Vielleicht würde die physische Operation den Moment der Heilung bedeuten. Ich bekam die sogenannte „Nasen-OP".

Es war etwas unangenehm, aber weit von Magie entfernt. Bevor ich abreiste, fragte Heather die Wesenheit: „Das war seine dritte Reise zur Casa, Vater. Wie oft muss er noch zurückkommen?“

Die Wesenheit antwortete: „Er wird bei seinem nächsten Besuch geheilt werden.“ Noch bevor ich in New York gelandet war, hatte ich die vierte Reise gebucht und kehrte umgehend nach Abadiânia zurück. Ich war aufgeregt und fiel in mein altes Verhaltensmuster zurück, auf der Stelle gesund sein zu wollen, um endlich wieder ich selbst sein zu können. Das Leben war „fun“ und ich sehnte mich nach dem Trubel. Obwohl mein Körper immer mehr abbaute, hielt ich verzweifelt an den Dingen fest, die eigentlich nicht mehr möglich oder nicht mehr wichtig waren.

Während der folgenden Reise begriff ich, dass Heilung tatsächlich in vielen Formen kommt. Nach drei Jahren war ich zu der Einsicht gekommen, dass ich Glück und Frieden mehr wollte, als die physische Heilung. Ich bat die Wesenheit um dieses Glück, nicht um die physische Heilung. Als ich in New York landete, hatte ich einen inneren Frieden gefunden, den ich vorher nie gespürt hatte. Glück ist, wenn Sie für irgendetwas dankbar sein können.

Meine Reisen drehen sich noch immer um die „physische“ Lösung meiner Gesundheitsprobleme, um Behandlungen mit Vitaminen, Medikamenten und die ganzheitliche Medizin; aber inzwischen weiß ich, das die Heilung letztendlich von *innen* kommt. João de Deus lehrte mich, Quellen der Energie wahrzunehmen und zu schätzen und in diese einzutauchen. Zu dieser „Party“ sind wir alle eingeladen. Es gibt weder Ausgrenzung noch Voreingenommenheit. Es genügt, man selbst zu sein. Ich hoffe, ich werde mich soweit erholen, dass ich für andere von Nutzen sein kann.

▲

BRASILIEN WAR DER LETZTE ORT, AN DEN ICH JEMALS GEHEN WÜRDE

Andy Rayson

Ich bin sechsundvierzig Jahre alt und arbeite im Ölgeschäft. Bis vor drei Jahren war ich Abteilungsleiter in einem multinationalen Konzern und für 3 000 Mitarbeiter verantwortlich. Ich lebe mit meiner Frau Regina und meinen beiden kleinen Kindern, Rosie (4 Jahre alt) und Joe (zwei Jahre alt), und unserm Hund Billy in den Niederlanden.

Nachdem ich ein Jahr mit einem Zittern in der rechten Hand gelebt hatte, erhielt ich an Weihnachten 2002 die Diagnose: Parkinson. Mein Zustand verschlechterte sich im Laufe der nächsten Jahre. Anfang 2005 fand Reggie im Internet Informationen über João de Deus und erzählte mir von den Wundern, die in seinem Heilzentrum geschahen. Aus welchen Gründen auch immer wurde ich ziemlich böse auf sie. Ich wollte mich nicht auf „Wunder" verlassen müssen. Ich sagte ihr, dass ich darüber nie wieder mit ihr sprechen wolle und dennoch ließ mich dieses Gespräch ganz verstört zurück. Ich strich es aus meinen Gedanken und beschloss, dass der letzte Ort, an den ich jemals gehen würde, Brasilien wäre.

Ungefähr eine Woche später rief mich mein Chef zu sich und bat mich bezüglich einer Investition, die er in Brasilien tätigen wollte, um Rat. Ich sollte in wenigen Wochen dort sein. Ich war vorher noch nie in Brasilien gewesen und abgesehen davon gehörten solche Dinge normalerweise nicht zu meinen Aufgaben. Ich dachte sofort an einen Besuch bei João de Deus. Reggie wollte unbedingt, dass ich ging und setzte sich mit Heather Cumming in Verbindung. Es hatte gerade jemand eine Anmeldung für die Reise in den nächsten zwei Wochen storniert, was genau in meinen Plan passte.

Ich bin Agnostiker und Ingenieur und brauche immer eine Erklärung für alles. Ich war ziemlich skeptisch gegenüber jemandem, der Wunder vollbrachte, aber ich ging ohne Vorurteile nach Ababdiânia. Ich entschied mich dagegen, im Vorfeld etwas über João de Deus zu lesen. Obwohl ich mich der Gruppe in Abadiânia verspätet anschloß, brachte mir diese Gruppe von ganz normalen Menschen, schon bevor wir überhaupt in der Casa ankamen, unglaublich viel Wärme und Liebe entgegen.

Am nächsten Morgen nahm Heather mich mit zu João de Deus. Sie sagte mir, ich solle auf der Bühne in der Nähe der Vorderseite Platz nehmen. Nach wenigen Minuten kam die Wesenheit mit einem jungen Mann auf die Bühne, der in einer Art Trance zu sein schien. Sie führte ihm eine Klemme in die Nase. Der Mann schien nicht zu begreifen, was vor sich ging und lächelte. Ich war entsetzt. Als ich zehn Minuten später selbst zu João de Deus ging und er mir sagte, dass ich operiert werde, jagte er mir einen solchen Schrecken ein, dass ich den nächsten Flug nach Hause nehmen wollte. Heather erklärte mir, dass es sich um eine spirituelle, unsichtbare Operation handeln würde. Sichtbare Operationen sind für Menschen, die den physischen Beweis brauchen, dass etwas geschieht. Sie versicherte mir, dass die Wesenheit eine sichtbare Operation nur mit meiner Zustimmung durchführen würde.

Als ich in ihre eindringlichen blauen Augen blickte und sie mir zulächelte, wusste ich, dass alles in Ordnung war. Sie bat mich, in den Current zu sitzen. Heather flüsterte mir zu, ich solle die Augen geschlossen halten und um die Heilung bitten, die ich brauchte. Nach einer Zeitspanne, die mir vorkam wie fünf Minuten, aber in Wirklichkeit ungefähr drei Stunden gedauert hatte, wurde mir gesagt, ich solle die Augen öffnen. Ich war völlig benommen und fühlte eine emotionalere Wärme als jemals zuvor. Ich brach zusammen und schrie, wie ich seit meiner Kindheit nicht mehr geschrien hatte.

An diesem Nachmittag bekam ich eine spirituelle Operation. Inzwischen hatte ich absolut kein Problem mehr damit. Mein Herz und mein Geist waren offen dafür. Die Operation hatte keinen unmittelbaren physischen oder emotionalen Einfluss. Ich kehrte in mein Zimmer zurück, schlief etwa dreißig Stunden und wachte nur auf, um die gesegnete Suppe zu essen, die Heather mir brachte. Ich bin überzeugt davon, dass meine Transformation während dieses langen Schlafes begann. Ich hatte viele Träume, die mit meiner Heilung zusammenhingen.

Drei Tage später ging ich auf eine zweistündige Busfahrt mit Heather und der Gruppe, um die heiligen Stätten von Brasília anzuschauen. Während ich still und allein im Bus saß, begriff ich, dass meine Hand zum ersten Mal seit vielen Jahren nicht mehr zitterte. Ich war euphorisch, wollte aber nichts sagen, falls die Magie nicht anhielte. Das Zittern kam zwei Stunden später wieder, aber es war viel schwächer als zuvor.

Während der folgenden Woche erlebte ich wunderbare Dinge. Der Besuch des heiligen Wasserfalls, die Meditationsreisen, zu denen Heather uns mitnahm und die erstaunlichen Freundschaften, die sich innerhalb der Gruppe ergaben. Ich ließ meinen Gefühlen während der Kristallbäder freien Lauf und entdeckte mit Hilfe der vielen wunderbaren Menschen in der Casa die Spiritualität. Am Ende meines ersten Besuchs hatten sich enorme physische Verbesserungen eingestellt, aber noch wichtiger war mein spirituelles Erwachen. Dieses Gefühl bringt mich noch immer auf höhere Ebenen des Friedens und des Glücks. Ich bin überzeugt davon, dass all diese Faktoren dazu führen werden, dass ich mich wieder ganz erhole.

Die anderen Symptome meines Krankheitsbildes waren unter anderem der Verlust des Geruchsinns, Unbeweglichkeit, starke Muskelschmerzen, Gleichgewichtsverlust und eine teilweise Gesichtslähmung. Ich unterzog mich unzähligen Tests und heraus kamen drei unterschiedliche Meinungen, einschließlich der eines holländischen Professors. Sie alle bestätigten, dass ich Parkinson hatte. Ich weigerte mich, Medikamente zu nehmen, weil ich Langzeitschäden fürchtete und an der Wirksamkeit der Medikamente zweifelte. Ich probierte viele alternative Methoden aus und stützte mich auf Cranio-Sacral-Massagen, Biofeedback-Behandlungen und Akupunktur. Seit sechs Monaten bekomme ich keine dieser Behandlungen mehr. Ich mache Yoga und meditiere täglich etwa zwanzig Minuten.

Kürzlich besuchte ich meine Neurologin, eine sehr aufgeschlossene Dame. Sie wunderte sich über die konsequente Verbesserung meines Zustandes im Laufe der letzten sechs Monate. Sie sagte mir, dass sich meine Krankheit um fast 80 Prozent gebessert hatte und mein Zustand sich zu stabilisieren schien. Sie teilte mir mit, dass meine vierteljährlichen Besuche nicht mehr erforderlich seien. Ich solle sie kontaktieren, falls ich sie bräuchte.

Ich habe nur zu wenigen Menschen Kontakt, die an Parkinson erkrankt sind. Ein typisches Merkmal für Menschen, die unter dieser Krankheit leiden, ist sicherlich das starke Bedürfnis danach, die Kontrolle über ihr Leben zurückzugewinnen. Ich bin sicher, dass es Teil meiner Heilung ist, mich öffnen zu können und nicht mehr alles in meinem Leben kontrollieren zu müssen. Ich werde die Casa einmal jährlich besuchen.

▲

WIEDERHERSTELLUNG DES SEHVERMÖGENS

Bob Dinga

1986 wurde bei mir eine seltene Krankheit der Netzhaut, die sogenannte Choroiditis/Aderhautentzündung des Auges diagnostiziert (eine Entzündung der Aderhaut führt schrittweise zum Verlust des Sehvermögens in jenem Auge, das befallen ist). Es gab keine Medikamente gegen diese Krankheit. Laserchirurgie war die einzige Möglichkeit, das Fortschreiten der Krankheit aufzuhalten. Nach fünf Laserbehandlungen im Laufe der nächsten dreizehn Jahre wurde ich offiziell für blind erklärt und man legte mir nahe, die Blindenschrift zu erlernen. Es gab nichts mehr, was noch gegen die Kranheit unternommen werden konnte.

Im November 1998 las mir meine geliebte Lebensgefährtin, Diana Rose, ein Buch von Robert Pellegrino-Estrich mit dem Titel *Der Wunderheiler* vor. Als sie das Buch zu Ende gelesen hatte, wusste ich, dass ich nach Brasilien gehen musste, um mein eigenes Wunder von João de Deus zu erhalten. Zu der Zeit konnte ich noch Großgedrucktes lesen und in meinem unmittelbaren Umfeld Auto fahren, solange ich den Weg wusste.

Im Glauben, dass ein sofortiges Wunder meine Sehkraft wiederherstellen würde, stellte ich einen Übersetzer an, der Portugiesisch sprach und reiste für einen eineinhalbtägigen Aufenthalt nach Brasilien in die Casa de Dom Inácio in Abadiânia. Am ersten Tag saß ich zweimal im Current-Raum. Am nächsten Morgen erhielt ich eine spirituelle Operation. Während ich im OP-Zimmer saß, spürte ich einen Luftzug in meinem Ohr. Ich erinnere mich daran, dass ich dachte: „Die sollen an meinen Augen arbeiten, nicht an meinem Ohr!" Da ich nichts spürte, verstand ich die Gewichtigkeit meiner Operation nicht und mein Übersetzer und ich reisten durch die Landschaft. Entgegen der Empfehlung für die Zeit nach der Operation verbrachten wir viele Stunden damit, in der Stadt Cristalina Kristalle einzukaufen.

Am Ende des Tages war ich völlig erschöpft und begann zu begreifen, dass die Wesenheit tatsächlich eine schwerwiegende Operation an mir durchgeführt hatte. Es war zu spät. Ich hatte die Warnungen ignoriert und meine Sehkraft verschlechterte sich. Als ich zuhause ankam, hatte sich meine Fähigkeit, ohne Vergrößerung lesen zu können, auf fast Null reduziert und

Auto fahren konnte ich überhaupt nicht mehr. Wurde ich gefragt, ob ich jemals nach Abadiânia zurückgehen würde, antwortete ich: „Nie. Es sei denn, ich erhalte eine klare Botschaft von Gott."

Etwa drei Wochen nach meiner Rückkehr erschien mir João de Deus in einem Traum. Als ich ihn fragte, ob ich zur Casa zurückkehren solle, sagte er: „Ja, noch zwei Mal." Ohne die Monitore in den Flughäfen lesen zu können oder Portugiesisch zu sprechen, ging ich im Mai 1999 alleine für drei Tage und im August für drei Wochen nach Abadiânia zurück. Nach der Reise im Mai kehrte meine Sehkraft auf das Niveau vom Januar zurück. Nach der Reise im August verbesserte sich meine Sehkraft drastisch.

Ich bemerkte, dass sich meine Sehkraft nach einem Besuch in Brasilien jedes Mal deutlich verbesserte, aber sich dann nach ein paar Monaten wieder verschlechterte. Im Dezember 1999 besuchte ich die Casa für drei Wochen. In diesen drei Wochen hatte ich die intensivsten Erkenntnisse, machte außergewöhnliche Erfahrungen und meine Sehkraft verbesserte sich enorm. Ich kehrte nach Haus zurück und kündigte meinen Job. Meine Sehkraft hat sich seitdem immer weiter verbessert. Ich kann über einen kurzen Zeitraum lesen und ich kann mit dem Auto selbst bei schlechten Lichtverhältnissen fahren, wohin auch immer ich möchte. Ich lebe wieder ein normales Leben, arbeite von zu Hause aus am PC und kommuniziere mit Menschen, die mehr über die Casa de Dom Inácio und João de Deus wissen wollen.[27]

---

[27] Bob und Diana Dinga leben in Kalifornien und sind offizielle Tour-Guides der Casa.

▲
BERÜHRUNG DURCH EINEN SCHMETTERLING
Ricardo Bezada

Die Schmerzen in Ricardos Schulter begannen 1987 und nahmen ständig zu, bis schließlich ein Tumor in der Schulter diagnostiziert wurde. Von 1989 bis 1992 unterzog sich Ricardo sieben Operationen im Valhalla-Krankenhaus in New York State. Trotz größter Bemühungen konnten die Chirurgen den Tumor nicht komplett entfernen, da er sich zu dicht an den Nerven seiner Schulter und seines Arms befand. Ricardo litt unter quälenden Schmerzen und hatte die Bewegungsfähigkeit in seinem Arm 1992 gänzlich verloren.

Ricardo berichtet:
Ich hatte keine Wahl mehr. Die Ärzte wollten meinen rechten Arm amputieren, um so die Ausbreitung des Tumors aufzuhalten. Ich entschied mich dafür, meine Familie in Peru zu besuchen, bevor ich eine so gewichtige Entscheidung traf. Sie erzählten mir von einem Heiler in Brasilien, den der Präsident Perus eingeladen hatte, um die Cholera-Epidemie unter Kontrolle zu bekommen. Sie sagten, dass dieser Heiler, João de Deus, 15 000 Menschen empfangen habe und die Epidemie gestoppt worden sei. Ich hatte bereits Hilfe bei den verschiedensten Heilern und Schamanen in Peru gesucht und war alles andere als überzeugt davon, dass João de Deus mich heilen konnte, aber ich wollte meinen Arm nicht verlieren und dadurch arbeitsunfähig werden.

In meiner Verzweiflung kaufte ich ein Flugticket nach Brasilien. Ich erreichte die Casa de Dom Inácio zur Zeit der Morgensitzung. Sebastian empfing mich. Er sah, dass ich vor Schmerzen weinte. Ich hatte seit fünf Jahren nicht mehr richtig geschlafen und war erschöpft. Sebastian brachte mich vor die Wesenheit, die mir sagte, dass ich an diesem Nachmittag eine unsichtbare Operation haben sollte.

Später an diesem Tag wurde mir gesagt, ich solle mich mit vielen anderen zusammen ins OP-Zimmer setzen. Die Wesenheit trat ein und sprach ein Gebet. Während der Operation spürte ich, wie mich ein leichtes „Flattern" von Energie berührte, das der sanften Berührung durch einen Schmetterling glich. Als ich das OP-Zimmer nur wenige Minuten später verließ, war ich schmerzfrei. Wie benommen ging ich zu Sebastian und sagte: „Wo ist mein Schmerz?" Er sagte mir, ich solle mich ausruhen. Ich ging in mein Hotel zurück und schlief drei Tage lang. Seit Jahren war ich außer Stande gewesen, mich auszustrecken. Die rechte Seite meines Körpers war davon deutlich gekennzeichnet. Nach der OP schlief ich zum ersten Mal seit dieser Zeit völlig ausgestreckt ein.

Ich flog zurück nach New York und traf mich mit meiner Frau. Sie war begeistert, als sie mich sah, weil ich aufrecht vor ihr stand, was ich selbst nicht bemerkt hatte. Mein Körper hatte sich aufgerichtet, weil der Schmerz weg war. Der Tumor war noch da, aber das Glücksgefühl, schmerzfrei zu sein, überwog. Ich kehrte innerhalb einer Woche nach Abadiânia zurück, um weiter an mir zu arbeiten. Ich ging sofort in die große Halle, um Medium João zu sehen. Als die Wesenheit auf die Bühne trat, kam sie zu mir und nahm meine Hand in die ihre. Als sie mein Hemd aufknöpfte, fühlte ich an der Stelle, an der sich der Tumor befand, eine Welle der Energie. Ich schaute auf die Stelle an meiner Schulter und sah, dass der Tumor verschwunden war. Die Wesenheit sagte mir, ich solle im Dorf ins Büro des Notars gehen und mir meine Heilung offiziell bestätigen lassen. Ich gehe einmal jährlich in die Casa, um danke zu sagen und Heilenergie zu erhalten. Ich habe viele tiefe Narben von den zahlreichen Operationen, aber keinen Tumor mehr. Die Heilung macht Fortschritte und ich arbeite wieder in meiner Baufirma in New York.

▲

DAS GESCHENK

Sirlei Lerner

Im Januar 1994 verließ Sirlei zum ersten Mal Porto Alegre in Rio Grande im Süden Brasiliens, um zur Casa zu reisen. Sie kämpfte seit drei Jahren gegen einen Tumor in der rechten Brust. Die Ärzte glaubten, dass das Entfernen eines Viertels ihrer Brust, gefolgt von Bestrahlung und Chemotherapie, die einzige Behandlungsmethode wäre. Sirlei lehnte eine solche Therapie schlichtweg ab.

Sirlei erzählt:

Ich glaubte eher an einen Erfolg durch eine Behandlung der ganzheitlichen Medizin statt durch die herkömmliche Medizin. Ich stellte meine Ernährung auf Rohkost um, setzte mich mit dem Thema der Makrobiotik auseinander und nahm Naturheilmittel ein. Nach drei Jahren hatten sich sieben kleine Tumore in meiner Brust gebildet. Ich wollte meine ganzheitliche Theorie nicht aufgeben, aber ich bekam langsam Angst. Meine Freundin sagte mir, dass sie mich gerne zur Behandlung in die Casa de Dom Inácio de Loyola bringen würde. Ich war nicht sicher, ob mein katholischer Glaube es mir erlauben würde, einen spirituellen Heiler zu sehen, aber meine Freundin kaufte uns zwei Busfahrkarten. Mittlerweile schien alles aussichtslos und ich war verzweifelt. Hatte ich denn eine andere Wahl? Ich konnte keinen klaren Gedanken fassen. Wir traten die dreißigstündige Busreise nach Abadiânia an.

Am Mittwochmorgen ging ich zur Casa und trat vor João de Deus. Die Wesenheit, die ihn an diesem Tag inkorporierte, war St. Ignatius. Sie lächelte mir zu und eröffnete mir, dass ich ein Medium der Casa sei. Sie sagte, dass ich nicht an Krebs sterben würde und keine Angst zu haben brauchte. Sie würde mich heilen, aber ich müsse dafür sehr oft in die Casa zurückkommen. Sie sagte auch, dass mir meine alternativen Methoden das Leben gerettet hätten. Hätte ich einer Brustamputation zugestimmt, hätte sich der Krebs auf grausame Weise ausgebreitet und die Wesenheiten wären nicht im Stande gewesen, mich zu heilen. Meine Krankheit habe eine gänzlich geistige Ursache und herkömmliche Chirurgie hätte nicht geholfen.

Meine Behandlung begann. Das erste Mal, als die Wesenheit (Dr. José Valdivino) an mir arbeitete, wurde ich auf die *maca*[28] gelegt. Mir wurde erklärt, dass Personen, die einer tiefen energetischen Heilung bedürfen, auf die *maca* geschickt werden. Dr. Valdivino versammelte viele Medien einschließlich anderer Wesenheiten des Lichts, die in der Casa im unsichtbaren Bereich arbeiten, um sich. Die Wesenheit deutete auf den Krebs und erklärte, dass die Bezeichnung für diese Krebsart *Aaranha* sei, was so viel wie Spinne bedeute. Sie sagte, es sei eine sehr aggressive und bösartige Spinne. Dann erläuterte sie, warum ich ihrer Meinung nach Krebs habe, und arbeitete sich von den Füßen beginnend meinem Körper entlang nach oben. Als sie auf den großen Tumor drückte, trat Blut aus meiner Brust aus.

Ich reiste alle vierzig Tage mit dem Bus nach Abadiânia, die lange Fahrt wurde zur Gewohnheit. Einmal nahm die Wesenheit (Dr. Valdivino) eine Spritze und extrahierte eine blutige Flüssigkeit aus dem Tumor, dabei trat Blut aus meiner Brustwarze. Die Wesenheit sagte, dass sie den gesamten Krebs in meinem Körper an eine Stelle verlagern würde. Aus diesem Grund hätte sich auch der Tumor in meiner Brust vergrößert. Bei meinem dritten Besuch erhielt ich eine spirituelle Operation durch Dr. Valdivino.

1996 spürte die Wesenheit (St. Ignatius) meine Verunsicherung und sagte mir ich solle mich nach 21 Tagen einer medizi-

---

[28] (maca = eine Art Massagetisch im OP)

nischen Kontrolle unterziehen. Ich ging zum besten Onkologen Südbrasiliens. Die Größe des Tumors, der inzwischen so groß war, dass das Bild nicht ganz auf den Monitor passte, versetzte den Onkologen in Erstaunen. Noch viel mehr aber erstaunte den Fachmann, dass der Rest meines Körpers noch völlig gesund war. Meine Leber, die Nieren, das Gehirn und alle anderen Organe zeigten keinerlei Anzeichen des Krebses. Der Arzt konnte nicht fassen, dass mein Körper nach fünf Jahren mit einem *unbehandelten* Krebsleiden nicht von Metastasen übersät war. Er sagte, ich sei ein Naturwunder, es gäbe keine Erklärung dafür. Auf diese Weise gingen vier Jahre vorüber.

Um näher bei der Casa zu sein, zog ich 1999 nach Anápolis. Eines Tages, als ich zu einer meiner Sitzungen ging, war die Wesenheit König Solomon, der sich seit 18 Jahren nicht mehr mit Medium João vereinigt hatte. Er sagte mir, ich sei sehr geduldig gewesen. Tatsächlich empfand ich mich selbst als ungeduldig und war nervös. Er sagte: „*Filha*, wenn du nicht so konsequent zu uns gekommen wärst, würdest du nicht mehr unter uns weilen." Seit meiner Diagnose waren acht Jahre vergangen und der Tumor wuchs noch immer. Die Wesenheit sagte mir dann, ich solle mich nun einer herkömmlichen Operation unterziehen. Die Wesen hätten ihre Arbeit an mir getan und den ganzen Krebs auf einen Punkt konzentriert. Er ähnle jetzt einer ausgetrockneten Orange und könne von einem Chirurgen entfernt werden.

Mein Arzt teilte mir mit, dass er die Brustamputation im August dieses Jahres durchführen könne, aber er bestand zunächst darauf, dass ich zusätzlich Chemotherapie und Bestrahlung bekäme. Ich wollte weder Chemotherapie noch Bestrahlung und fragte ihn, ob er trotzdem bereit sei, mich zu operieren. Er sagte, dass er eine Ausnahme machen würde, weil ich ein solch außergewöhnlicher Fall sei. Er nahm mir die rechte Brust ab, in welcher der ganze Krebs „lagerte".

Die nächste Kontrolluntersuchung fand im Jahr 2000 statt. Es konnten keine Krebszellen in meinem Körper nachgewiesen werden. Ich habe mir nicht die Mühe gemacht, mich weiteren Kontrolluntersuchungen zu unterziehen, weil ich mir sicher bin, dass die Wesenheiten mich völlig von meiner psychosomatischen Krankheit geheilt haben. Ich gehe einmal wöchentlich zur Casa und meditiere im Current, um bei der Heilung anderer zu helfen.

Obwohl ich zuvor nie gemalt hatte, entwickelte ich ein großes Verlangen danach. 1999 besuchte ich einen sechsmonatigen Malkurs. Es entstanden Bilder von der heiligen Mutter Maria, St. Ignatius und vielen anderen Wesen der Casa. 2002 besuchte ich einen weiteren Kurs in Acrylmalerei. Mein Lehrer sagte, dass ich zehn Stunden pro Tag malen und Künstlerin werden müsse, andernfalls würde ich Brustkrebs entwickeln. Ich sagte ihm, dass ich bereits Brustkrebs gehabt hatte, also war das einzige, das mir übrigblieb, Künstlerin zu werden. Ich male jetzt zehn Stunden pro Tag. Da der Lehrer meine Krankheitsgeschichte nicht kennen konnte, glaube ich, dass mir durch ihn eine Botschaft übermittelt wurde. Die Wesenheiten haben mich gebeten, sie zu malen. Sie sagten, dass ich ein „Medium der Malerei“ sei und dass diese Gabe ein Geschenk an die Menschen in der Welt sei. Mein komplettes Leben hat sich verändert und ich bin sehr, sehr glücklich.

Heather setzt fort:

Ich bat Sirlei, Dr. Augusto zu malen und das Statement, welches für ihn so typisch war, darauf anzubringen: „Meine Phalange besteht weder aus zehn, noch aus hunderten, sie besteht aus tausenden von Wesenheiten. Ich bin derjenige, der in den tiefsten Abgrund steigt, nur, um eine Seele zu retten.“ Sie kreierte ein schönes Gemälde und brachte es zu mir. Ich nahm es mit vor die Wesenheit (Dr. Augusto), um es von ihr unterzeichnen zu lassen. Sie fand das Bild sehr gelungen, sagte aber: „Meine Augen waren grün, nicht honigfarben. Außerdem war mein Haaransatz nicht so weit hinten und mein Haar fiel länger über meine Ohren. Mein Schnurrbart war auch etwas weniger gepflegt. Aber es ist sehr gut."

Sirlei nahm die kleinen Korrekturen vor, um welche Dr. Augusto gebeten hatte und brachte das Bild erneut vor die Wesenheit. Dieses Mal lächelte Dr. Augusto, unterschrieb das Bild und sagte: „Jetzt ist es perfekt!" Er gab die Anweisung, dass alle Bilder, die zukünftig von ihm gemalt würden, dieses Statement von ihm tragen sollten. Sirlei hielt Wort und auf jedem ihrer folgenden Bilder ist eben dieses Statement zu lesen. Ich habe eine umfassende Sammlung ihrer gechannelten Bilder. Ich lud sie immer dazu ein, ihre Bilder am Ankunftstag meiner Gruppen ins Hotel zu bringen. Die Bilder verkauften sich im Handumdrehen und sie nahm Bestellungen für weitere Bilder an. Viele ihrer Bilder wurden in die Pousadas im Dorf verkauft. Sirlei war alleinerziehende Mutter und sehr dankbar dafür, dass die Wesenheiten ihr diese Gabe zum Geschenk gemacht hatten.

Im Oktober 2005 sagten die Wesenheiten Sirlei, dass sie in der nächsten Woche weder am Dienstag, Mittwoch noch am Donnerstag Auto fahren solle. Aus welchem Grund auch immer ignorierte Sirlei die Warnung der Wesenheiten und fuhr ihren Sohn zur Arbeit. Auf dem Heimweg unterschätzte sie die Entfernung eines Busses, als sie auf eine Hauptstraße einbog. Ihr Auto wurde von dem Bus erfasst. Sie war sofort tot. Jeder in der Casa war am Boden zerstört. Am Tag ihres Todes fragte Martin eines der Medien und einen von Joãos Übersetzern nach Sirlei. Er wollte wissen, warum sie gestorben sei und ob sie jetzt bei ihnen sei. Sie sagten ihm, der Unfall sei eine Entscheidung ihrer Seele gewesen. Sirlei sei in einem spirituellen Krankenhaus und würde von den Wesenheiten umsorgt. Martin wollte wissen, ob Sirlei sich der Phalange anschließen werde. Die Wesenheit antwortete, dass sie das tun würde, nachdem sie sich erholt hätte. Ein oder zwei Wochen vor ihrem Tod erzählte Sirlei uns, wie wunderbar sie es fände, dass inzwischen mehr als fünfhundert ihrer Bilder in vielen Ländern dieser Welt hingen.

▲

WEG ZUM LICHT GOTTES

Kathy Clifford

Ich war achtundvierzig Jahre alt, als bei mir Brustkrebs diagnostiziert wurde. Es hatten sich Metastasen an meinen Rippen und in meiner Wirbelsäule gebildet. Ich habe zwei Bestrahlungszyklen, fünf verschiedene Typen der Chemotherapie und unzählige Operationen über mich ergehen lassen, die zusammen fast eineinhalb Meter Narben auf meinem Körper hinterlassen haben. Der Krebs zerfraß drei meiner Lendenwirbel, was eine Wirbelsäulenversteifung bzw. -fixation notwendig machte, welcher wiederum ein Jahr der Rehabilitation folgte. Während des Krankenhausaufenthalts für diese Operation erhielt ich einen klaren und ausführlichen Weckruf von Gott, der mein Leben völlig änderte. Aus mir wurde an Stelle eines sehr weltlichen Menschen ein spiritueller Mensch mit geistigem Mittelpunkt. Während meines Krankenhausaufenthalts wurde mir klar, dass die spirituelle Heilung eine sehr wichtige Rolle in meinem Heilungsprozess spielen würde. Ich bin der Meinung, dass es von höchster Bedeutung ist, Heilung anzunehmen, aus welcher Quelle sie auch angeboten wird. Sei es eine herkömmliche Behandlung, die auf einer speziellen Ernährung basiert, die Einnahme von Nahrungsergänzungsmitteln oder täglich Spiritualität zu praktizieren.

Bisher habe ich vier unsichtbare Operationen durch die Wesenheiten erhalten. Jede von ihnen hatte starke physische und emotionale Effekte. Innerhalb weniger Stunden nach der ersten Operation bildete sich ein großer blauer Fleck über meiner Wirbelsäule. Wir wendeten gesegnetes Wasser an. Es fühlte sich an, als ob flüssiges Licht in meinen Körper sickerte. Der große blaue Fleck verblich über Nacht zu einem kleinen schwachbraunen Fleck. Wenn ich Schmerzen habe, nehme ich noch immer gesegnetes Wasser zur Behandlung. Es hilft unglaublich gut. Weitere mit Schmerzen an meinen Rippen, meinen Hüften und meiner Wirbelsäule verbundene Operationen folgten. Das Gute an all diesen Operationen war, dass jeder einzelnen eine große emotionale oder spirituelle Erleichterung oder Einsicht folgte.

Wie so oft begann auch meine Heilung mit der emotionalen Heilung. Während ich im Bett lag, durchlebte ich eine chronologische Rückschau der Ereignisse, die mich während meines Lebens tief verletzt hatten. Zum ersten Mal war ich im Stande, sie aus einer anderen Perspektive zu sehen: wertfrei. Mir wurde klar, dass diejenigen, durch die ich mich verletzt fühlte, genau so unvollkommen waren wie ich und dieselben Fehler machten wie ich. Ich verstand, dass sie es zu der Zeit nicht besser gewusst hatten. Imstande zu sein, diesen Leuten zu verzeihen, nahm ein enormes Gewicht von meinen Schultern und gab mir sehr viel Frieden. Ebenso war ich jetzt dazu bereit, andere für meine eigenen Handlungen in der Vergangenheit um Vergebung zu bitten. Es befreite mich von meinem schlechten Gewissen, mit dem ich mich selbst in den vergangenen Jahren bestraft hatte.

Die Heilenergie der Casa-Wesenheiten hat sich in meiner gesamten Familie ausgebreitet und nützt uns allen. Meine Schwester hatte vor mehreren Jahren einen schrecklichen Autounfall. Sie wurde von einem Betrunkenen angefahren. Von der Taille abwärts zertrümmert, ist sie in ihrer Beweglichkeit sehr eingeschränkt und lebt mit großen Schmerzen. Sie hat zwei unsichtbare Operationen in ihrem Haus in den Vereinigten Staaten erhalten während Mamas und meiner Besuche in der Casa de Dom Inácio. Bei der ersten wachte sie davon auf, dass eine Wesenheit ihren Fuß anhob und ihren Knöchel bewegte. Seitdem hat sie deutlich weniger Schmerzen. Die zweite Operation war eine Stellvertreteroperation, bei der unsere Mutter in der Casa als Übertragungsmedium für meine Schwester zuhause fungierte. Als meine Schwester am nächsten Morgen aufwachte, war ihr Köchel grün und blau, aber sie hatte noch weniger Schmerzen als in der Nacht. Meine Schwester hatte keinerlei Erfahrung oder Vergangenheit mit spiritueller Heilung.

Inzwischen weiß ich, dass es meine Bestimmung ist, den Weg zum vollkommenen Licht Gottes zu beschreiten. Der Weg ist lang und steinig. Er ist voll von Steinen, die, wie ich bisher glaubte, unüberwindliche Hindernisse darstellten. Jetzt sehe ich diese Steine als Meilensteine. Wenn mir einer im Weg liegt, sehe ich darin eine neue Chance zu lernen, anstatt mich bestraft oder als Opfer zu fühlen. Ich zelebriere dieses Lernen, weil es für mich bedeutet, dass ich auf meinem Weg ein Stück vorangekommen und bereit bin, den nächsten Schritt zu tun. Ich betrachte jeden Stein so lange einfühlsam und liebevoll, bis ich das Gefühl habe, dass der Stein zu einem kleinen Kieselstein wird, den ich in meiner Hand halten kann. Seine emotionale Macht über mich ist verschwunden. Ich untersuche den Kieselstein von allen Seiten, um das Problem, welches dieser repräsentiert, verstehen zu können. Dann erst bin ich im Stande, das Problem zu akzeptieren, etwas zu ändern, zu verzeihen und es abzulegen. Sobald der Stein zu einem winzigen Kieselstein geworden ist, stecke ich ihn in meine Tasche und trage ihn bei mir, als Gedächtnishilfe der Lektion, die ich durch ihn gelernt habe. Sobald der Weg frei ist, strebe ich weiter in Richtung des Lichts. Es ist meine Lebensaufgabe, große Steine in Kieselsteine umzugestalten, um den Weg zu Gott zu ebnen.

Jetzt, da ich mehr vom Spiritismus verstehe, ist mir klar, dass Krebs auch ein Geschenk sein kann. Zuvor war ich arrogant. Die Krankheit forderte meine Aufmerksamkeit. Sie brachte mich dazu, mich auf das Lernen zu konzentrieren und darauf, wie ich zu einem besseren Menschen werden konnte, um diese Erfahrungen dann mit anderen zu teilen. Der große Durchbruch war der Moment, in dem ich meine Sichtweise auf die Krankheit änderte. Ich lernte, mein Leben als Unterricht zu betrachten und ich begann zu verstehen und zu akzeptieren, dass mein Geist unendlich lange lebte. Mit diesem Verständnis änderte sich die Tragweite dessen, was mit mir geschah. Selbst wenn mein Körper stirbt, werde ich nicht sterben. Ich werde einen anderen Körper bekommen und in die Schule zurückkehren, um weiterzulernen. Der Sinn meines Lebens ist es, mich zu entwickeln, zu lieben und für andere von Nutzen zu sein – in diesem sowie auch im nächsten Leben. Noch lebe ich und das wird sich so schnell nicht ändern. Drei Monate nach meinem ersten Besuch in Abadiânia zog sich der Krebs zurück und kam bisher nicht wieder.

▲

AMAZING GRACE – UNGLAUBLICHE GNADE

Margaret Newton

Gestern Abend, als ich mit meinem Kissen in den Armen in meinem Bett lag, wurde ich durch Erinnerungen zurück nach Brasilien gebracht. Es war Sonntag und Arturo war im vorderen Teil des Raumes. Er hatte zwei Tage zuvor einen Schlaganfall überlebt. „Dank der Wesenheiten lebe ich noch.“ Alle lachten. Seine direkte Art war angenehm und übermittelte eine Botschaft, die jeden berührte.

Ich erinnerte mich an Stimmen, die in der Casa erklangen, während wir Lieder aus einem Buch wählten. Nach dem Tod meiner Mutter konnte ich jahrelang nicht singen, obwohl ich mit meinem Onkel oft zum Königreichsaal ging und die Kongregation am Anfang und dem Ende des Gottesdienstes sang. Der Besuch des Königreichsaals wurde für mich zur lebendigen Gedenkstätte. Ich besuchte etwas, das in der Vergangenheit existiert hatte und jetzt nicht mehr da war. Große Trauer überkam mich. Ich stand da – es blieb nichts als diese große Leere zurück. Sie legte sich über mich, während ich dort stand, aber die klare, volle Stimme meiner Mutter erklang nicht mehr in meinem Ohr, wie sie es mein Leben lang getan hatte. Damals zog ich sie immer damit auf und sagte, sie sei mit ihrer kräftigen Stimme die Anführerin der ganzen Sippe. Ohne ihre Stimme gäbe es wahrscheinlich kein einziges Lied. Später begriff ich, dass diese Worte der Wahrheit entsprachen.

Als ich in der Casa „Amazing Grace" sang, hörte ich wieder die Stimme meiner Mutter und fühlte die Liebe, die ich als Kind gefühlt hatte, wenn sie laut und klar sang. Tränen rollten mir über die Wangen und ich tauchte ein in ein Bad der Gefühle. Ich gab keinen Laut von mir. Ich konnte mich nicht von der Stelle rühren. Ich begriff, wie viel Fröhlichkeit im Gesang lag, und Heiterkeit trat an Stelle des Kummers. Wie eine Metapher für das leichte Licht, das in meinen Körper zu strömen schien, fühlte ich mich wie auf weiße Rosenblätter gebettet. Ich konnte die Stimmen von kleinen Kindern hören, die sangen. Als ich in meinem physischen Körper so dastand, fühlte ich mich dem Himmel so nah wie irgend möglich. Die jungen Stimmen schufen pure Seligkeit in meiner Seele. Wärme begann in mein rechtes Bein auszustrahlen und ich spürte die Anwesenheit eines Geistes, der mich tröstete. In dieser Nacht nahm mich die Heiterkeit mit in ihre Träume.

Ich begriff lange nicht, was in mir vorging, als ich die Casa betrat. Es war, als ob ich in einen Raum trat, der mit schönem, hellem, weichem Stoff ausgekleidet war. Sogar meine Füße fühlten sich an, als seien sie gepolstert. Vor meinem geistigen Auge sah ich einen dünnen, durchsichtigen Schleier in der Mitte des Raumes. Materialisierte Dinge und Gegenstände befanden sich auf der Seite, auf der ich stand. Dieselben Formen gab es auch auf der anderen Seite des Schleiers, nur dass sie dort Moleküle einer sich bewegenden Energie waren. Meine Erfahrungen in der Casa ließen mich darüber nachdenken, was wirklich war und was nicht. Je mehr Liebe ich fühlte, desto mehr Strahlen kamen aus mir und stellten das Gefühl wieder her, zuhause zu sein, an dem Ort zu sein, den ich in der Stunde des Todes meiner Mutter verloren hatte.

Dieses geistige Eintauchen war die Heilung meines emotionalen Körpers. Ich hatte dasselbe Haus gefunden, das meine Mutter durch ihre Spiritualität – nicht durch ihre Religion – geschaffen hatte, die ihr Wesen ausstrahlte. Ich verstehe jetzt, warum ich nach meiner spirituellen Operation in der Casa drei Wochen lang weinte.

Heute, sechs Monate danach, spüre ich den emotionalen und psychischen Schmerz, den ich früher in mir trug, nicht mehr und bin völlig geheilt. Ich hätte nie gedacht, dass Heilung auf dieser Ebene möglich ist. Ich verbrachte mein Leben in Therapien und Selbsthilfe-Werkstätten, die alle für mein persönliches Wachstum, nicht aber für meine Heilung gut waren. Nichts ähnelte jemals auch nur annähernd dem, was mit mir geschah, als ich vor Medium João und die Wesenheiten trat.

▲

MEIN SOHN KANN GEHEN

„Junior" da Silva

Neusa und Gelson da Silva brachten ihren Sohn Junior Anfang 1989 in die Casa. Er war im Alter von drei Jahren an Kinderlähmung erkrankt.

Neusa erzählt uns ihre Geschichte:
Nach der Impfung gegen Kinderlähmung wurde mein Sohn mit 40 °C Fieber ins Krankenhaus eingeliefert. Im Laufe der nächsten sechs Jahre suchten mein Mann und ich verzweifelt nach Antworten, suchten Ärzte und Heiler auf und probierten jedes erdenkliche Heilmittel aus, um unserem Sohn das Gehen zu ermöglichen. Sein Körper wurde von den Beinen bis zum Solarplexus durch Orthesen gestützt. Die Situation war hoffnungslos. Er hatte ein Leben im Rollstuhl vor sich. Mit sechs Jahren brachte ich Junior zum ersten Mal in die Casa. Die Wesenheit sagte, die Behandlung werde Zeit in Anspruch nehmen, aber sie könne ihm helfen. Wir mussten Junior alle 40 Tage in die Casa bringen. Die Busreise war mörderisch. Um zu gewährleisten, dass Junior nicht zu viel in der Schule versäumte, nahm ich seine Schulsachen mit auf die Reisen und er konnte so unterwegs lernen. Nach einem Jahr hatte sich seine Beweglichkeit um 100 Prozent verbessert und die Wesenheit nahm ihm die Orthesen ab, die das rechte Bein und den Rumpf „umklammerten". Die Wesenheit sagte uns, dass Junior für immer an den Rollstuhl gebunden gewesen wäre, wenn wir ihn nicht zur Behandlung in die Casa gebracht hätten. Das medizinische Team, welches ihn behandelt hatte, bestätigte das.

Junior setzte die Behandlung bei den Wesenheiten bis zu seinem sechzehnten Lebensjahr fort. Ich stellte mich in den Dienst der Casa, unterstützte meinen Sohn dabei, Casa-Guide zu werden und half anderen Menschen. Alle vierzig Tage mietete ich einen Bus, um Menschen aus meiner Gemeinde zur Heilung in die Casa zu bringen. Der Bus war immer voll. Die Rückfahrt dauerte immer länger, als die Hinfahrt, weil wir häufig Halt machen mussten, um uns um diejenigen zu kümmern, die von einer spirituellen Operation geschwächt waren und sich zum Teil mehrmals übergeben mussten.

1999 sagte mir die Wesenheit, dass wir nach Abadiânia ziehen sollten. Wir hatten keine Ahnung, wie wir unser Leben und das unserer beiden Söhne, die eine Schule besuchen mussten, finanzieren sollten. Ich bat die Wesenheit, uns zu helfen. Das Hotel Rei Davi stand zum Verkauf. Ernestos und Izaura, die Besitzer des Hotels, wollten, dass wir es kauften. Da wir nicht genug Geld hatten, um es zu kaufen, mieteten wir das Hotel, während sie nach einem Käufer suchten. Wir zogen mit unserer ganzen Familie um. Gelson gab seine Anteile an einem Immobilien-Büro auf und ich verkaufte mein lukratives Geschäft für Damenmode. Wir begannen ein neues Leben und lernten, Hoteliers zu sein. Wir haben noch immer mit der finanziellen Situation zu kämpfen. Wir lernten viel dazu und begannen, unser neues Leben zu lieben.

2002 setzten uns Ernesto und Izaura darüber in Kenntnis, dass sie den Vertrag nicht verlängern würden und das Hotel Ende des nächsten Monats geschlossen werden sollte. Ich ging nach Porto Alegre im Süden Brasiliens zurück, um Arbeit zu finden und um unsere Söhne wieder in die Schule schicken zu können. Gelson war verzweifelt und ging zu Heather, welche ihre Gruppen immer bei uns im Hotel unterbrachte. Heather und zwei Freunde fanden einen Weg, das Hotel zu kaufen und verpachteten es an uns. Wir konnten unser Leben an diesem heiligen Ort weiterleben.

Unser Sohn geht mittlerweile ohne Krücken und trägt nur noch eine kleine Orthese am Bein. Da wir wenig Geld hatten, konnten wir uns Juniors Jurastudium nicht mehr leisen und mussten ihn im Alter von vierundzwanzig Jahren von der Uni nehmen. Glücklicherweise ist er von Natur aus sehr sportlich und spielte Profi-Rollstuhl-Basketball. 2005 fing er mit Rollstuhl-Tennis an und war sehr erfolgreich. Dank Heathers, des Sponsorings durch ihre Freunde und des St. Ignatius Fonds konnte er bei einem holländischen Trainer in São Paulo trainieren und nach Chile reisen, um sich international zu bewerben. Die *Association of Handicapped Sports* (gegründet von Steve Dubener, USA) entdeckte sein Talent. Junior wird seitdem von diesem Verband trainiert und hat ein Stipendium erhalten, welches ihm ermöglicht, sein Jurastudium in São Paulo zu Ende zu bringen. Ich lebe nun seit 20 Jahren hier und könnte ein Buch über die vielen Wunderheilungen schreiben, die sich während dieser Zeit zugetragen haben. Wir alle lieben Abadiânia. Hier haben wir unser wahres Zuhause und unsere Familie gefunden.

▲

DAS TOR ZU GOTT

Rosa Haritos

Meine Laufbahn als akademische Forscherin begann im Januar 2004 an der Universität von Ivy League. Ich arbeitete mit den Spitzenleuten meines Fachgebietes zusammen. Persönlich stand ich auf weniger festem Boden: Meine Ehe war nach elf Jahren in die Brüche gegangen. Ich musste zusehen, wie mein Mann sich langsam selbst aufgab. Wellen der Wut, Angst und der Hilflosigkeit überliefen mich. Nach drei Jahren Eheberatung entschied ich mich dafür, die Scheidung einzureichen. Es war eine schmerzvolle Entscheidung und doch gab es einen noch tieferen Schmerz, eine tiefe Trennung von fast allem in meinem Leben. Dieses Gefühl stellte mich vor die Frage: „War's das? War das wirklich schon alles?" Meine Reise zu João de Deus hatte zwei Gründe: Das emotionale Trauma meiner Scheidung zu heilen und die spirituelle Verbindung zum Leben wiederherzustellen. Ich kam an einem Mittwochmorgen um 7:30 Uhr in der Casa an. Es wimmelte von Menschen jeden Alters und jeder Hautfarbe mit den verschiedensten Beschwerden. Rollstühle, Krücken, kleine Kinder, ältere Personen.

Zusätzlich zu Filmen, die gezeigt wurden und welche über Lautsprecher auf brasilianisch-portugiesisch zu hören waren, wurden mindestens fünf weitere Sprachen gesprochen. Menschen in Sorge standen Schlange, um von João de Deus gesehen zu werden. Es war heiß, Schweiß lief mir den Rücken hinunter. Ich stand schweigend da und hatte die Augen geschlossen. Ich versuchte alles in mir aufzunehmen.

Ich spürte, wie eine Hand mich streifte. Als ich meine Augen öffnete, sah ich einen jungen Mann. Er befand sich in einer tiefen Meditation. Seine Hand hielt die meine fest. Fast sofort fühlte ich, wie eine Art Stromschlag meinen gesamten Körper durchlief. Während ich noch in Gedanken war, hörte ich, wie eine Stimme meine Gedanken in Worte fasste und aussprach: „Was war das denn?" Ich öffnete meine Augen erneut und erwartete, dass mir jemand gegenüber stehen würde, aber da war niemand. Der Mann, der meine Hand hielt, war noch immer tief ins Gebet versunken. Verwirrt ließ ich meinen Blick durch den überfüllten Raum schweifen. Als mein Blick von dem einer jungen Frau erwidert wurde, hielt ich inne. Es war, als ob jede von uns die Gedanken der anderen trotz des Lärms wörtlich gehört hätte – das war unmöglich. Wir gingen aufeinander zu, hielten uns an den Händen, schlossen unsere Augen und konzentrierten uns auf die Anwesenheit von etwas Größerem als uns selbst, etwas Göttlichem.

Der Rest meiner Reise war von eher merkwürdigen Ereignissen geprägt. Ich konnte sie mir trotz meiner profunden wissenschaftlichen Ausbildung nicht erklären. Vor meinen geschlossenen Augen liefen Farbfilme ab und ich fühlte energetische Hände, die meinen Körper sanft bogen und ihn mit Licht und Wärme füllten. Diese Erfahrungen beschränkten sich nicht nur auf das Casa-Gelände. Es passierte in der vierten Nacht meines zweiwöchigen Aufenthalts. Ich spürte die Anwesenheit von jemandem, während ich im Bett lag. Es fühlte sich an, als ob zwei Hände meine Knöchel umschlössen und fest herunterdrückten. Ich spürte glühende Hitze und einen ansteigenden Druck in meinen Körper. Als dieser Druck meine Knie erreichte, war es, als würden Millionen geladener Nadeln auf meine Knie abgefeuert. Der Schmerz war unerträglich. Mit jedem Atemzug hoben mich diese Hände an, um mich dann wieder zurück aufs Bett zu pressen. Ich sah auf meinen Brustkorb. Ich konnte das Auf und Ab meines Körpers mit jeder Bewegung deutlich sehen. Ich sah explosionsartige, helle Lichter und fühlte mich, als ob jemand meine komplette Wirbelsäule neu ausrichtete. Dann spürte ich eine Hand in meinem Mund, die stromartige Wellen durch meine Zähne, meinen Gaumen und meinen Kiefer pulsieren ließ. Ich nahm einen Luftzug wahr – die Wesenheit hatte sich zurückgezogen. Am nächsten Morgen erzählte ich Heather die Geschichte. Sie versicherte mir, dass es für die Wesenheiten ziemlich normal sei, in unsere Zimmer zu kommen, um an uns zu arbeiten. Ich solle mir keine Sorgen machen, sondern einfach den Abläufen vertrauen.

Als ich an diesem Morgen in der Reihe stand, dachte ich über mein Leben nach. Als Tochter von Einwanderern war ich in einem Haus aufgewachsen, das von Schmerz und Angst erfüllt war. Und doch waren meine eigenen, direkten Erfahrungen so anders. Für mich bestand das Leben aus Heiterkeit und Liebe und ich nahm es mit offenen Armen an. Ich hatte den leidenschaftlichen Wunsch, das Leiden in der Welt zu lindern. Als ich an meine Ehe dachte, fühlte ich, wie großer Kummer sich auf mein Herz und meine Seele legte. Ich fühlte mich verloren und hilflos, unfähig, den Abgrund zu überbrücken, der sich zwischen meinem Mann und mir aufgetan hatte. Hinter all diesem Kummer verbarg sich ein Gefühl der Wut, welches ich zu ignorieren vorzog. Ich erinnere mich daran, um Hilfe gebeten zu haben, mit diesen Gefühlen fertig zu werden, ohne mir darüber im Klaren zu sein, was das bedeutete oder ob es möglich war.

Heather hatte mich gebeten, den Namen meines Mannes zusammen mit seinem Geburtsdatum auf einen Zettel zu schreiben. Ich hatte kein Foto von meinem Mann, als ich vor die Wesenheit trat. Sie nahm mir das Stück Papier aus der Hand und hielt es. Sie blickte mitfühlend und liebevoll in meine Augen und sagte: „Er ist ein guter Mann." Wieder fühlte ich mich, als ob jemand meine Gedanken lesen würde und ich lächelte. Die Wesenheit wiederholte: „Er ist ein guter Mann." Ich antwortete: „Ich weiß, Vater, aber ich kann nicht mehr mit ihm leben." Sie nahm meine rechte Hand und begann, sehr schnell auf Portugiesisch zu sprechen. Heather übersetzte: „Du musst nicht befolgen, was er dir sagen wird". Ich sagte Heather, dass ich für die Heilung dankbar sei, die ich bereits erhalten hatte und das ich alles tun würde, um den Schmerz in meinem Herzen zu lindern. Wieder sagte die Wesenheit: „Du musst nicht befolgen, was ich dir raten werde." Ich erinnere mich daran, dass ich verwirrt und ungeduldig wurde, bis Heather mir erklärte, dass es um meine Willensfreiheit ging. „Die Wesenheit wird dir einen Rat geben, aber es steht dir frei, diesen zu befolgen oder auch nicht."

Ich blickte geradewegs in die Augen der Wesenheit und sagte: „Vater, bitte sagen Sie mir, was ich tun soll." Heather übersetzte: „Mache drei Fotos von dir selbst und sei morgen früh Punkt 8 Uhr in der Wartereihe. Wenn du das tust, wirst du in ein glückliches Zuhause zurückkehren können." Während mir noch Tränen der Dankbarkeit über das Gesicht rannen, setzte mich Heather in ein Taxi und erklärte dem Fahrer, was er zu tun hatte. Er brachte mich nach Anápolis. Dort fand ich nach einer Weile ein kleines Einkaufszentrum, in dem es ein Fotogeschäft gab. Am Abend kehrte ich mit den Fotos in der Hand, müde und dessen unsicher, was mich am nächsten Morgen erwartete, in mein Hotelzimmer zurück.

Um 8 Uhr stand ich in der Reihe, um die Wesenheit zu sehen. Voller Hoffnung hielt ich meine Fotos in der Hand. Ich ging auf die Wesenheit zu. Sie nahm die Fotos und fragte: „Sind das die Fotos?“

„Ja, Vater“, antwortete ich.

Ein Lächeln. „Sind sie neu?“

„Ja, Vater.”

Wieder ein Lächeln. „Bist du sicher?”

Heather bemerkte meine zunehmende Unbehaglichkeit und erzählte der Wesenheit von meiner Tour nach Anápolis. Wieder zog die Wesenheit mich zu sich heran und hielt meine rechte Hand. „Ich werde dir jetzt geben, was ich dir versprochen habe.“ An diesem Punkt fühlte ich, wie Energie durch meine rechte Hand brauste und die Wesenheit sagte zu mir: „Dein Glaube ist stark und hat dich geheilt.“ Ich wurde zügig aus der Reihe geschickt und sollte mich in den Current setzten. Das war alles – so einfach und so kompliziert zugleich.

Am letzten Tag dieser Reise sagte man mir, als ich in der Reihe stand, um der Wesenheit adieu zu sagen, ich sei nun eine *filha* (Tochter) der Casa, ein Mitglied der Familie der Casa-Medien, und gab mir ein Rezept für Passiflora-Kapseln. Während meines zweiwöchigen Aufenthalts in der Casa hatte ich weder eine Operation noch Kapseln bekommen, man hatte mich nur gebeten, im Current zu sitzen. Ich war mir nicht sicher, was es bedeuten würde, ein Medium zu sein, und ganz offen gesagt beschwor diese „Ernennung“ Bilder von Kristallkugeln und Séancen (spiritistische Sitzungen) in mir herauf. Dem, was ich gesehen hatte, entnahm ich jedoch, dass Casa-Medien treue, besonnene Männer und Frauen waren, die sich dem Göttlichen öffneten. Sie saßen ruhig da, beteten und stellten ihr Bewusstsein oder ihren Körper all denjenigen zur Verfügung, die Heilung suchten. Meine eigenen Kenntnisse über Gesundheit basierten alle auf der These schmerzlindernder Heilmethoden. Das Mittel, mit dem ich mich am wohlsten fühlte, war, sich kundig zu machen und konkret zu handeln. Vielleicht war es Zeit, einen umfassenderen Blick auf das Ganze zu werfen. Ich wurde angewiesen, die Kapseln zu nehmen und dabei drei Regeln zu befolgen: kein Schweinefleisch, kein Alkohol und keine scharf gewürzten Speisen, Nahrungsmittel oder Pfeffer. „Lebe dein Leben weiter wie bisher", sagte Heather. Da mein bisheriges Leben so nicht mehr existierte, schien das Ganze für mich, ganz offen gesagt, nicht besonders viel Sinn zu machen.

Als ich nach Hause kam, schienen sich viele Dinge geändert zu haben. In Wirklichkeit war ich es, die sich verändert hatte. Ich versuchte zu erklären, was mit mir in der Casa geschehen war, aber es fiel mir schwer, weil ich es selbst nicht so recht wusste. Meine Wut, die Angst und mein Kummer waren durch eine große Offenheit ersetzt worden. Ich fühlte Demut gegenüber der Einfachheit der Casa und der leichten und liebenden Umgebung dort. Ich fühlte mich jetzt bereit, einen ehrlichen Blick auf die Bahn zu werfen, in die ich mein Leben gelenkt hatte. Ich war darauf bedacht, mich von Dingen zu trennen, die ich nicht mehr brauchte. Ich fand mich in einer Welt wieder, die mir fremd war: Visionen, das Wahrnehmen von Energien, Gedanken und Ideen, die nicht meine eigenen waren, und immer die vertraute, energetische Hand auf meinem Rücken. Als sich die Erfahrungen dieser Art zu häufen begannen, begriff ich, dass ich Hilfe brauchte, um mich in dieser neuen Welt zurechtzufinden. Ich vertiefte mich für die nächsten zwei Jahre in eine schamanistische Ausbildung und verbrachte unzählige Stunden damit, über das Geschenk des Mediumismus und die damit verbundene Verantwortung nachzudenken.

Ich kehre jedes Jahr in die Casa zurück und habe vor, das auch weiterhin zu tun. Nicht nur aus der Dankbarkeit, sondern aus dem Wunsch heraus, anderen Menschen zu helfen, die sich auf den Weg machen, um diesen erstaunlichen Heiler zu sehen. Mein Mann besuchte die Casa im Sommer 2005 für eine Woche und auch er hat eine Wiedervereinigung mit dem, was für ihn das Göttliche bedeutet, erfahren. Wir haben hart an unserer Ehe gearbeitet und viele bemerkenswerte Fortschritte gemacht – etwas, das keiner von uns beiden für möglich gehalten hätte. Es gibt noch vieles, woran wir arbeiten müssen, aber wir sind bereit, es zusammen mit der Liebe und der Unterstützung der Casa-Wesenheiten zu tun.

Es gibt einen Spruch, der sagt: „Studiere den *Finger*, der auf den Mond zeigt." Für mich ist die Casa dieser Finger. Sie ist das Leuchtfeuer, das mich nach Hause führte, meine Seele wärmte und mir die Geborgenheit gab, die ich brauchte, um die Verbindung zu meinem eigenen Licht wiederherzustellen. Die Casa ließ mich aus meinem tiefen Schlaf der Teilnahmslosigkeit erwachen. Mir wurde klar, dass immer das Richtige folgen würde, solange ich auf mein Herz hörte und danach handelte.

▲

DIE ZWEITE CHANCE

John Friesman

John litt unter quälenden Kopfschmerzen. Die Schmerzen waren so stark, dass er sich täglich übergeben musste, an manchen Tagen nahm die Übelkeit kein Ende. Er verabscheute diesen Zustand. Über viele Monate lang hatte er seinen Arzt etliche Male aufgesucht, aber die Schmerzen wurde nicht weniger. Die Diagnose lautete „Depression" und man verschrieb ihm das Antidepressivum Prozac. Schließlich fand John endlich einen Arzt, der ihn für eine MRI (Magnetresonanztomographie) in das Krankenhaus nach Auckland überwies.

John erzählt:
Im Juli 1998 bekam ich den Schock meines Lebens. Der Arzt, der die MRI gemacht hatte, bat mich, im Gang zu warten, während er einen kurzen Blick auf die Aufnahme warf. Als er kam, um mir das Ergebnis mitzuteilen, merkte ich, dass er blass war. Er sagte, dass er in den siebzehn Jahren, seit denen er auf diesem Gebiet tätig sei, noch nie einen Gehirntumor dieses Ausmaßes gesehen habe. Er überwies mich sofort in die Chirurgie, damit der Hirndruck verringert würde. Man legte mir einen VP-Shunt (Ventrikeldrainage) zur permanenten Ableitung der Gehirnflüssigkeit. Der Schlauch führte von der Schädeldecke unter der Haut durch den Hals und vor der Brustwand bis zur Bauchhöhle. Danach fühlte ich mich fantastisch, aber die Ärzte warnten mich – es sei nur der Anfang. Aufgrund seiner Größe mussten sie den Tumor zunächst teilen. Dieser zweite, gefährlichere Eingriff fand zwei Tage später statt. Die Operation dauerte zehneinhalb Stunden und die Ärzte mussten mich zwei Mal wiederbeleben. Am Ende schlossen sie meine Schädeldecke wieder, obwohl sie nur die Hälfte des Tumors entfernt hatten. Es war zu gefährlich, weiterzumachen. Der Ei-große Tumor war bis in meinen ersten Wirbel hineingewachsen und die Ärzte mussten ein Drittel des Wirbels entfernen. Nachdem sie mich „zugemacht" hatten, bekam ich eine hohe Dosis Steroide und massive Bestrahlung.

Obwohl ich sehr schwach und schwerkrank war, entließen die Ärzte mich nach Hause. Schon auf der Heimfahrt hatte ich massive Magenschmerzen und hielt an, als ich das Auto meiner Ex-Freundin sah. Sie sagte, ich sähe entsetzlich aus und sie könne mich in diesem Zustand nicht allein lassen. Ich würde das allein niemals schaffen. Sie brachte mich zu sich nach Hause, legte mich in ihr Bett und pflegte mich die nächsten sieben Wochen. Ich hatte sechsundsechzig Magengeschwüre. Irgendwann hörte ich auf zu essen und zu trinken. Ohne eine alte Dame (Rebecca Parks), die mich besuchte, hätte ich das nie durchgestanden. Sie sagte, sie könne meinen Anblick nicht ertragen. Sie ging nach Hause, setzte Gerstensaft auf, füllte ihn in einen Krug und brachte ihn mir. Sie wärmte den Saft auf und flößte ihn mir tropfenweise ein. Jeder andere hätte mich für tot erklärt, aber sie blieb jeden Tag bei mir, bis der Krug leer war. Mein Zustand besserte sich tatsächlich.

Ich war für ein Jahr freigestellt. Während dieser Zeit ging ich alle drei Monate nach Auckland ins Krankenhaus. Die Ärzte sagten mir jedes Mal, es sei alles in Ordnung und schickten mich nach Hause. Bis zu dem Tag, an dem der Arzt betroffen zu Boden blickte, war ich mit mir selbst sehr zufrieden gewesen. Er las mir aus einer grauenhaften Statistik vor. „Fünfzig Prozent der Patienten mit ihrem Tumor-Typ sterben innerhalb von fünf Jahren. Sie haben nicht mehr annähernd so viel Zeit." Er sagte mir, dass der Tumor dabei sei, extrem schnell und direkt durch mein Gehirn zu wachsen. Er war inoperabel geworden und es gab nichts, was die Ärzte noch für mich tun konnten. Ich konnte es nicht ertragen, noch mehr darüber zu hören und rannte weinend aus dem Krankenhaus. Der Arzt lief mir nach und sagte: „Johnny, warten Sie. Wir können Ihnen immer noch Morphium geben, wenn es unerträglich wird!" Das war das Allerletzte, was ich jetzt hören wollte!

Ich ging zu einem Telefon und rief meinen Vater an. Ich sagte: „Papa, ich sterbe." Mein Vater ist Holländer. Ein harter, dickköpfiger Mann. Er sagte: „Wer wird denn schon aufgeben! Wenn es sein muss, rufen wir in jedem Krankenhaus der Welt an, bis wir jemanden finden, der dir helfen kann." Alle gaben sie uns dieselbe Antwort: „Es gibt wirklich nichts, was wir noch für Sie tun können." In einem Krankenhaus in Melbourne, Australien, sagten sie mir: „Wenn Sie bereit sind als Versuchskaninchen zu fungieren, können wir neue Medikamente an Ihnen testen. Aber wir nehmen nicht an, dass Sie dadurch länger als 12 Monate leben werden."

Ich war in einer Sackgasse gelandet. Dann erhielt ich einen Anruf von einem älteren Mann, Herrn Howard vom Great Barrier. Als ich noch klein gewesen war, hatte ich seiner Familie Fleisch gebracht, wenn bei uns zu Hause geschlachtet worden war und die Howards gerade auf der Insel Urlaub machten. Ich hatte ihn seitdem nicht mehr gesehen. Er sagte, dass er die Nacht zuvor einen Traum gehabt habe. „Mir wurde gesagt, dass ich dir etwas zeigen solle." Er lebte mit seiner Tochter in Auckland und bat mich „hochzukommen" und mir anzusehen, worum es sich handelte. Ich war ziemlich verwirrt, aber ich hatte ja nichts zu verlieren. Also flog ich nach Auckland. Er zeigte mir ein Video von João de Deus. Ich war entschlossen, diesen Heiler aufzusuchen. Es gab nur eine Telefonnummer auf dem Video. Es war die eines jungen Mannes, dem ein Wirbel bei einem Unfall zerquetscht worden war und der bei João de Deus Hilfe gesucht hatte. Ich rief ihn an. Er erzählte mir seine Geschichte und sagte, er habe gerade einmal eine knappe halbe Stunde stehen können, als er wenige Jahre zuvor zum ersten Mal zur Casa gereist war. Er war völlig geheilt worden. An dem Tag, als ich ihn anrief, war er gerade dabei, Windsurfen zu gehen – er fühlte sich fantastisch.

Das machte mir Hoffnung. Er gab mir die Telefonnummer von Bernadette Andrews, welche Patienten aus Neuseeland zu João de Deus bringt. Sie wollte mich ohne eine Freigabe meiner Ärzte nicht mitnehmen. Die Ärzte weigerten sich. Liebenswürdigerweise fragte Bernadette die Wesenheiten, ob ich in die Casa reisen solle. Die Wesenheiten sagten ihr, sie solle nach eigenem freien Ermessen handeln. Sie nahm mich mit auf die nächste Reise.

Am ersten Tag traten siebzehn Personen aus unserer Gruppe vor die Wesenheiten. Ich hatte solche Schmerzen, dass ich auf meinen Zehenspitzen daherkam und permanent vor Schmerzen weinte. João de Deus kam auf die kleine Bühne. Hunderte von

Menschen waren um mich herum, aber die Wesenheit schien mich direkt anzuschauen und ging geradewegs auf mich zu. Ich war begeistert. Ich dachte, dass jetzt der Moment käme, an dem ich geheilt würde. In der letzten Sekunde bog sie nach rechts ab und ging zu einem Brasilianer. Neben João stand eine Frau, die ein Tablett mit Instrument hielt. Die Wesenheit nahm ein Skalpell und fing an, die Augäpfel dieses Mannes abzuschaben. Ich verfolgte jede Bewegung mit Spannung. Der Mann hatte keine Schmerzen und schrak nicht ein einziges Mal zurück. Ich arbeite viel mit der Kettensäge und weiß, was Sägemehl im Auge anrichten kann. Hier stand also dieser Mann, regungslos – er blinzelte noch nicht einmal! Ich ärgerte mich darüber, dass Medium João nicht an mir gearbeitet hatte. Später sagte man mir, dass ich am nächsten Morgen einen OP-Termin habe.

Am nächsten Tag ging ich ins OP-Zimmer und wartete auf João de Deus. Er trat ein und betete das Vaterunser. Ich hatte meine Augen geschlossen und meine rechte Hand an meinem Hinterkopf. Die unsichtbare Operation begann. Mein Hals und mein Kopf schienen unter meiner Hand ein bisschen weicher zu werden und ich war so aufgeregt, dass ich „Schmetterlinge in meinem Bauch" hatte. Es war erstaunlich. Ehe ich mich versah, sagte einer der Helfer zu mir, dass ich nach Hause gehen könne, die Operation sei abgeschlossen. Ich ging nach draußen und merkte plötzlich, dass ich auf meinen Füßen ging, nicht auf den Zehenspitzen. Ich hatte keine Schmerzen. Ich wurde in mein Hotel geschickt, in dem ich mich die nächsten vierundzwanzig Stunden ausruhen sollte.

Als ich aus dem Taxi stieg, war ich so begeistert ohne Schmerzen zu sein, dass ich herumhüpfte, nur um zu sehen, ob es tatsächlich wahr wäre. Ich tat genau dass, was ich nicht tun sollte. Bernadette erklärte mir in einem äußerst strengen Tonfall, dass es sich bei meiner Operation um eine „echte Operation" mit möglichen inneren Wundnähten handelte. „Oder würdest du in einem normalen Krankenhaus nach einer Gehirnoperation etwa auch herumhüpfen?“

Nach sieben Tagen sollte ich zur Kontrolle wieder vor die Wesenheit treten. Ich schrieb eine Notiz, in welcher ich mich bei João de Deus und den Wesenheiten für diese zweite Chance bedankte. Sie sagten, ich solle zurückkehren, sobald ich mich dazu bereit fühlte. Ich kam wieder zu Kräften und hatte weder Kopfschmerzen noch musste ich mich übergeben. Dieser Zustand hielt ein Jahr an, bis dann im Juli 2000 die Kopfschmerzen wiederkamen. Ich kehrte für eine zweite Operation zur Casa zurück. Später sagte man mir, ich sei völlig geheilt.

Ich kehrte nach Hause zurück und hatte nie wieder Schmerzen. Vor ein paar Jahren hatte ich wieder eine MRI. Das Ergebnis brachte meinen Arzt, Dr. McDonald, völlig aus dem Konzept. Die eiförmige Masse war auf ein kleines inaktives Klümpchen an der Basis meines Schädels geschrumpft. Er entschied, dass ich keine weitere Behandlung mehr brauchte.

Ich erzähle meine Geschichte jedem, der sie hören möchte. Ich zeige Filme und halte Vorträge, um João de Deus etwas für mein neues Leben zurückgeben zu können. Ich helfe jedem, der mich darum bittet, diesen erstaunlichen Heiler zu besuchen.

▲

DIE UHR TICKT

Barbara Ettleson

Am 27. März 2002 wurde bei mir Brustkrebs diagnostiziert, eine sehr häufige Diagnose für Frauen in diesem Land. Mein Arzt wollte, dass ich mir beide Brüste abnehmen ließe, denn ich hatte eine fibrozystische Veränderung. Das Bindegewebe auf der Mammographie war weiß und undurchsichtig und erschwerte die Beurteilung oder machte sie für diesen Bereich unmöglich. Ich war schockiert. Der Chirurg sagte mir, dass er im Laufe der nächsten drei Tage eine Entscheidung von mir erwarte – es war Donnerstag. Am Freitag ging ich mit meinem Partner und einer Freundin zu einem Röntgenologen und einem Onkologen. Der Onkologe sagte mir, dass in meinem Fall eine OP mit anschließender Bestrahlung und Chemotherapie zwingend erforderlich sei. „Denken Sie nicht einmal ansatzweise über Naturheilmittel nach. Wir haben es hier mit Krebs zu tun!" Der Röntgenologe war am hilfsbereitesten und erklärte mir das Bestrahlungsprocedere. Das methodistische Krankenhaus in Des Moines, Iowa, verwendete die Sentinel-Node-Biopsie (Wächterlymphknotenbiopsie) nicht standardmäßig. Bei dieser Art der Biopsie werden nur einzelne Lymphknoten selektiv behandelt und/oder entfernt. Für mich bedeutete das, dass alle meine Lymphknoten genauer untersucht, behandelt und/oder entfernt würden. Ich hatte unglaubliche Angst und war depressiv. Die Uhr tickte.

Als ich am Samstagmorgen aufwachte, fiel mir meine ehemalige Spiritismus-Lehrerin ein, die eine Reise zu João de Deus nach Brasilien gemacht hatte. Ich rief sie an. Sie bestärkte mich in meinem Vorhaben und gab mir den Namen einer Dame, die Menschen zu João de Deus begleitete. Allerdings sei die betreffende Person gerade erst aus Brasilien zurückgekehrt und es könne sein, dass sie in nächster Zeit keine weitere Reise plane. Anrufen solle ich sie aber auf jeden Fall. Meine Lehrerin sagte mir, ich solle nicht entmutigt sein, falls ich sie nicht erreichte. Sie würde bestimmt zurückrufen. Ich legte den Hörer auf und wählte Heather Cummings Nummer. Sie nahm ab. Heather sagte mir, sie müsse tatsächlich in zwei Wochen wieder nach Brasilien reisen. Zwar handle es sich um eine Geschäftsreise, aber sie würde uns natürlich gerne zu João de Deus begleiten. Wir schafften es innerhalb von zwei Wochen, unsere Pässe zu bekommen, ein Haus zu verkaufen, ein neues zu kaufen und uns auf den Weg nach Brasilien zu machen.

Sobald wir im Flugzeug nach Brasilien saßen, schien sich die Welt zu verlangsamen. Unsere Pilgerfahrt hatte begonnen. Wir brauchten dreißig Stunden für die Reise zu der Stadt, in der João de Deus Wunderheilungen vollbringt. Heather traf uns in Brasília und nahm uns unter ihre Fittiche. Wir hatten mehrere Tage Zeit, um uns auf das Treffen mit João de Deus vorzubereiten. Es war eine kleine Reise der Liebe und der Heilung. Wir verbrachten Zeit in einer kleinen Kirche im alten Abadiânia, von der man sagt, Maria sei dort betend gesehen worden. Wir meditierten am Wasserfall, Diven grüßten uns und was am unglaublichsten war: Eine Schlange wartete auf unserem Weg, als wir vom Wasserfall heraufkamen. Ein klares Zeichen der Transformation.

João de Deus sagte mir, ich solle mich auf die Operation vorbereiten und über die Heilung, die ich brauchte, meditieren. Während ich meditierte, erfuhr ich unglaubliche Güte durch das Casa-Personal. Es half mir dabei, mich auf Liebe und Vergebung zu konzentrieren und meine innere Ruhe und Liebe zu bewahren, zu hoffen und ausgeglichen zu sein, während ich an der Aufgabe arbeitete, die ich zu erfüllen hatte. João de Deus sagte mir, ich müsse noch dreimal wiederkommen und gab mir ein Rezept für Passiflora-Kapseln, die ich zwischen meinen Reisen nach Abadiânia einnehmen sollte. Wir kehrten dreimal zurück. Bei meinem letzten Besuch erklärte mich João für geheilt. Ich wurde von den Wesenheiten gebeten, meine Erfahrungen an andere Menschen weiterzugeben, welche zu João de Deus kommen, um geheilt zu werden – es ist mir eine große Ehre!

Zusätzlich zu unserer spirituellen Arbeit in Brasilien stellten mein Partner und ich unsere Ernährung auf makrobiotische Lebensmittel um. Das Wissen hierfür bekamen wir vom Kushi Institut in Becket, Massachusetts. Wir hielten uns strikt an deren Vorgaben. Danach meldeten wir uns bei der *Foundation for*

Shamanic Studies für eine dreijährige Ausbildung in schamanistischer Heilarbeit an. Alle, die sich für diesen Kurs angemeldet hatten, erhielten schon zu dieser Zeit viel Kraft und Heilung durch die Arbeit und die Anleitung von Sandra Ingerman.

Nachdem ich von meiner dritten Brasilienreise zurückgekehrt war, entschied ich mich für eine thermographische Aufnahme meiner linken Brust. Über einen Zeitraum von sechs Monaten wurden mehrere dieser Untersuchungen durchgeführt, um den Gesundheitsstatus meiner Brust festzustellen. Da die Aufzeichnungen der Temperatur in meiner Brust durchweg schwach waren, zweifelte der Arzt meine ursprüngliche Diagnose an und sagte, es müsse sich dabei um einen Irrtum gehandelt haben.

Ob es sich tatsächlich um eine Fehldiagnose gehandelt hatte, werde ich nie wirklich wissen. Was ich hingegen weiß, ist, dass Liebe, Vergebung, ein treuer und liebevoller Partner, gesundes Essen und die Unterstützung durch die Wesenheiten die Dinge sind, die mir geholfen haben. Jeder von uns geht seinen eigenen Weg und der meine muss nicht für jeden der richtige sein. Mittlerweile glaube ich, dass der Krebs ein Geschenk war und mehr noch, dass ich ihn sogar selbst ausgelöst habe – und da ich ihn selbst ausgelöst hatte, konnte auch nur ich selbst ihm Einhalt gebieten. Ich bin für meine Erfahrungen dankbar und schätze das Geschenk der Heilung durch die Wesenheiten und durch diejenigen, die mich auf dieser Reise begleitet haben, jeden Tag aufs Neue.

▲

NACH DREI JAHRZEHNTEN DER TAUBHEIT

Barbara Brodsky

Das erste Mal reiste ich 2004 in die Casa, in der Hoffnung, dass man dort meine Taubheit heilen würde. Ich verlor mein

Hörvermögen 1972, unmittelbar nachdem ich mein erstes Kind geboren hatte. Während der Geburt kam es zu einer Sauerstoffunterversorgung verschiedener Areale und die Gehörnerven wurden dauerhaft geschädigt. Ich blieb taub und ohne Gleichgewichtssinn zurück. Die Ärzte in den USA sagten, dass der Hörschaden irreparabel sei. So verbrachte ich mehr als dreißig Jahre meines Lebens damit, Lippenlesen zu lernen und mich auf einen Gehstock zu stützen, um das Gleichgewicht zu halten. Dann ließ mir jemand Informationen über die Casa zukommen und ich entschied mich, nach Abadiânia zu reisen.

Als erstes machte ich mir Gedanken darüber, wie es wäre, hören zu können. Der Gedanke war wundervoll, aber ich musste ehrlich zu mir selbst sein. Taubheit war nicht nur eine physische Krankheit, sondern auch eine Flucht aus Unannehmlichkeit. War jemand böse, konnte ich meinen Blick abwenden; war mir eine Nachrichtensendung unangenehm, konnte ich aufhören, die Überschriften zu lesen; waren meine Kinder laut, schaute ich einfach weg. Nach drei Jahrzehnten der Taubheit war ich es gewohnt, zu einem gewissen Grad in Abgeschiedenheit zu leben. Ich sah die Taubheit manchmal auch als Geschenk. Sie hatte mich zu meinem Lebenswerk, der Meditationslehrerin geführt. Was würde es bedeuten, hören zu können? Was würde ich vielleicht verlieren?

Die drei Monate vor der Reise waren schwierig. Meine Gedanken kreisten darum, vielleicht wieder hören zu können. Was würde es bedeuten, vielleicht auch auf tiefere Weise hören zu können, nicht nur Geräusche wahrzunehmen? Was für eine Tragweite würde es haben? Als das Flugzeug abhob, war ich bereit dafür, Antworten auf diese Fragen zu bekommen. Die Wesenheiten sagten mir, dass sie mir wahrscheinlich helfen könnten. Es würde Zeit in Anspruch nehmen und ich würde zurückkehren müssen. Damit konnte ich leben.

Drei Monate nach meinem ersten Besuch hatte ich einen schrecklichen Badeunfall. Ich wurde von einer Welle erfasst, deren Sog mich auf den Meeresboden schmetterte. Ich verlor das Bewusstsein und wäre fast gestorben. Ich brach mir zahlreiche Knochen einschließlich der Gesichtsknochen. Meine Augen waren schwer in Mitleidenschaft gezogen. Jetzt war ich nicht nur taub, sondern auch noch auf einem Auge vollständig blind und auf dem anderen zu einem großen Teil. Ich wurde verrückt vor Schmerzen. Und doch hatte ich in jenem Moment im Ozean eine Entscheidung für mein Leben getroffen. Mein Körper würde heilen; ich hatte mir nicht das Genick gebrochen und ich wusste, dass ich diese Tatsache den Wesenheiten zu verdanken hatte. Sie waren bei mir in dem Moment, als ich verunglückte. Ich konzentrierte mich auf die Heilung der Knochenbrüche und darauf, zu entdecken, was es bedeutete, sich *für* das Leben zu entscheiden und es anzunehmen. Ich konnte die Energie und die Unterstützung der Wesenheiten fühlen, während ich meditierte.

Die nächste Reise nach Brasilien trat ich im Februar 2005 an. Wieder bat ich um die Heilung meiner Taubheit und meiner Augen. Als ich aufbrach, hatte ich auf einem Auge 20/200 und auf dem anderen 20/100 Dioptrien. Als ich einen Monat später nach Hause zurückkehrte, hatte ich auf dem besseren Auge 20/20 und auf dem anderen 20/50. Ich war unglaublich dankbar für den Teil der Welt, der mir dadurch zurückgegeben worden war. Jetzt hieß es: leben! Die Heilung meiner Augen stellte mich erneut vor die Frage: Was bedeutet es, „heil“ zu werden? Ich kam zu dem Schluss, dass es nicht nur mein Körper ist, der heilt. Heilung hat mit Karma und der gesamten Einstellung zur Welt, in der wir leben, zu tun. Hören und sehen zu können, bedeutet, Teil dieser Welt zu sein. Und doch schützt sich jeder von uns vor ihr, manche rüsten sich sogar in gewisser Hinsicht gegen sie. Als Meditationslehrerin habe ich erlebt, dass Einsamkeit und Trennung für viele Menschen der größte Schmerz sind. Wir ziehen uns aus unserer Umgebung zurück, wir trennen uns von denjenigen, die uns umgeben und von uns selbst.

Das Jahr 2005 hielt einige Herausforderungen für mich bereit. Die medizinischen Behandlungen in den USA verschlechterten mein Sehvermögen erheblich. Als ich im Januar 2006 zur Casa zurückkehrte, war das eine Auge völlig erblindet und ich konnte zwei Jahre nach meiner ersten Reise noch immer nicht hören. Die Wesenheit hatte mich 2005 gebeten, einen Satz Stimmgabeln zu kaufen und sie täglich in der Nähe jedes Ohrs erklingen zu lassen. Ich sollte die Schallwellen „hören" und die entsprechenden Töne singen. Zwar war ich darin inzwischen eine Expertin und konnte die Vibrationen wahrnehmen und den Ton singen, aber normale Stimmen oder wenigstens die Explosion eines Feuerwerkskörpers konnte ich nicht hören. Je näher die Reise rückte, desto mehr zweifelte ich. Machte ich mir was vor? Sollte ich vielleicht doch aufgeben?

Zu Beginn meines Besuches im Jahr 2006 fragte mich eine der Wesenheiten mit mitleidsvollem Blick: „Warum möchtest du sehen und hören können?" Es brachte mich an genau die Stelle, um die meine Gedanken zuvor gekreist waren: Hören und Sehen bedeutet, mit der Welt völlig vertraut zu sein. Ich wusste, dass mir die Frage nicht gestellt wurde, um mich zu provozieren, sondern eher, um mir zu helfen, innere Klarheit zu finden. Mein erster Gedanke war der Wunsch, das fröhliche Lachen eines Kindes zu hören, das Plätschern eines Baches, das Seufzen des Windes in den Bäumen, Musik; die Schönheit des Regenbogens, die eines Lächelns oder am frühen Morgen Tautropfen zu sehen. Allerdings war mir auch klar, dass das nicht alles war. Für jeden dieser schönen Klänge und Anblicke gab es einen Gegenklang: Quälende Schreie von Menschen oder Tieren, das Tosen einer Welle oder eines ausbrechenden

Vulkans, Schreie der Trauer, der Einschlag einer Bombe; abgerissene Gliedmaßen, die durch die Luft fliegen.

Zuerst sagte ich: „Ich bin *bereit*, all das zu sehen und zu hören." Dann begriff ich, dass es einer Änderung bedurfte: „Ich *will* all das sehen und hören." Nur mit dem Wissen um das, was manche als „zehntausend Freuden und zehntausend Leiden" bezeichnen, kann sich das Herz aufrichtig öffnen. Nur inmitten all diesem beginnen wir, wirklich mitzufühlen. Kann ich wirklich für mich sagen, dass ich hören und sehen will, nur um mitfühlen zu können? Ich setzte mich mehrere Tage mit dieser Frage auseinander. Am Ende stand nicht das Mitgefühl, sondern die vorbehaltlose Liebe. Nur die Liebe erlaubt es uns, für uns selbst und für andere da zu sein, und nur die Liebe vermag es, Dinge zu ändern. Mitgefühl ist der Weg. Vertrauen und Dasein sind seine Begleiter.

Gibt es eine voyeuristische Komponente des Hörens und Sehens? Ich gebe zu, dass es zum Teil sicher so ist: Ein wenig Habgier, weil ich etwas haben möchte, das mich erfüllt. Dieser Teil von mir war jedoch nicht bereit, den Schmerz in Kauf zu nehmen, sondern nur dazu, ihn mit gebührendem Abstand zu betrachten. Die Motivation muss tiefgründiger sein. Sie muss den Punkt anstreben, an dem man bereit ist, vorbehaltlose Liebe zu erfahren und aus diesem Gefühl heraus anderen zu dienen.

Die Frage der Wesenheit brachte mich dazu, meine Gedanken eindeutiger in diese Richtung zu lenken. Das Ziel musste sein, vorbehaltlos zu lieben, anderen zu dienen und noch offener für alles zu werden. Jetzt musste ich mich fragen: Muss ich physisch sehen können, um dieses Ziel zu erreichen? Nein. Warum ist es mir dann so wichtig, hören und sehen zu können? Hier öffnete sich mein Herz endgültig und tiefe Trauer über das, was ich verloren hatte, das Gefühl der Einschränkung durch das Nicht-hören und Nicht-sehen können, überkam mich.

Auf eine gewisse Art und Weise nahm ich die Dinge mit Gelassenheit hin, aber ich sah auch, dass ich mich im Laufe der Jahre in die Rolle der „beleidigten Leberwurst“ zurückgezogen hatte. Ich hatte nicht daran geglaubt, dass es tiefere Verbindungen gibt; ich hatte meinem Herzen nicht zugetraut, lieben zu können und den Schmerz durch diese Liebe zu lindern. Meine Taubheit war der Sündenbock für alles. Wer oder was bedurfte denn nun eigentlich der Heilung? Nicht die Augen und nicht die Ohren, sondern meine Einsamkeit. Ich beschloss, mich dem Göttlichen, der Ganzheit und der Vollkommenheit zuzuwenden. Auf diese Weise würde ein Teil von mir für immer heil sein.

Während ich darüber nachdachte, kehrte wieder die eine Frage zurück: Warum will ich hören und sehen? Für die Heiterkeit! Es ist nicht nur das Ego, welches gerne erfahren möchte, wie es ist, zu hören und zu sehen. Es ist die Liebe, mit der die Heiterkeit kommt. Sie strebt arglos danach, zu wissen, wie es sich anfühlt. Liebe muss sich selbst immer wieder aufs Neue entdecken und wir dürfen sie nicht daran hindern. Ich sah den einen Teil von mir, der sich nach diesem Gefühl sehnte und den anderen Teil, der sich dafür schämte, um das Hören als körperliche Empfindung zu bitten. Es gibt immer zwei Seiten in einem Menschen. Akzeptieren Sie beide, aber wenden Sie sich der zu, welche die Heiterkeit und die Liebe sucht.

Die Wesenheiten hatten lange vor mir verstanden, dass es diese Art der tieferen Heilung war, die ich brauchte. Ich will damit nicht sagen, dass sie den Unfall inszeniert hatten, um mich dahin zu bringen, wo ich heute bin. Das Leben führt uns dahin, wo wir sein müssen und die Erfahrung oder eine Parallele wird folgen. Die Wesenheiten halfen mir, diese Erfahrungen umzusetzen und in jedem Fall damit aufzuhören, mich gegen das Leben zu rüsten, sondern mein Herz gegenüber der Welt und mir selbst zu öffnen. In ihrer Weisheit „reparierten“ sie nicht nur die äußerlichen Symptome, was sie ebensogut hätten tun können; sie brachten mich dazu, meine inneren Wunden zu heilen.

Das war der erforderliche erste Schritt. Mein Sehvermögen wird besser und ich weiß, dass mein Hörvermögen auch besser werden wird. Bei meinem letzten „Stimmgabelauftritt“ schmunzelten die Wesenheiten und sagten, ich sei auf dem richtigen Weg und sie arbeiteten an meinem Ohr. Das eigentlich Verrückte an der Sache ist, dass ich auf dem Weg zum Entschluss, hören zu wollen, bemerkte, dass ich eigentlich gar nicht mehr *physisch* zu hören brauchte. Ich hatte gelernt, die wesentlichen Dinge mit meinen anderen Sinnen zu hören. Die Blockaden waren gelöst, ich wurde eins mit mir selbst und das Hören wird ein wunderbares Extrageschenk sein!

Heathers Anmerkungen:

Am 14. März 2006, eine Woche nachdem Barbara nach Amerika zurückgekehrt war, sagte Dr. Valdivino mit lauter Stimme, so dass sie bis in den Current zu hören war: „Sag‘ deiner Freundin, der, die taub ist, dass ich ihr helfen werde. Sag‘ ihr, dass ich auf sie aufpasse.“

Mehr über diese und andere bemerkenswerte Heilgeschichten können Sie auf meiner Homepage unter www.healingquests.com nachlesen.

NACHWORT

Unser Buch, welches Schritt für Schritt unter der Leitung und dem Segen der Wesenheiten entstanden ist, begann als ein Buch der Zeugnisse von Heilungen. Als wir begannen zu schreiben, kam es oft vor, dass wir um 4 Uhr nachts aufwachten und Ideen und Informationen von den Wesenheiten bekamen. Bald schon wurde uns klar, das dieses Buch auch ein Travel-Guide für Menschen werden würde, die zur Casa reisen wollten, und dem Leser gleichzeitig einen kleinen Einblick in das Leben des Mannes João de Deus geben sollte. Es wird oft gesagt, dass die Grenze zwischen den weltlichen und den geistigen Ebenen in Abadiânia sehr fein sind. Infolgedessen sind die Geistwesen im Stande, unsere Leben auf eine sehr tiefe und greifbare Weise zu berühren. Menschen, die von ihrer Pilgerfahrt zurückkehren, fesseln uns häufig mit Geschichten von außergewöhnlichen Wundern, die sie bezeugt oder von denen sie gehört haben. Wir hoffen aufrichtig, dass dieses Buch einen Beitrag dazu leistet, etwas vom Mysterium dieser Vorkommnisse zu nehmen, indem wir sie glaubwürdig beschreiben und wiedergeben. Unserer Erfahrung nach folgen diejenigen, die zur Casa reisen einem Aufruf; sie beschäftigen sich ernsthaft damit, ihr Leben zu evaluieren und mit dem, was für sie das Göttliche ist, in Verbindung zu treten. Dieses Unterfangen kann entmutigend sein und manchmal stellt sich der Erfolg nur langsam ein oder entspricht nicht dem, was wir uns vorgestellt hatten. Warum also würde man sich für eine Pilgerfahrt in die Casa entscheiden und was veranlasst einen, wieder zurückzukehren?

Die Wesenheiten sagen uns, dass wir alle zu einer großen spirituellen Familie gehören. Die Wesenheiten lieben uns alle gleichermaßen und bedingungslos. In der Casa de Dom Inácio de Loyola kommen Pilger mit der Absicht zusammen, erhört, geheilt und gesehen zu werden. Sie werden nicht nur selbst Teil dieses Prozesses, sondern viele andere mit ihnen. Es ist die Konvergenz der Energie, diese greifbare Bereitwilligkeit, an der kollektiven Heilung teilzunehmen, welche die Wesenheiten anruft. Sie erhören ihrerseits diesen Anruf und machen ihre Anwesenheit deutlich, indem sie unsere individuelle Heilung und die Heilung unseres Planeten überwachen.

Wir bedanken uns bei Medium João und Ana dafür, dass sie uns Zutritt zu ihrem Leben gewährt und offen mit uns gesprochen haben. Ein großer Dank geht an das Casa-Personal, die ehrenamtlichen Helfer und all diejenigen, die ihre Geschichten mit uns geteilt haben. Ein besonderer Dank gilt den liebevollen und einfühlsamen Wesenheiten des Lichts für ihre Liebe und ihre Unterstüzung, die sie uns für dieses Projekt zuteil werden ließen.

Lieber Leser, wir verlassen Sie mit den Worten von Medium João: „Gott ist der Architekt des Weltalls, die höchste Intelligenz. Gott ist allgegenwärtig. Meine Botschaft an Sie soll sein, Barmherzigkeit und Nächstenliebe zu praktizieren. Jeder von Ihnen ist bei uns willkommen."

Wir werden alle durch die Worte der Wesenheiten, die überall auf der Welt widerhallen, gesegnet: „Fica na paz de Deus – Gehet hin im Frieden Gottes."

Sollte Sie dieses Buch dazu inspiriert haben, nach Abadiânia zu reisen, können Sie sich selbst kein größeres Geschenk machen, als eine Pilgerfahrt an diesen heiligen Ort anzutreten. Für die erste zweiwöchige Reise in die Casa empfehlen wir Ihnen dringend, mit einer Gruppe zu reisen. Die heilsamen Prozesse anderer mitzuerleben und die aktive Teilnahme daran wird Kontroversen und Hindernisse aus der Welt schaffen, sodass es schließlich nicht „Ihre“ oder „meine“ Heilung ist, sondern „unsere“ Heilung, die es uns gemeinsam möglich macht, uns wieder mit dem zu verbinden, was in unserem Leben von Bedeutung ist.

Weitere deutschsprachige Informationen zu Reisen nach Brasilien in die Casa de Dom Inacio finden Sie auf der Homepage:
http://www.ulrich-volz-stiftung.org

Die offizielle Seite der Casa lautet:
http://www.friendsofthecasa.info/

Karen Leffler hatte die Erlaubnis, die Wesenheiten im Current-Raum zu fotografieren, während sie sich in der Casa oder am Omega-Institut aufhielt. Sie hat jedes Gemälde und jede Fotographie, die an den Wänden der Casa hängt, archiviert. Viele dieser Fotos sind im Book-Store der Casa oder auf Karens Webseiten erhältlich.
www.johnofgodtoursite.com / www.spiritfotos.com

DANKSAGUNGEN

Wir bedanken uns bei den Wesenheiten für deren Unterstützung und Ermutigung zu diesem Buch – es war uns eine Ehre, selbiges zu verfassen. Wir bedanken uns dafür, dass João de Deus diesen Wesenheiten seinen Körper selbstlos zur Verfügung stellt, um andere zu heilen und uns davon zu berichten. Wir danken ihm dafür, dass er seinen ganzen Glauben und sein Vertrauen in unsere Fähigkeit, dieses Buch zu schreiben, gelegt hat. Wir danken Gott, der in jedem von uns Menschen zuhause ist.

An unsere Freunde und Begleiter, die ihre Geschichten mit uns geteilt haben: Danke! „Shungo" – von unseren Herzen in eure Herzen. Ein spezieller Dank gilt Jennys Laurens, Janice Papoloss und Judy Ostrows für ihren Einsatz auf der Suche nach einem Herausgeber. Richard Cohn und Cindy Black dafür, dass sie unsere Vision mit uns geteilt haben; den Redakteuren Jessica Bryan, Henry Covi und Rosa Haritos-Our – es gibt keine Worte, die unsere Dankbarkeit auszudrücken vermögen. Wir bedanken uns auch bei denjenigen, die unsere Tränen der Freude und Tränen der Sorge geteilt haben: JoAnn Wolff, Barbara Conetta, Veronica Willson, Maureen Adler, Pam Garner, Trudy Griswold, Linda Hooper, Denise Gross, Susan Grunebaum, Jane Brown, Nancy Cingari, Lucy Walker, Eileen

Karn, Martin und Fernanda, Bill Walker, Maninho und Lucia, Gelson und Neusa, Nancy und Kathy, Donna Whittaker, Mignon Gesetzlos und Anthony Smokovich.

Ein herzliches Dankeschön auch an Cokie Lewis, Pat, Barbara und Sandra Ingerman, LehrerInnen und Mentoren; an Sebastian, unseren geduldigen Guide und an alle anderen, die unsere Herzen berührt haben.

Vielen Dank von Karen an Heathers Kinder für all die Freude, die sie ihr bereitet haben. Ein spezielles Dankeschön von Heather an ihre Kinder Sasha und Ben – eure Liebe, eure Unterstützung und die Kraft, die ihr mir gebt, bedeuten mir alles! Danke dafür, dass ihr euch mich als eure „Mumma" ausgesucht habt und mich bedingungslos – mit allen meinen Marotten und Eigenheiten – akzeptiert. Ihr seid meine wahren Lehrer. Te amo pra la de todas as luas! (Ich liebe euch bis zum Mond und wieder zurück!) Dan, obrigado Senhor! (Dan, tausend Dank!)

BIBLIOGRAPHIE UND LITERATUREMPFEHLUNGEN

BIBLIOGRAPIE

Bragdon, Emma. *Kardec's Spiritism: A Home for Healing and Spiritual Evolution*. Woodstock, Vt.: Lightening Up Press, 2000.

Brodsky, Barbara. *Presence, Kindness and Freedom*. Ann Arbor, Mich.: Deep Spring Press, 2003.

Butler, Alban. *Lives of the Saints*. Collegeville, Minn.: Liturgical Press, 2003.

Carman, Philip. *Ignatius Loyola*. New York: Harper & Row, 1990.

Coleridge, Henry James. *Life and Letters of St. Francis Xavier*. London: Burnes and Oates, 1876.

Emoto, Masaru. *The Secret Life of Water*. New York: Beyond Words Publishing/Atria Books, 2005.

Garcia, Ismar Estulano. *Curas Espirituais*. Goiânia, Brazil: AB Editora, 2006.

Goswami, Amit. *Physics of the Soul*. Charlottesville, Va.: Hampton Roads Publishing, 2001.

———. *The Quantum Doctor: A Physicist's Guide to Health and Healing*. Charlottesville, Va.: Hampton Roads Publishing, 2004.

———. *The Self-Aware Universe: How Consciousness Creates the Material World*. New York: Putnam's Sons, 1993.

Ignatius of Loyola, Saint. *The Spiritual Exercises of Saint Ignatius*. New York: P. J. Kenedy, 1963.

Ingerman, Sandra. *Medicine for the Earth: How to Transform Personal and Environmental Toxins*. New York: Three Rivers Press, 1994.

Kardec, Allan. *The Book on Mediums*. New York: Samuel Weiser, 1970.

———. *Genesis*. New York: The Spiritist Alliance for Books, 2003.

———. *The Gospel Explained by the Spiritist Doctrine*. Philadelphia: Allan Kardec Educational Society, 2000.

———. *Heaven and Hell*. New York: The Spiritist Alliance for Books, 2003.

———. *Le Livre des Esprits*. Paris, France: Elibron Classics Edition, 1861.

———. *The Spirits' Book: Inspiration and Resolution for the Questioning Soul*. Philadelphia: Allan Kardec Educational Society, 2003.

Kardec, Allan, and Emma A. Wood. *Experimental Spiritism: Book on Mediums, or a Guide for Mediums and Invocators*. Whitefish, Mont.: Kessinger Publishing, 1874.

Korngold, Jussara, and Marie Levinson, transl. *Endearing Gems from Francisco Cândido Xavier*. New York: Spiritist Alliance for Books, 2005.

MacKenzie, Kenneth R. H. *The Royal Masonic Cyclopaedia of History, Rites, Symbolism, and Biography*. New York: J. W. Bouton, 1877.

McGregor, Pedro. *Jesus of the Spirits*. New York: Stein and Day, 1967.

O'Malley, John W. *The First Jesuits*. Cambridge: Harvard University Press, 1993.

Pellegrino-Estrich, Robert. *The Miracle Man: The Life Story of João de Deus*. Goiânia, Goiás, Brazil: Grapica Terra, 2002.

Povoa, Liberaro. *João de Deus Fenomeno de Abadiânia*. Anápolis, Goiás, Brazil: Múltipla Gráfica e Editora Ltda., 1994.

Roberston, Elizabeth, and Elias Amidor. *Life Prayers from Around the World*. New York: HarperCollins, 1996.

Savaris, Alfredina Arlete. *Curas Paranormais Realizadas por João Teixeira de Faria*. 1977 post-graduate thesis, University of Dr. Bezerra de Menezes, Curitiba, Brazil.

Sicardo, Joseph. *St. Rita of Cascia: Saint of the Impossible*. Rockford, Ill.: TAN Books, 2003.

Xavier, Francisco Cândido, [psychographed from Andre Luiz]. *And Life Goes On...* Philadelphia: Allan Kardec Educational Society, 2000.

———. *Nosso Lar: A Spiritual Home*. Philadelphia: Allan Kardec Educational Society, 2000.

LITERATUREMPFEHLUNGEN

Bragdon, Emma. *Spirituelle Verbindung: Entdecke die Wurzeln der Gesundheit der Casa de Dom Inacio*. Books on Demand, 2007.

Hicks, Esther. *Aufwachen – Dein Leben wartet: Die erstaunliche Macht der Gefühle*. Goldmann-Verlag, 2006.

João de Deus. *Das Phänomen von Abadiânia*. Michels-Verlag, 2005.

Pellegrino Estrich, Robert. *Der Wunderheiler*. Michels-Verlag, 2004.

RavenWing, Josie. *Das Buch der Wunder: Die Heilungsarbeit von João de Deus*. Bloomington, Ind.: Author House, 2005.

Savaris, Alfredina Arlete. *João de Deus – Paranormales Heilen*. Michels-Verlag, 2005.

Spalding, Baird T. *Leben und Lehren der Meister im Fernen Osten (div. Bände)*. Schirner Verlag, 2004.

Volz, Ulrich. Deutsche Fassung von: Ismar, Estulano Garcia, *Spiritual Cures*, *Spirituelle Heilung*. Eigenverlag, 2005.

WEBSEITEN

Weitere Informationen über die Ulrich Volz gGmbH:
http://www.ulrich-volz-stiftung.org

Weitere Informationen über Brasilien:
http://de.wikipedia.org/wiki/Brasilien

Weitere Informationen über die Oswaldo Cruz Foundation:
http://en.wikipedia.org/wiki/Oswaldo_Cruz
http://www.fiocruz.br.

Weitere Informationen über Francisco Cândido (Chico) Xavier:
http://de.wikipedia.org/wiki/Chico_Xavier
http://www.chicoxavieruberaba.com.br

Weitere Informationen über Allan Kardec:
http://www.allan-kardec.de

Weitere Informationen über Ignatius von Loyola:
http://de.wikipedia.org/wiki/Ignatius_von_Loyola

Weitere Informationen über König Salomon:
http://de.wikipedia.org/wiki/K%C3%B6nig_Salomon

Weitere Informationen über Bezerra de Menezes:
http://www.feparana.com.br/biografia.php?cod_biog=310

Weitere Informationen über Spiritualismus:
http://de.wikipedia.org/wiki/Spiritualit%C3%A4t
http://de.wikipedia.org/wiki/Spiritismus